MARCEL PROUST

FRANKFURTER AUSGABE
HERAUSGEGEBEN
VON LUZIUS KELLER
WERKE I · BAND 1

MARCEL PROUST

FREUDEN UND TAGE

UND ANDERE

ERZÄHLUNGEN

UND SKIZZEN

AUS DEN JAHREN

1892-1896

SUHRKAMP

Aus dem Französischen von Luzius Keller;
für »Der Gleichgültige«: Elisabeth Borchers

Erste Auflage 1988
© für die deutschsprachige Ausgabe
Suhrkamp Verlag Frankfurt am Main 1988
Alle Rechte vorbehalten
© Editions Gallimard 1971
Nachweise zu den einzelnen Titeln am
Schluß des Bandes
Satz: Hümmer, Waldbüttelbrunn
Druck: Nomos Verlagsgesellschaft, Baden-Baden
Printed in Germany

FREUDEN UND TAGE

Warum hat er mich gebeten, sein Buch dem neugierigen Leser darzubieten? Und warum habe ich ihm versprochen, diese sehr angenehme, aber durchaus unnötige Aufgabe zu übernehmen? Sein Buch ist gleich einem jungen Antlitz voll seltenen Zaubers und feiner Anmut. Es empfiehlt sich ganz alleine, spricht für sich selbst und bietet sich dar, ob es will oder nicht.

Ohne Zweifel ist es jung. Es ist jung von der Jugend des Autors. Aber es ist alt vom Alter der Welt[1]. Es ist der Frühling der Blätter auf uralten Zweigen im Wald der Jahrhunderte[2]. Es ist, als wären die neuen Sprossen[3] von der tiefen Vergangenheit der Wälder betrübt und trügen Trauer um so viele verstorbenen Frühlinge.

Der ernste Hesiod sprach zu den Ziegenhirten des Helikon von *Werken und Tagen*. Zu unseren Herren und Damen von Welt von *Freuden und Tagen* zu sprechen, scheint melancholischer, wenn tatsächlich, wie es jener englische Staatsmann[4] behauptet, das Leben ohne die Freuden erträglich wäre. So zeigt das Buch unseres jungen Freundes Züge eines müden Lächelns, Gebärden der Ermattung, beides nicht ohne Schönheit und Adel.

Man wird sogar seine Traurigkeit angenehm und durchaus abwechslungsreich empfinden, ist sie doch von einer wunderbaren Beobachtungsgabe gelenkt und gestützt, von einer schmiegsamen, durchdringenden und wahrhaft subtilen Intelligenz. Dieser Kalender der *Freuden und Tage* zeigt mit harmonischen Himmels-, Meeres- und Waldgemälden die Stunden der Natur an und gleichzeitig, mit wirklichkeitsgetreuen Portäts und

Genrebildern von bewunderungswürdiger Perfektion, die menschlichen Stunden.

Marcel Proust gefällt sich gleichermaßen darin, die verzweifelte Pracht der sinkenden Sonne und die von Eitelkeiten erregte Seele des Snobs zu beschreiben. Er glänzt im Erzählen von eleganten Schmerzen, von künstlichen Leiden[5], an Grausamkeit denen mindestens ebenbürtig, die uns die Natur mit mütterlicher Freigebigkeit gewährt. Ich gestehe, daß mir solche erklügelte Leiden, solche von menschlichem Geist erfundene Schmerzen, solche Kunst-Schmerzen unendlich interessant und kostbar erscheinen, und ich weiß Marcel Proust Dank, daß er sie an einigen ausgewählten Fällen studiert und beschrieben hat.

Er zieht uns in eine Treibhausatmosphäre[6] hinein und hält uns inmitten kunstvoller Orchideen fest, deren seltsame und krankhafte Schönheit sich nicht von Erde nährt. Plötzlich schwirrt durch die wonnevolle Schwüle ein Lichtpfeil, ein Blitz, der wie der Strahl des deutschen Arztes[7] die Körper durchdringt. Der Einfall des Dichters hat den geheimen Gedanken, den uneingestandenen Wunsch getroffen.

Das ist seine Manier und seine Kunst. Hier zeigt er eine Sicherheit, die bei einem so jungen Bogenschützen überrascht. Er ist keineswegs harmlos. Aber er ist so aufrichtig und so wahr, daß er wieder naiv wird und dadurch gefällt. Es ist etwas an ihm von einem verdorbenen Bernardin de Saint-Pierre und einem arglosen Petronius[8].

Ein glückliches Buch ist das seine! Es wird einhergehen auf seinem Weg in die Welt im Schmuck und im Duft der Blumen aus der Hand Madeleine Lemaires, jener göttlichen Hand, die Rosen verstreut mitsamt ihrem Tau.

Paris, den 21. April 1896   ANATOLE FRANCE

MEINEM FREUND WILLIE HEATH

GESTORBEN IN PARIS AM

3. OKTOBER 1893

> *Der Du ruhst in Gottes Schoß... offen-*
> *bare mir die Wahrheiten, die den Tod*
> *bezwingen, die verhindern, ihn zu fürch-*
> *ten und ihn beinahe lieben lassen.*

Die alten Griechen gaben ihren Toten Kuchen, Milch und Wein mit. Verführt von einer zwar nicht weiseren, aber raffinierteren Illusion, bringen wir ihnen Blumen und Bücher dar. Wenn ich Ihnen dieses hier gebe, dann zuerst, weil es ein Buch mit Bildern ist. Trotz der »Legenden« wird es, wenn vielleicht auch nicht gelesen, so doch von allen Bewunderern der großen Künstlerin[1] angeschaut werden, die mir in aller Einfachheit dieses großartige Geschenk gemacht hat, sie, von der man nach dem Ausspruch Dumas' sagen könnte, »sie habe nach Gott die meisten Rosen erschaffen«. Auch Monsieur Robert de Montesquiou[2] hat sie – in bisher unveröffentlichten Versen – gepriesen, mit jenem kunstvollen Ernst, jener sentenzhaften und subtilen Eloquenz, jener strengen Ordnung, die bei ihm manchmal an das 17. Jahrhundert erinnern. Von den Blumen sprechend, sagt er zu ihr:

Ihrem Pinsel Modell zu stehen, läßt sie erblühn.
. . . .
Sie sind ihre Vigée[3] und Sie sind die Flora,
Die sie unsterblich macht, während die andere sie
sterben läßt!

Ihre Bewunderer sind eine Elite und sind trotzdem Legion. Ich wollte, daß sie auf der ersten Seite den Namen dessen sähen, den sie nicht rechtzeitig kennenlernen konnten und den sie bewundert hätten. Ich selbst, lieber Freund, habe Sie nur während allzu kurzer Zeit gekannt. Am Vormittag traf ich Sie oft im Bois, wenn Sie mich erblickt hatten und unter den Bäumen auf mich warteten, aufrecht, aber entspannt, gleich einem jener Edelmänner, die van Dyck[4] gemalt hat und deren nachdenkliche Eleganz auch Ihnen eigen war. Diese liegt nämlich, wie die Ihre, weniger in der Kleidung als im Körper, und der Körper selbst scheint sie von der Seele empfangen zu haben und unablässig weiter zu empfangen: es ist eine geistige Eleganz. Alles trug übrigens dazu bei, diese melancholische Ähnlichkeit zu betonen, bis hin zu jenem Hintergrund aus Blattwerk, in dessen Schatten van Dyck oft den Spaziergang eines Königs angehalten hat; wie viele von denen, die seine Modelle waren, sollten Sie früh sterben[5], und auch in Ihren Augen sah man bald die Schatten der Vorahnung, bald das sanfte Licht der Resignation. Aber während die Anmut Ihres Stolzes mit vollem Recht der Kunst eines van Dyck zugeschrieben werden konnte, beruhte die geheimnisvolle Intensität Ihres geistigen Lebens eher auf da Vinci. Mit erhobenem Finger, undurchdringlichen Augen, lächelnd vor dem Geheimnis, das Sie verschwiegen, sind Sie mir oft wie Leonardos Johannes der Täufer[6] vorgekommen. Wir träumten damals davon, beinahe planten wir, immer inniger zusammenzuleben, in einem Kreis großherziger und ausgewählter Frauen und Männer, weit genug von Dummheit, Laster und Bosheit entfernt, um uns vor ihren vulgären Pfeilen sicher zu fühlen[7].

Ihr Leben, so wie Sie es gewollt hätten, sollte eines jener großen Werke sein, die einer hohen Inspiration bedürfen. Wie vom Glauben oder vom Genie, können wir diese von der Liebe empfangen. Aber Ihnen sollte der Tod sie geben[8]. Auch in ihm und schon in seinem Herannahen[9] liegen verborgene Kräfte, liegt eine geheime Hilfe, eine »Gnade«, die es im Leben nicht gibt. Wie die Liebenden, wenn sie zu lieben beginnen, wie die Dichter in der Zeit, da sie singen, fühlen sich die Kranken ihrer Seele näher. Das Leben ist schwer; es setzt uns hart zu, und ständig bereitet es unserer Seele Schmerzen. Sobald sein Druck einen Augenblick nachläßt, kann man hellsichtige Wollust empfinden. Als ich ein ganz kleines Kind war, erschien mir kein anderes Menschenschicksal aus der biblischen Geschichte so elend wie dasjenige Noahs[10], wegen der Sintflut, die ihn während vierzig Tagen in der Arche eingeschlossen hielt. Später war ich oft krank, und während langer Tage mußte auch ich in der »Arche« bleiben. Da erkannte ich, daß Noah die Welt nie so gut sehen konnte wie aus der Arche, obwohl sie geschlossen war und Nacht über der Erde lag. Als meine Genesung begann, »öffnete« meine Mutter »das Tor der Arche« und ging hinaus, sie, die nicht von mir gewichen und sogar nachts bei mir geblieben war. Doch wie die Taube »kam sie an diesem Abend noch zurück«. Dann wurde ich völlig gesund, und wie die Taube »kam sie nicht mehr zurück«. Es galt, wieder anzufangen zu leben, sich von sich selbst abzuwenden, rauhere Worte zu hören als die meiner Mutter; mehr noch, ihre bis dahin immer so sanften Worte waren nicht mehr die gleichen; sie waren geprägt von der Strenge des Lebens und der Pflicht, die sie mir beibringen mußte. Sanfte Taube der Sintflut, wie ließe sich nur denken, der Patriarch habe, als er dich fortfliegen sah, nicht auch Traurigkeit empfunden, die sich in die Freude der wiederentstehenden Welt mischte? Sanfte Wollust des Lebens in der Schwebe, des wahren »Gottesfriedens«, der das Tagewerk unterbricht und die bösen Begierden. »Gnade« der Krankheit, die uns der Welt jenseits des Todes näherbringt – »Gnade« der Krankheit und auch deren Reiz: Reiz der »eitlen Zierden und der Schleier, die bedrücken«, der Haare, die eine »unwillkommene Hand zu ordnen besorgt war«[11]; sanfte Zeichen der Treue einer Mutter und eines Freundes, die uns oft wie das Angesicht unserer eigenen Traurigkeit erscheinen oder wie die schützende Gebärde, herbeigefleht von unserer Schwäche, Zeichen, die an der Schwelle der Genesung haltmachen werden, oft habe ich gelitten, als ich fühlte, wie fern ihr von mir seid, ihr alle, verbannte Nachkommenschaft der Taube aus der Arche. Und wer hat nicht sogar solche Augenblicke gekannt, lieber Willie, in denen er sein wollte, wo Sie sind? Man übernimmt so viele Verpflichtungen gegenüber dem Leben, daß eine Stunde kommt, in der man nicht mehr glaubt, sie jemals alle erfüllen zu können, sich entmutigt den Gräbern zuwendet und den Tod herbeiwünscht, den »Tod, der den Schicksalen Hilfe bringt, die sich nicht erfüllen wollen«[12]. Aber wenn er uns auch von den Verpflichtungen gegenüber dem Leben entbindet, so kann er uns nicht entbinden von denjenigen gegenüber uns selbst und vor allem nicht von der wichtigsten, nämlich, Wert und Verdienst nachzuleben.

Ernster als irgendeiner von uns, waren Sie auch kindlicher als irgendein anderer, nicht nur in der Reinheit des Herzens, sondern auch in einer einfachen und köstlichen Fröhlichkeit. Charles de Grancey besaß die Gabe, um die ich ihn beneidete, mit Erinnerungen aus der Schulzeit plötzlich jenes Lachen zu wecken, das nie für lange Zeit einschlief und das wir nicht mehr hören werden.

Wenn ich einige dieser Seiten mit dreiundzwanzig Jahren geschrieben habe, stammen viele andere (*Violante,* beinahe alle *Fragmente einer italienischen Komödie,* usw.) aus meinem zwanzigsten Lebensjahr. Alle sind sie nur der eitle Schaum eines bewegten Lebens, das sich jetzt aber beruhigt. Wäre es doch eines Tages klar genug, daß die Musen sich darin spiegeln möchten und man auf seiner Oberfläche den Widerschein ihres Lächelns und ihrer Tänze dahineilen sähe.

Ich gebe Ihnen dieses Buch. Sie sind, ach! der einzige meiner Freunde, dessen Kritik es nicht zu fürchten braucht. Wenigstens darf ich darauf vertrauen, daß die Freiheit des Tons Sie nirgends schockiert hätte. Ich habe die Unmoral immer nur an Wesen mit zartem Gewissen gezeigt. Zu schwach, das Gute zu wollen, zu edel, das Böse zu genießen, kennen sie nur das Leiden; so konnte ich von ihnen nur mit einem Mitleid sprechen, das zu aufrichtig ist, um diese kleinen Versuche nicht zu läutern. Mögen der wahre Freund[13] sowie der berühmte und vielgeliebte Meister[14], die ihnen, der eine die Poesie seiner Musik, der andere die Musik seiner unvergleichlichen Poesie hinzugefügt haben, möge auch Monsieur Darlu[15], der große Philosoph, dessen inspiriertes Wort, sicherer zu dauern als Geschriebenes, in mir wie in so vielen anderen das Denken befruchtet hat, mögen sie mir verzeihen, daß ich Ihnen diesen letzten Beweis der Zuneigung aufgespart habe, mögen sie bedenken, daß ein Lebender, so groß oder so teuer er auch sei, erst nach einem Toten geehrt werden darf.

Juli 1894

DER TOD DES BALDASSARE SILVANDE,
FREIHERRN VON SYLVANIEN

I

Apoll hütete die Herden Admets, sagen die
Dichter; auch jeder Mensch ist ein verklei-
deter Gott, der den Narren spielt.

EMERSON[1]

»Herr Alexis, weinen Sie doch nicht so. Der Freiherr von Sylvanien schenkt Ihnen heute vielleicht ein Pferd.«

»Ein großes Pferd, Beppo, oder ein Pony[2]?«

»Vielleicht ein großes Pferd wie das des Herrn Cardenio. Aber weinen Sie doch nicht so... an Ihrem dreizehnten Geburtstag!«

Die Aussicht, ein Pferd geschenkt zu bekommen, und der Gedanke, daß er jetzt dreizehn Jahre alt war, ließen Alexis' Augen durch die Tränen hindurch aufleuchten. Aber getröstet war er nicht, denn er mußte seinen Onkel Baldassare Silvande, den Freiherrn von Sylvanien, besuchen. Gewiß, seit dem Tag, an dem er erfahren hatte, die Krankheit seines Onkels sei unheilbar, hatte Alexis ihn mehrere Male gesehen. Seither aber war alles ganz anders geworden. Baldassare hatte sich Rechenschaft abgelegt über seine Krankheit und wußte jetzt, daß er höchstens noch drei Jahre zu leben hatte. Ohne übrigens zu verstehen, weshalb diese Gewißheit seinen Onkel nicht vor Kummer getötet oder um den Verstand gebracht hatte, fühlte sich Alexis unfähig, den Schmerz seines Anblicks zu ertragen. Überzeugt davon, er würde mit ihm von seinem nahen Ende zu sprechen beginnen, traute er sich die Kraft nicht zu, nicht nur ihn zu trösten, ja selbst nicht das Schluchzen zu unterdrücken. Er hatte seinen Onkel immer angebetet, den größten, den schönsten, den jüngsten, den lebendigsten, den sanftesten seiner Verwandten. Er liebte seine grauen Augen, seinen blonden Schnurrbart, seine Knie, den tiefen und süßen Ort der Lust und der Zuflucht, als er kleiner war, und die ihm damals uneinnehmbar schienen wie eine Festung, lustig wie Holzpferde und unverletzlicher als ein Tempel. Alexis, der die düstere und strenge Kleidung seines Vaters höchst mißbilligte und von einer Zukunft träumte, in der er, stets zu Pferd, elegant wie eine Dame und prächtig wie ein König sein würde, erkannte in Baldassare das erhabenste Ideal[3], das er sich von einem Manne bilden konnte; er wußte, daß sein Onkel schön war, daß er ihm ähnlich sah, er wußte auch, daß er intelligent war, großherzig, daß er ebensoviel Macht besaß wie ein Bischof oder ein General. Allerdings hatte er aus kritischen Bemerkungen seiner Eltern auch erfahren, daß der Freiherr Fehler hatte. Er selbst erinnerte sich, wie heftig sein Zorn war am Tage, als sein Cousin Jean Galeas sich über ihn lustig gemacht hatte, wie sehr der Glanz seiner Augen die Freuden der Eitelkeit verriet, als der Herzog von Parma ihm die Hand seiner Schwester hatte anbieten lassen (im Bemühen, seine Freude zu verbergen, hatte er damals die Zähne zusammengepreßt und eine Grimasse geschnitten, die ihm zur Gewohnheit geworden war und die Alexis mißfiel), und wie verächtlich er zu Lucretia sprach, die sich öffentlich dazu bekannte, seine Musik nicht zu lieben.

Des öfteren spielten seine Eltern auf andere Handlungen seines Onkels an, die er nicht kannte, die er aber heftig tadeln hörte.

Aber alle Fehler Baldassares, auch seine vulgäre Grimasse, waren jetzt gewiß verschwunden. Als sein Onkel erfahren hatte, daß er in zwei Jahren vielleicht tot sein würde, wie sehr mußten ihm da die Spötteleien von Jean Galeas, die Freundschaft des Herzogs von Parma und seine eigene Musik gleichgültig geworden sein. Alexis stellte ihn sich ebenso schön vor, aber feierlich und noch vollkommener, als er es früher gewesen war. Ja, feierlich und schon nicht mehr ganz von dieser Welt. So mischte sich in seine Verzweiflung ein Hauch von Unruhe und von Grauen.

Die Pferde waren längst angeschirrt, es war Zeit aufzubrechen; er stieg ein, dann ging er noch einmal zurück, seinen Erzieher um einen letzten Ratschlag zu bitten. Als er zu sprechen begann, errötete er sehr:

»Monsieur Legrand, ist es nun besser, mein Onkel glaubt oder er glaubt nicht, daß ich weiß, er muß sterben?«

»Daß er es nicht glaubt, Alexis!«

»Aber wenn er davon spricht?«

»Er wird nicht davon sprechen.«

»Er wird nicht davon sprechen?« sagte Alexis betroffen, denn das war die einzige Möglichkeit, die er nicht vorausgesehen hatte: sooft er sich den Besuch bei seinem Onkel vorzustellen begann, hörte er ihn mit der Sanftheit eines Priesters über den Tod sprechen.

»Aber wenn er am Ende doch davon spricht?«

»Dann sagen Sie ihm, daß er sich täuscht.«

»Und wenn ich weine?«

»Sie haben heute morgen schon zu viel geweint, Sie werden bei ihm nicht mehr weinen.«

»Ich werde nicht mehr weinen!« rief Alexis verzweifelt aus, »dann muß er ja glauben, daß ich keinen Kummer habe, daß ich ihn nicht liebe... meinen liebsten Onkel!«

Und er brach in Tränen aus. Des Wartens müde kam ihn seine Mutter holen; sie fuhren los.

Nachdem Alexis im Vestibül seinen kleinen Paletot einem dort wartenden Diener in grün-weißer Livree mit dem Wappen Sylvaniens übergeben hatte, blieb er einen Augenblick mit seiner Mutter stehen, um den Geigenklängen aus einem Zimmer nebenan zu lauschen. Dann führte man sie in einen riesigen, runden Saal, der ganz verglast war und in dem sich der Freiherr häufig aufhielt. Beim Eintreten sah man vor sich das Meer, und wenn man sich umwandte, Wiesen, Weiden und Wälder; ganz hinten im Saal waren zwei Katzen, Rosen, Mohnblumen und viele Musikinstrumente. Sie warteten einen Augenblick.

Alexis stürzte sich auf seine Mutter, sie glaubte, er wolle sie küssen, aber er fragte ganz leise, den Mund an ihr Ohr gepreßt:

»Wie alt ist mein Onkel?«

»Er wird sechsunddreißig im Juni.«

Er wollte fragen: »Glaubst du, daß er jemals sechsunddreißig wird?«, aber er wagte es nicht.

Eine Tür ging auf, Alexis erzitterte, ein Diener sagte:

»Der Herr Baron kommt gleich.«

Kurz darauf kam der Diener wieder und ließ zwei Pfauen und ein Zicklein herein, die der Freiherr überallhin mit sich führte. Dann hörte man neuerliche Schritte, und die Tür ging noch einmal auf.

»Es ist nichts«, sagte sich Alexis, dessen Herz zu klopfen begann, sooft er ein Geräusch hörte, »es ist wohl ein Diener, ja, sehr wahrscheinlich ein Diener.« Gleichzeitig aber hörte er eine sanfte Stimme:

»Guten Tag, mein kleiner Alexis, ich wünsche dir viel Glück zum Geburtstag.«

Und sein Onkel erschreckte ihn, als er ihn küßte. Er

bemerkte es zweifellos, und um ihm Zeit zu geben, sich zu fassen, begann er, sich fröhlich mit Alexis' Mutter zu unterhalten, seiner Schwägerin, die seit dem Tod seiner Mutter der Mensch auf der Welt war, den er am meisten liebte.

Beruhigt empfand nun Alexis nur noch grenzenlose Zärtlichkeit für diesen immer noch so liebenswürdigen, nur etwas blasseren, heldenhaften jungen Mann, so heldenhaft, daß er in diesen tragischen Minuten noch Fröhlichkeit spielte. Er wäre ihm gerne um den Hals gefallen, wagte es aber nicht aus Angst, die Energie seines Onkels zu brechen, der dann die Herrschaft über sich selbst verlieren müßte. Vor allem der traurige und sanfte Blick des Freiherrn hätte ihn zum Weinen bringen mögen. Alexis wußte, daß seine Augen schon immer traurig gewesen waren und selbst in den glücklichsten Augenblicken um Trost zu flehen schienen für ein Leid, das er offenbar nicht empfand. In diesem Augenblick aber glaubte er, die aus dem Gespräch tapfer verbannte Traurigkeit seines Onkels habe sich in die Augen zurückgezogen, die nun an der ganzen Person das einzig Aufrichtige waren, zusammen mit seinen eingefallenen Wangen.

»Ich weiß, daß du gerne einen Zweispänner fahren würdest, mein kleiner Alexis«, sagte Baldassare, »morgen wird man dir ein Pferd bringen. Nächstes Jahr werde ich das Paar vervollständigen, und in zwei Jahren schenke ich dir dann den Wagen. Aber vielleicht wirst du dieses Jahr schon das Pferd reiten können, nach meiner Rückkehr werden wir sehen, wie es geht. Denn morgen verreise ich, das steht fest«, fügte er hinzu, »aber nicht für lange. In weniger als einem Monat will ich zurück sein, und wir werden zusammen eine Nachmittagsvorstellung der Komödie besuchen, weißt du, in die ich versprochen habe dich mitzunehmen.«

Alexis wußte, daß sein Onkel einige Wochen bei einem Freund verbringen würde, er wußte auch, daß es ihm noch erlaubt war, ins Theater zu gehen; aber ergriffen, wie er war, von jener Todesvorstellung, die ihn vor dem Besuch bei seinem Onkel zutiefst erschüttert hatte, empfand er jetzt bei dessen Worten ein schmerzliches und tiefes Erstaunen.

Ich werde nicht gehen, sagte er sich. Wie müßte er unter den Possen der Schauspieler und dem Gelächter des Publikums leiden!

»Was war das für eine hübsche Melodie, die wir beim Eintreten gehört haben?« fragte Alexis' Mutter.

»Ah! Sie haben sie hübsch gefunden?« sagte Baldassare mit freudig erregter Miene. »Es ist die Romanze, von der ich Ihnen erzählt hatte.«

Spielt er Theater? fragte sich Alexis. Wie kann ihm der Erfolg seiner Musik noch Freude machen?

In diesem Augenblick nahm das Gesicht des Freiherrn den Ausdruck heftigen Schmerzes an; seine Wangen waren bleich geworden, er zog Lippen und Brauen zusammen, seine Augen füllten sich mit Tränen.

Mein Gott! schrie Alexis innerlich auf, diese Rolle geht über seine Kräfte. Mein armer Onkel! Weshalb nur fürchtet er denn so, uns weh zu tun? Weshalb nur bezwingt er sich so sehr?

Aber die Schmerzen der progressiven Paralyse, die Baldassare manchmal wie in einem Eisenkorsett zusammenpreßten, ja manchmal sogar auf seinem Körper Spuren ihrer Folter zurückließen und deren Heftigkeit ihm eben unwillkürlich das Gesicht verkrampft hatte, waren gewichen.

Nachdem er sich die Augen getrocknet hatte, nahm er das Gespräch gut gelaunt wieder auf.

»Scheint es mir nur so, oder ist der Herzog von Parma seit einiger Zeit nicht mehr so liebenswürdig zu dir?« fragte Alexis' Mutter gedankenlos.

»Der Herzog von Parma!« rief Baldassare wütend aus, »der Herzog von Parma nicht mehr so liebenswürdig! Wo denken Sie hin, meine Liebste? Er hat mir noch heute morgen geschrieben, um mir sein Schloß in Illyrien[4] zur Verfügung zu stellen, falls die Bergluft mir guttun könnte.«

Er erhob sich lebhaft, weckte jedoch gleichzeitig seinen entsetzlichen Schmerz wieder auf und mußte einen Augenblick innehalten; kaum hatte sich der Schmerz gelegt, befahl er:

»Man bringe mir den Brief, der neben meinem Bett liegt.«

Und er las mit lebhafter Stimme:

Mein lieber Baldassare,
ich kann gar nicht sagen, wie sehr Sie mir fehlen,
usw., usw.

In dem Maße, als sich die Liebenswürdigkeit des Fürsten entfaltete, besänftigte sich Baldassares Gesicht und strahlte in glücklicher Zufriedenheit. Plötzlich preßte er die Zähne zusammen, wohl um eine Freude zu verbergen, die er für nicht sehr edel hielt, und schnitt die hübsche, kleine und vulgäre Grimasse, die Alexis für immer aus seinem vom Tod befriedeten Antlitz verbannt geglaubt hatte.

Indem sie wie früher den Mund Baldassares in Falten legte, öffnete diese kleine Grimasse Alexis die Augen, denn seit er bei seinem Onkel war, hatte er geglaubt, hatte er gewünscht, das Antlitz eines Sterbenden betrachten zu können, der sich für immer von der vulgären Wirklichkeit gelöst hätte, ein Antlitz, über dem nur noch ein heldenhaft erzwungenes, trauriges Lächeln schweben würde, zart, himmlisch und ergeben. Jetzt zweifelte er nicht mehr daran, daß die Neckereien eines Jean Galeas seinen Onkel wie früher in Wut gebracht hätten, daß in der Fröhlichkeit des Kranken, in seinem Wunsch, ins Theater zu gehen, weder Verstellung noch Mut lagen und daß, dem Tod so nahe, Baldassare fortfuhr, nur an das Leben zu denken.

Auf dem Heimweg kam ihm plötzlich der erschütternde Gedanke, daß auch er eines Tages sterben würde, daß er zwar noch viel mehr Zeit vor sich habe als sein Onkel, während der alte Gärtner Baldassares und seine Cousine, die Duchesse d'Alériouvres, ihn gewiß nicht lange überleben würden. Und doch, obwohl reich genug, um sich zurückzuziehen, arbeitete Rocco ununterbrochen weiter, um noch mehr Geld zu verdienen, und versuchte, einen Preis für seine Rosen zu gewinnen. Und trotz ihrer siebzig Jahre schminkte sich die Duchesse aufs sorgfältigste und bezahlte Artikel, um in den Zeitungen die Jugendlichkeit ihres Ganges, die Eleganz ihrer Empfänge, das Raffinement ihrer Tafel und ihres Geistes feiern zu lassen.

Diese Beispiele verringerten das Erstaunen nicht, in das die Haltung seines Onkels Alexis versetzt hatte, doch sie erweckten in ihm ein gleichgeartetes Gefühl, das immer weiter anwuchs und sich schließlich zu einer grenzenlosen Bestürzung über das universale Skandalon all der Existenzen ausweitete (die seine nicht ausgenommen), die im Krebsgang auf den Tod zugehen, den Blick auf das Leben gerichtet.

Fest entschlossen, eine so schockierende Verirrung nicht nachzuahmen, entschied er, in Nachahmung der alten Propheten, von deren Ruhm man ihm erzählt hatte, sich mit einigen seiner kleinen Freunde in die Wüste zurückzuziehen, und teilte dies seinen Eltern mit.

Glücklicherweise bot ihm, stärker als ihr Spott, das Leben, dessen kräftigende und süße Milch er längst nicht erschöpfend genossen hatte, seine Brust, um ihn davon abzubringen. Und er begann wieder, an ihr zu trinken mit einer freudigen Gier, deren Forderungen sich seine naive und reiche Phantasie in aller Unschuld anhörte und deren Enttäuschungen sie freigebig wiedergutmachte.

II

Das Fleisch, ach, ist traurig . . .
STÉPHANE MALLARMÉ[5]

Am Tag nach Alexis' Besuch war der Freiherr von Sylvanien zu dem benachbarten Schloß gereist, wo er drei oder vier Wochen verbringen sollte und wo die Anwesenheit zahlreicher Gäste die Traurigkeit, die häufig seinen Krisen folgte, zerstreuen konnte.

Bald vereinigten sich dort für ihn alle Freuden in der Gesellschaft einer jungen Frau, die sie ihm verdoppelte, indem sie sie teilte. Er glaubte zu spüren, daß sie ihn liebte, bewahrte aber ihr gegenüber doch eine gewisse Zurückhaltung: er wußte, daß sie vollkommen rein war, zudem erwartete sie ungeduldig die Ankunft ihres Gatten; auch war er nicht sicher, sie wirklich zu lieben, und spürte dunkel, welche Sünde es wäre, sie zum Bösen zu verführen. In welchem Augenblick hatte sich die Natur ihrer Beziehungen verändert? Er konnte sich dessen nie erinnern. Doch wie nach einer stillschweigenden Übereinkunft, deren Zeitpunkt er nicht feststellen konnte, küßte er jetzt ihre Handgelenke und legte ihr den Arm um die Schultern. Sie schien so glücklich, daß er eines Abends weiter ging: zuerst küßte er sie; dann liebkoste er sie lange, und dann wieder küßte er ihr die Augen, die Wange, die Lippe, den Hals, die Nasenflügel. Der Mund der jungen Frau kam den Liebkosungen lächelnd entgegen, und ihre Blicke leuchteten aus der Tiefe heraus wie von der Sonne erwärmtes Wasser. Unterdessen waren Baldassares Liebkosungen kühner geworden; in einem bestimmten Augenblick schaute er sie an; er erschrak über ihr Blässe, über die unendliche Verzweiflung, die ihre erstorbene Stirn, ihre herzzerreißenden und müden Augen ausdrückten, die mit Blicken weinten, trauriger als Tränen, als erlitte sie die Tortur einer Kreuzigung oder den unwiederbringlichen Verlust eines angebeteten Wesens. Er betrachtete sie einen Augenblick; und da hob sie mit einer letzten Anstrengung ihre hilfesuchenden und um Gnade flehenden Augen zu ihm, während gleichzeitig ihr gieriger Mund mit einer unbewußten und krampfhaften Bewegung nach neuen Küssen verlangte.

Da ergriff beide wieder die Lust, die sie mit dem Duft ihrer Küsse und der Erinnerung ihrer Liebkosungen umwogte, sie stürzten sich aufeinander und schlossen von nun an die Augen, die grausamen Augen, die ihnen ihre Seelenangst zeigten; sie wollten diese nicht sehen, und er vor allem schloß die Augen mit aller Kraft wie ein von Gewissensbissen ergriffener Henker[6], der fühlt, daß sein Arm mitten im Schlage erlahmen würde, wenn er ihm, anstatt sich sein Opfer vorzustellen, damit es seine Wut aufreize und ihn zwinge, sie zu befriedigen, ins Angesicht blickte und einen Augenblick seinen Schmerz empfinden könnte.

Die Nacht war gekommen, und immer noch war sie in seinem Zimmer, mit ausdruckslosen und tränenlosen Augen. Ohne ein Wort zu sagen, seine Hand mit leidenschaftlicher Traurigkeit küssend, ging sie fort.

Er aber konnte nicht schlafen, und wenn er kurz einnickte, erschauderte er, denn er sah die zu ihm erhobenen, hilfesuchenden und verzweifelten Augen des sanften Opfers. Plötzlich stellte er sie sich vor, wie sie jetzt sein mußte, nicht schlafen konnte und sich so einsam fühlte. Er kleidete sich an, ging leise bis zu ihrem Zimmer, wagte kein Geräusch zu machen, um sie nicht zu wecken, falls sie schliefe, wagte auch nicht, in sein eigenes Zimmer zurückzugehen, wo der Himmel und die Erde und seine Seele ihn mit ihrem Gewicht erstickten. Er blieb dort, auf der Schwelle des Zimmers der jungen Frau, und glaubte jeden Augenblick, sich nicht mehr länger zurückhalten zu können und hineingehen zu müssen; doch erschreckte ihn der Gedanke, den sanften Schlaf des Vergessens, das sanfte Gleichmaß des Atmens zu stören und sie grausam den Gewissensbissen und der Verzweiflung auszuliefern, aus deren Griff sie sich für einen Augenblick der Ruhe befreit hatte; so blieb er dort, auf der Schwelle, bald sitzend, bald kniend, bald liegend. Beim Morgengrauen ging er in sein Zimmer zurück, fröstelnd, aber beruhigt, er schlief lange und erwachte voller Wohlbefinden.

Sie sannen beide auf Mittel, das Gewissen des anderen zu beruhigen, sie gewöhnten sich an die Gewissensbisse, die abnahmen, an die Lust, die auch weniger heftig wurde, und als er nach Sylvanien zurückkehrte, bewahrte er, wie sie, nur noch eine sanfte und etwas kühle Erinnerung an jene glutvollen und grausamen Minuten.

III

Seine Jugend braust in ihm; er kann nicht hören.

MADAME DE SÉVIGNÉ[7]

Als Alexis an seinem vierzehnten Geburtstag seinen Onkel Baldassare besuchte, empfand er entgegen seinen Erwartungen keines der heftigen Gefühle des Vorjahres. Das ständige Reiten auf dem Pferd, das sein Onkel ihm geschenkt hatte, hatte seine Kräfte entwickelt, seine ganze nervöse Überreiztheit beruhigt, und belebte nun in ihm die ungebrochene Empfindung von Gesundsein, die sich in jenem Alter zur Jugend hinzugesellt als das dunkle Bewußtsein von der Tiefe ihres Quellgrundes und von der Macht ihrer Fröhlichkeit. Wenn sich in der von seinem Galopp erweckten Brise die Brust wie ein Segel blähte, wenn der Körper wie ein Winterfeuer brannte und er die Stirn ebenso frisch fühlte wie das flüchtige Blätterwerk, das den Vorüberreitenden bekränzte, wenn er nach der Heimkehr den Körper unter dem kalten Wasser straffte oder ihn nach dem Essen genüßlich lange entspannte, dann schwollen in ihm jene Lebenskräfte an, die einst Baldassares stürmischen Stolz gebildet und sich dann für immer von ihm zurückgezogen hatten, um jüngere Seelen zu erfreuen, die sie jedoch eines Tages auch im Stiche lassen würden.

Nichts mehr konnte in Alexis angesichts der Schwäche seines Onkels erschüttert werden, nichts mehr starb dahin angesichts seines nahen Endes. Zu freudevoll sauste ihm das Blut in den Adern und sausten die Wünsche in seinem Kopf, als daß er die erschöpften Klagen des Kranken hätte hören können. Alexis war in jenes feurige Alter eingetreten, in dem der Körper so kraftvoll daran arbeitet, seine Paläste zwischen sich und der Seele zu errichten, daß diese bald verschwunden zu sein scheint, bis zu jenem Tag, da am Ende eines schmerzvollen Ganges, den Kummer und Krankheit vorangetrieben haben, *sie* wiedererscheint. Er hatte sich an die tödliche Krankheit seines Onkels gewöhnt, wie an alles, was um uns her andauert; da dieser ihn einmal zu Tränen gerührt hatte, wie die Toten sie uns vergießen lassen, war er mit ihm, obwohl er noch lebte, verfahren wie mit einem Toten: er hatte begonnen zu vergessen.

Als sein Onkel ihm an jenem Tag sagte: »Mein lieber

Alexis, ich schenke dir den Wagen zusammen mit dem zweiten Pferd«, hatte er verstanden, daß sein Onkel dachte: denn sonst würdest du Gefahr laufen, den Wagen niemals zu bekommen, und er wußte, daß das ein äußerst trauriger Gedanke war. Aber er empfand ihn nicht so, weil jetzt in ihm kein Platz mehr war für tiefe Traurigkeit.

Einige Tage danach traf ihn beim Lesen die Schilderung eines Bösewichts, den auch die ergreifendsten Zärtlichkeiten eines ihn verehrenden Sterbenden nicht rühren konnten.

Am Abend hinderte ihn die Angst, jener Bösewicht zu sein, in dem er sich wiederzuerkennen geglaubt hatte, daran einzuschlafen. Aber tags darauf machte er einen so schönen Ausritt, arbeitete so gut, empfand zudem so viel Zärtlichkeit für seine lebenden Verwandten, daß er wieder ohne Bedenken genießen und ohne Gewissensbisse schlafen konnte.

Mittlerweile verließ der Freiherr von Sylvanien, der nun schon nicht mehr gehen konnte, kaum noch das Schloß. Seine Freunde und Verwandten verbrachten den ganzen Tag mit ihm, und er konnte die schimpflichste Torheit, die absurdeste Verschwendung zugeben, er konnte die schockierendste Widersprüchlichkeit von sich geben, den schockierendsten Fehler erahnen lassen, ohne daß seine Verwandten ihm Vorwürfe machten, daß seine Freunde sich ein Wort des Scherzes oder des Widerspruchs erlaubten. Es schien, als hätte man ihn stillschweigend von der Verantwortlichkeit für seine Handlungen und seine Worte entbunden. Vor allem aber schien es, als wollte man ihn daran hindern, die letzten, knirschenden Geräusche seines Körpers, den das Leben verließ, zu vernehmen, indem man sie mit Sanftmut dämpfte oder gar mit Zärtlichkeiten gänzlich übertönte.

Er verbrachte auf seinem Krankenlager lange und zaubervolle Stunden im Zwiegespräch mit sich selbst, dem einzigen Tischgenossen, den er in seinem Leben zum Souper einzuladen versäumt hatte[8]. Wenn er seinen leidenden Körper herausputzte und sich in seiner Resignation ans Fenster lehnte, um das Meer zu betrachten, empfand er melancholische Freude. Mit glühender Traurigkeit umgab er seine Sterbeszene, die er schon lange bedacht, wie ein Kunstwerk aber unablässig überarbeitet hatte, mit den Bildern dieser Welt, von denen er noch ganz erfüllt war, die sich jedoch schon von ihm lösten und in ihrem Entgleiten sich ihm geheimnisvoll und schön zeigten. Schon entwarf er in seiner Vorstellung den Abschied von der Duchesse Oliviane, seiner großen platonischen Freundin, über deren Salon er herrschte, obwohl die vornehmsten Häuser, die berühmtesten Künstler und die größten Geister Europas dort verkehrten. Er glaubte schon, den Bericht über ihr letztes Gespräch zu lesen[9]:

»... Die Sonne war untergegangen, und malvenfarbig schien das Meer durch die Apfelbäume hindurch. Leicht wie blasse, welke Kränze und beharrlich wie Klagen schwebten kleine Wolken, blau und rosa, am Horizont. Eine Reihe von Pappeln versank melancholisch im Dunkeln, doch kirchenrosa schimmerten noch ihre resignierenden Häupter; ohne ihre Stämme zu erreichen, färbten die letzten Strahlen das Geäst und befestigten an diesen Schattengeländern Girlanden aus Licht. Die Brise vermischte die drei Gerüche von Meer, feuchten Blättern und Milch. Nie hatten die Gefilde von Sylvanien mit größerer Wollust die Schwermut des Abends besänftigt.

›Ich habe Sie sehr geliebt, aber ich habe Ihnen wenig gegeben, mein armer Freund‹, sagte sie.

›Was sagen Sie da, Oliviane? Was bedeutet das, Sie

27

haben mir wenig gegeben? Sie haben mir um so mehr gegeben, je weniger ich von Ihnen verlangt habe, und in Wahrheit sehr viel mehr, als wenn die Sinne irgendeinen Anteil an unserer zärtlichen Freundschaft gehabt hätten. Überirdisch wie eine Madonna, sanft wie eine Amme, habe ich Sie angebetet und haben Sie mich gewiegt. Ich liebte Sie mit einer Zuneigung, deren raffinierte Sinnlichkeit durch keine Hoffnung auf fleischliche Lust getrübt wurde. Schenkten Sie mir dafür nicht eine unvergleichliche Freundschaft, einen köstlichen Tee, eine auf natürliche Weise ausgeschmückte Konversation und wie viele Büschel frischer Rosen? Sie allein wußten, mit Ihren mütterlichen und ausdrucksvollen Händen meine fieberheiße Stirn zu erfrischen, Honig zwischen meine welken Lippen zu träufeln, edle Bilder in mein Leben zu tragen.

Teure Freundin, reichen Sie mir Ihre Hände, daß ich sie küsse ...‹«

Einzig die Gleichgültigkeit Pias, der kleinen Syrakuser Prinzessin, die er noch mit all seinen Sinnen und mit seinem ganzen Herzen liebte und die eine unbezwingliche und rasende Leidenschaft für Castruccio erfaßt hatte, rief ihn von Zeit zu Zeit in eine rauhere Wirklichkeit zurück, die er jedoch zu vergessen sich bemühte. Noch in den letzten Tagen hatte er sich an ihrem Arm auf Festen gezeigt und geglaubt, auf diese Weise seinen Rivalen zu demütigen; aber selbst dort, wenn er an ihrer Seite einherschritt, spürte er, daß ihre tiefen Augen von einer anderen Liebe eingenommen waren, die sie nur aus Mitleid mit dem Kranken zu verbergen suchte. Und nun ging auch das nicht mehr. Die Bewegungen seiner Beine waren so unzusammenhängend geworden, daß er nicht mehr ausgehen konnte. Aber sie besuchte ihn häufig, und als wäre sie der großen Sanftheitsverschwörung der anderen beigetreten, redete sie unaufhörlich auf ihn ein mit einer einfallsreichen Zärtlichkeit, die nie mehr wie früher vom Aufschrei ihrer Gleichgültigkeit oder dem Bekenntnis ihres Zorns Lügen gestraft wurde. Und mehr noch als bei allen anderen spürte er, wie die Beruhigung aus dieser Sanftheit sich über ihn ausbreitete und ihn beglückte.

Da geschah es eines Tages, als er sich von seinem Stuhl erhob, um sich zu Tisch zu begeben, daß sein erstaunter Diener ihn viel besser gehen sah. Er ließ den Arzt rufen, der sich nicht gleich äußern wollte. Am nächsten Tag konnte er gut gehen. Nach acht Tagen erlaubte man ihm, das Haus zu verlassen. Da erfaßte seine Verwandten und Freunde eine grenzenlose Hoffnung. Der Arzt glaubte, daß zuvor vielleicht eine einfache, heilbare Nervenkrankheit die Symptome der progressiven Paralyse angenommen habe, Symptome, die jetzt tatsächlich zu verschwinden begannen. Er stellte seine Vermutung Baldassare gegenüber als Gewißheit dar und sagte zu ihm:

»Sie sind gerettet!«

Der zum Tode Verurteilte zeigte sich vor Freude gerührt, als er von seiner Begnadigung erfuhr. Aber nach einiger Zeit, als die Besserung immer deutlicher wurde, begann eine heftige Unruhe unter seiner Freude hervorzudringen, die eine so kurze Gewöhnung bereits abgeschwächt hatte. Geschützt vor den Unbilden des Lebens, in jener gunstvollen Atmosphäre einhüllender Sanftheit, erzwungener Ruhe und freier Meditation, hatte in ihm heimlich die Sehnsucht nach dem Tod zu keimen begonnen. Noch war er weit davon entfernt, sich hiervon Rechenschaft abzulegen, und verspürte lediglich einen unbestimmten Schrecken, wenn er daran dachte, wieder anzufangen zu leben, die Schläge zu ertragen, an die er nicht mehr gewöhnt war, und die Zärtlichkeiten zu ver-

lieren, mit denen man ihn umgeben hatte. Er spürte auch
dunkel, daß es von Übel wäre, sich im Vergnügen oder
in der Tat zu vergessen, jetzt, da er Bekanntschaft mit
sich selbst gemacht hatte, dem brüderlichen Fremden[10],
der sich mit ihm, während er die Boote das Meer durch-
furchen sah, stundenlang unterhalten hatte, so fern und
gleichzeitig so nah: in ihm selbst. Als spürte er in sich
eine neue, bisher unbekannte Heimatliebe erwachen,
wie in einem jungen Mann, der über den Ort seiner
ursprünglichen Heimat im unklaren gelassen worden
wäre, empfand er Sehnsucht nach dem Tod, während es
ihm zuerst vorgekommen war, er würde in ein ewiges
Exil aufbrechen.

Er sprach einen Gedanken aus, und Jean Galeas, der
wußte, daß er geheilt war, widersprach ihm heftig und
machte sich über ihn lustig. Seine Schwägerin, die seit
zwei Monaten morgens und abends zu ihm kam, besuchte ihn zwei Tage lang nicht. Das war zuviel! Zu
lange schon hatte er sich der Last des Lebens entwöhnt,
er wollte sie nicht wieder auf sich nehmen. Denn das
Leben hatte nicht durch seine Reize wieder Besitz von
ihm genommen. Seine Kräfte kehrten zurück und mit
ihnen seine ganze Begierde zu leben; er ging aus, begann
wieder zu leben und starb für sich selber ein zweites Mal.
Nach einem Monat zeigten sich die Symptome der progressiven Paralyse von neuem. Nach und nach, wie
schon einmal, wurde ihm das Gehen schwerer, unmöglich, langsam genug, daß er sich an seine Rückkehr zum
Tod gewöhnen konnte und Zeit hatte, sich abzuwenden.
Der Rückfall hatte aber nicht einmal die gleichen Aus-
wirkungen wie die erste Attacke, gegen deren Ende er
begonnen hatte, sich vom Leben zu lösen, um es nicht
mehr in seiner Realität zu sehen, sondern um es wie ein
Gemälde zu betrachten. Jetzt wurde er, im Gegenteil,
immer eitler, jähzorniger, immer mehr verzehrte ihn die

Sehnsucht nach den Freuden, die er nicht mehr genießen konnte.

Nur seine Schwägerin, die er zärtlich liebte, versüßte ihm ein wenig sein Ende, indem sie ihn mehrmals am Tage mit Alexis besuchte.

Als sie sich eines Nachmittags auf dem Weg zum Freiherrn befand, scheuten die Pferde kurz vor dem Ziel; sie wurde heftig zu Boden geschleudert, von einem im Galopp passierenden Reiter erfaßt und bewußtlos, mit offenem Schädel, zu Baldassare gebracht.

Der Kutscher, der nicht verletzt worden war, meldete den Unfall sofort dem Freiherrn, dessen Gesicht sich gelb färbte. Seine Zähne waren zusammengepreßt, seine Augen flammten und traten aus den Höhlen, und in einem schrecklichen Wutanfall beschimpfte er lange den Kutscher; aber es schien, als wollten die Ausbrüche seiner Heftigkeit einen schmerzerfüllten Hilferuf übertönen, der sich in den Intervallen sanft vernehmen ließ. Es war, als klagte neben dem rasenden Freiherrn ein Kranker sein Leid. Bald erstickte die zunächst schwache Klage seine Wutschreie, und er fiel schluchzend auf einen Stuhl.

Dann wollte er sich das Gesicht waschen lassen, damit seine Schwägerin durch die Spuren seines Kummers nicht beunruhigt würde. Der Diener schüttelte traurig den Kopf, die Verletzte hatte das Bewußtsein nicht wiedererlangt. Der Freiherr verbrachte zwei verzweifelte Tage und Nächte an der Seite seiner Schwägerin. Sie konnte jeden Augenblick sterben. In der zweiten Nacht unternahm man eine gewagte Operation. Am Morgen des dritten Tages war das Fieber zurückgegangen, und die Verletzte schaute Baldassare lächelnd an, der seine Tränen nicht mehr zurückhalten konnte und vor Freude unaufhörlich weinte. Als der Tod sich ihm nach und nach genähert hatte, hatte er ihn nicht sehen wollen, jetzt hatte er sich plötzlich in seiner Gegenwart befunden. Der Tod hatte ihn zutiefst erschreckt, als er das Teuerste bedrohte, das er besaß; er hatte ihn angefleht, er hatte ihn erweicht.

Er fühlte sich stark und frei, stolz zu fühlen, daß ihm sein eigenes Leben weniger wertvoll war als das seiner Schwägerin und daß er ihm gegenüber ebensoviel Verachtung empfand, als das andere ihm Mitleid eingeflößt hatte. Jetzt schaute er dem Tod ins Angesicht, betrachtete nicht mehr die Szenen, die seinen Tod umgeben würden. So wollte er bleiben bis zum Ende, nicht mehr von der Lüge ergriffen werden, die mit dem Gedanken einer schönen und aufsehenerregenden Sterbeszene das Maß seiner Entweihungen voll gemacht hätte; sie hätte die Mysterien seines Todes besudelt, wie sie die Mysterien seines Lebens vor ihm verhüllt hatte.

IV

> Morgen, und morgen, und dann wieder morgen,
> Kriecht so mit kleinem Schritt von Tag zu Tag,
> Zur letzten Silb' auf unserm Lebensblatt;
> Und alle unsre Gestern führten Narrn
> Den Pfad des stäub'gen Tods. – Aus! kleines Licht! –
> Leben ist nur ein wandelnd Schattenbild;
> Ein armer Komödiant, der spreizt und knirscht
> Sein Stündchen auf der Bühn' und dann nicht mehr
> Vernommen wird; ein Märchen ist's, erzählt
> Von einem Dummkopf, voller Klang und Wut,
> Das nichts bedeutet.
>
> SHAKESPEARE, *Macbeth* [11]

Die Aufregungen, die Anstrengungen Baldassares während der Krankheit seiner Schwägerin hatten den Verlauf der seinen beschleunigt. Soeben hatte er von seinem

Beichtvater erfahren, daß er keinen Monat mehr zu leben habe; es war zehn Uhr morgens, es regnete in Strömen. Ein Wagen hielt vor dem Schloß. Es war die Duchesse Oliviane. Damals, als er die Szenen seines Todes harmonisch ausschmückte, hatte er sich gesagt:

»... Es wird ein klarer Abend sein. Die Sonne wird untergegangen sein, und das Meer wird malvenfarbig durch die Apfelbäume hindurchscheinen. Leicht wie blasse, welke Kränze und beharrlich wie Klagen werden kleine Wolken, blau und rosa, am Horizont schweben...«

Die Duchesse Oliviane kam um zehn Uhr morgens, unter einem tiefen und schmutzigen Himmel, bei strömendem Regen; und ermüdet von seiner Krankheit, ganz höheren Interessen hingegeben und ohne Empfindung für den Reiz der Dinge, die ihm einst als der Wert, der Zauber und die raffinierte Herrlichkeit des Lebens erschienen waren, befahl er, der Duchesse zu sagen, er sei zu schwach. Sie bat noch einmal, vorgelassen zu werden, doch er wollte sie nicht empfangen. Es geschah nicht einmal aus Pflicht: sie bedeutete ihm nichts mehr. Der Tod hatte in kurzer Zeit die Knechtschaftsbande zerrissen, die er seit einigen Wochen so sehr fürchtete. Wenn er versuchte, an sie zu denken, sah er nichts vor seinem inneren Auge aufsteigen: die Augen seiner Vorstellung und seiner Eitelkeit hatten sich geschlossen.

Doch ungefähr eine Woche vor seinem Tod erregte die Ankündigung eines Balles bei der Herzogin von Böhmen seine rasende Eifersucht, denn Pia sollte mit Castruccio, der am folgenden Tag nach Dänemark [12] fuhr, den Kotillon anführen. Er bat, Pia kommen zu lassen; seine Schwägerin sträubte sich ein wenig dagegen; er glaubte, man wolle ihn daran hindern, sie zu sehen, man verfolge ihn, geriet in Zorn, und um ihn nicht zu quälen, ließ man sie sogleich kommen.

Als sie kam, war er vollkommen ruhig, aber von tiefer Traurigkeit. Er zog sie nahe an sein Bett heran und begann sogleich, vom Ball bei der Herzogin von Böhmen zu sprechen. Er sagte zu ihr:

»Wir waren nicht verwandt miteinander; Sie werden um mich keine Trauer tragen, aber ich will eine Bitte an Sie richten: Gehen Sie nicht auf diesen Ball, versprechen Sie es mir.«

Sie schauten sich in die Augen, zeigten sich am Rand der Pupillen ihre Seelen, ihre melancholischen und leidenschaftlichen Seelen, die der Tod nicht hatte vereinen können.

Er verstand ihr Zögern, zog seine Lippen schmerzlich zusammen und sagte sanft:

»Oh! versprechen Sie besser nichts! brechen Sie nicht ein Versprechen, das Sie einem Sterbenden gegeben haben. Wenn Sie Ihrer nicht sicher sind, versprechen Sie nichts.«

»Ich kann es Ihnen nicht versprechen, ich habe ihn seit zwei Monaten nicht gesehen und werde ihn vielleicht nie wiedersehen; ich bliebe ewig untröstlich, nicht auf diesem Ball gewesen zu sein.«

»Sie haben recht, da Sie ihn lieben, da man sterben kann... und da Sie noch mit all Ihrer Kraft leben... Aber Sie sollen ein weniges für mich tun; von der Zeit, die Sie auf dem Ball verbringen werden, sparen Sie mir so viel auf, wie Sie, um jeden Verdacht zu zerstreuen, mit mir hätten verbringen müssen. Laden Sie meine Seele ein, sich während einiger Augenblicke mit Ihnen zu erinnern, geben Sie mir einige Gedanken.«

»Ich wage kaum, es Ihnen zu versprechen, der Ball dauert nur so kurz. Auch wenn ich nicht von ihm weiche, werde ich kaum Zeit haben, ihn zu sehen. Ich werde Ihnen an allen folgenden Tagen einen Augenblick geben.«

»Sie werden es nicht können, Sie werden mich vergessen; aber wenn nach einem Jahr, ach! vielleicht noch später, eine traurige Lektüre, ein Todesfall, ein Regenabend Sie an mich denken läßt, was für eine barmherzige Wohltat werden Sie mir dann erweisen! Ich werde Sie nie, nie mehr sehen können... außer mit den Augen der Seele, und dazu müßten wir gleichzeitig aneinander denken. Ich werde immer an Sie denken, damit meine Seele Ihnen immer offenstehe, wenn Sie einmal in sie eintreten möchten. Aber wie wird die Geladene lange auf sich warten lassen! Die Novemberregen werden die Blumen meines Grabes verfault, der Juni sie versengt haben, und meine Seele wird noch immer weinen vor Ungeduld. Ah! ich hoffe, daß eines Tages der Anblick eines Erinnerungszeichens, die Wiederkehr eines Geburtstages, die Neigung Ihrer Gedanken Ihr Gedächtnis in die Gefilde meiner Zärtlichkeit lenken wird; dann wird es sein, als hätte ich Sie gehört, erblickt, ein Zauber wird alles zum Blühen gebracht haben für Ihre Ankunft. Denken Sie an den Toten. Aber ach! kann ich hoffen, daß der Tod und Ihr Ernst vollbringen werden, was das Leben mit seinen Gluten und unsere Tränen und unsere Fröhlichkeit und unsere Lippen nicht vermocht hatten?«

V

Da bricht ein edles Herz! Gute Nacht, mein Fürst!
Und Engelscharen singen dich zur Ruh'!
SHAKESPEARE, *Hamlet*[13]

Mittlerweile verließ ein heftiges, vom Delirium begleitetes Fieber den Freiherrn nicht mehr[14]; man hatte sein Bett in die Rotunde gebracht, wo Alexis ihn an seinem dreizehnten Geburtstag noch so fröhlich angetroffen hatte und von wo aus der Kranke gleichzeitig auf das Meer, auf die Hafenmole und, gegenüber, auf die Weiden und die Wälder blicken konnte. Von Zeit zu Zeit begann er zu sprechen; doch seine Worte zeigten nicht mehr die Spur jener Gedanken aus der Höhe, die ihn während der letzten Wochen durch ihre Einkehr geläutert hatten. Unter heftigen Verwünschungen gegen eine unsichtbare Person, die sich über ihn lustig machte, wiederholte er unaufhörlich, er sei der größte Musiker des Jahrhunderts und der vornehmste Grandseigneur der Welt. Dann, plötzlich beruhigt, befahl er seinem Kutscher, ihn in eine Spelunke zu fahren, die Pferde für die Jagd satteln zu lassen. Er verlangte Schreibpapier, um anläßlich seiner Heirat mit der Schwester des Herzogs von Parma alle gekrönten Häupter Europas zum Hochzeitsmahl zu laden; in der Angst, eine Spielschuld nicht bezahlen zu können, nahm er das neben seinem Bett liegende Papiermesser und hielt es wie einen Revolver vor sich hin. Er sandte Boten aus, um sich zu erkundigen, ob der Polizist, den er letzte Nacht verprügelt hatte, gestorben sei, und lachend sagte er zu einer Person, deren Hand er zu halten glaubte, obszöne Worte. Die Würgeengel, die man »Wille« und »Verstand« nennt, waren nicht mehr da, um die bösen Geister seiner Sinne und die niedrigen Ausgeburten seines Gedächtnisses in die Finsternis zurückzuweisen. Nach drei Tagen erwachte er gegen fünf Uhr wie aus einem bösen Traum, für den man nicht verantwortlich ist, an den man sich aber dunkel erinnert. Er fragte, ob Freunde oder Verwandte bei ihm gewesen seien während der Stunden, in denen er nur vom niedrigsten Teil seiner selbst, dem ältesten und totesten, ein Bild abgegeben hatte, und er bat, falls er noch einmal vom Delirium ergriffen würde, daß man sie sogleich hinausschickte und daß man sie erst wieder eintreten ließe, wenn er wieder bei Bewußtsein sei.

Er erhob die Augen, ließ sie im Raum kreisen und verweilte lächelnd bei seiner schwarzen Katze, die auf eine Chinavase gesprungen war, mit einer Chrysantheme spielte und mit der Geste eines Pantomimen an der Blume roch. Er hieß alle hinausgehen und unterhielt sich lange mit dem Priester, der bei ihm wachte. Doch weigerte er sich zu kommunizieren und bat den Arzt zu sagen, der Magen sei nicht mehr imstande, die Hostie zu vertragen. Nach einer Stunde ließ er seine Schwägerin und Jean Galeas bitten, wieder hereinzukommen. Er sagte:

»Ich habe mich in mein Schicksal ergeben, ich bin glücklich, zu sterben und vor Gott zu treten.«

Die Luft war so mild, daß man die Fenster öffnete, die aufs Meer schauten, ohne es zu sehen, und da der Wind zu heftig war, ließ man die gegenüberliegenden geschlossen, vor denen sich die Weiden und Wälder ausbreiteten.

Baldassare ließ sein Bett in die Nähe der offenen Fenster rücken[15]. Ein Schiff lief aus, aufs Meer hinausgeführt von Seeleuten, die es auf der Mole am Schlepptau zogen. Ein ungefähr fünfzehnjähriger, hübscher Schiffsjunge beugte sich vorn über den äußersten Schiffsrand; bei jeder Welle glaubte man, er müsse ins Wasser fallen, aber er stand fest auf seinen kräftigen Beinen. Er spannte das Netz zum Fang aus und hielt eine brennende Pfeife zwischen seinen im Wind salzig gewordenen Lippen. Und der gleiche Wind, der die Segel blähte, kam Baldassares Wangen zu kühlen und ließ ein Blatt im Raum aufflattern. Er wandte das Gesicht ab, um dieses glückliche Bild der Freuden nicht mehr zu sehen, der Freuden, die er leidenschaftlich geliebt hatte und die er nicht mehr genießen würde. Er schaute zum Hafen: ein Dreimaster wurde klargemacht.

»Es ist das Schiff, das nach Indien fährt«, sagte Jean Galeas.

Baldassare konnte die Passagiere, die auf Deck mit ihren Taschentüchern winkten, nur undeutlich sehen, doch ahnte er den Durst nach Unbekanntem, der in ihren Augen glühte; jene dort hatten noch vieles zu erleben, kennenzulernen, zu empfinden. Man lichtete den Anker, es ertönte ein Schrei, das Schiff erzitterte und glitt aufs dunkle Meer hinaus dem Abend zu, wo goldenes Nebellicht Boote und Wolken vermischte und den Reisenden unwiderstehliche und geheimnisvolle Versprechen zuflüsterte.

Baldassare ließ die Fenster auf dieser Seite der Rotunde schließen und jene öffnen, die auf die Weiden und die Wälder blickten[16]. Er schaute auf die Felder, aber immer noch hörte er den Abschiedsruf auf dem Dreimaster, und er sah den Schiffsjungen, die Pfeife zwischen den Zähnen, der seine Netze spannte.

Die Hand Baldassares bewegte sich fieberhaft. Plötzlich hörte er ein schwaches, silbernes Geräusch, kaum wahrnehmbar und tief wie das Schlagen eines Herzens. Es war der Glockenklang aus einem weit, sehr weit entfernten Dorf, den die an jenem Abend so klare Luft und die günstige Brise viele Meilen weit über Ebenen und Flüsse getragen hatten, bevor er zu ihm gelangte, um von seinem treuen Ohr aufgenommen zu werden. Es war eine Stimme, gegenwärtig und altvergangen zugleich; jetzt hörte er sein Herz im harmonischen Flug der Glocken schlagen, innehaltend, wenn sie den Klang einzuatmen scheinen, dann zusammen mit ihnen ausatmend, lange und leise. Zu allen Zeiten seines Lebens erinnerte er sich unwillkürlich, sobald er ferne Glocken hörte, wie sanft sie in der Abendluft erklangen, wenn er als Kind über die Felder ins Schloß zurückkehrte.

In diesem Augenblick ließ der Arzt alle nähertreten, nachdem er gesagt hatte:

»Es ist das Ende!«

Baldassare ruhte mit geschlossenen Augen[17], und sein Herz lauschte den Glocken, die sein vom nahen Tod gelähmtes Ohr nicht mehr hörte. Er sah seine Mutter wieder, wie sie ihn beim Heimkommen küßte, dann wie sie ihn abends zu Bett brachte und seine Füße in ihren Händen wärmte, wie sie bei ihm blieb, wenn er nicht einschlafen konnte; er erinnerte sich seines *Robinson Crusoes* und der Abende im Garten, als seine Schwester sang, der Worte seines Erziehers, der voraussagte, daß er eines Tages ein großer Musiker sein werde, und wie daraufhin seine Mutter eine Rührung ergriff, die sie vergebens zu verbergen suchte. Jetzt war keine Zeit mehr, die leidenschaftlichen Erwartungen seiner Mutter und seiner Schwester, die er so grausam enttäuscht hatte, zu erfüllen. Er sah die große Linde wieder, unter der er sich verlobt hatte, und den Tag, an dem seine Verlobung gelöst wurde und nur seine Mutter ihn trösten konnte. Er glaubte, seine alte Nurse zu küssen und seine erste Geige in der Hand zu halten. Er sah dies alles in lichterfüllter, sanfter und trauriger Ferne gleich jener, in die die Fenster auf der Seite der Felder schauten, ohne sie zu sehen.

Er sah dies alles wieder, und doch waren noch keine zwei Sekunden vergangen, seit der Arzt sich über sein Herz gebeugt und gesagt hatte:

»Es ist das Ende!«

Er richtete sich auf und sagte:

»Es ist zu Ende!«

Alexis, seine Mutter und Jean Galeas knieten nieder, mit dem Herzog von Parma, der soeben eingetroffen war. Die Diener weinten vor der offenen Tür.

Oktober 1894

VIOLANTE ODER DIE MONDÄNE WELT

ERSTES KAPITEL
VIOLANTES KINDHEITSTRÄUME

> *Habt wenig Umgang mit jungen Leuten und mit Personen der Welt... Verlanget nicht danach, vor den Mächtigen zu erscheinen.*
> Imitatio Christi, 1. Buch, 8. Kapitel[1]

Die Freiherrin von Steyern war großmütig und milde und ganz durchdrungen von einer Anmut, die bezauberte. Der Geist des Freiherrn, ihres Gatten, war äußerst lebhaft, und seine Gesichtszüge waren von bewundernswerter Ebenmäßigkeit. Jedoch der erstbeste Grenadier war zartfühlender und weniger vulgär. Weitab der Welt, im ländlichen Besitztum Steyern, erzogen sie ihre Tochter Violante, die, schön und lebhaft wie ihr Vater, barmherzig und auf geheimnisvolle Weise berückend wie ihre Mutter, die Eigenschaften ihrer Eltern in vollkommen ausgewogenem Maß zu vereinen schien. Aber das wechselhafte Streben ihres Herzens und ihres Geistes trafen in ihr nicht auf einen Willen, der, ohne es zu begrenzen, ihm eine Richtung wies und sie davor bewahrte, sein zauberhaftes und zerbrechliches Spielzeug zu werden. Dieser Mangel an Willenskraft[2] erfüllte Violantes Mutter mit einer Besorgnis, die mit der Zeit wohl Früchte getragen hätte, wenn die Freiherrin nicht zusammen mit ihrem Mann bei einem Jagdunfall einen jähen Tod gefunden und Violante im Alter von fünfzehn Jahren als Waise zurückgelassen hätte. Nahezu allein, wie sie nun lebte, unter der wachsamen, aber unbeholfenen Obhut des alten Augustin[3], ihres Erziehers, der zugleich Verwalter von Schloß Steyern war, schuf sie sich aus ihren Träumen, in Ermangelung von Freunden, zauberhafte Spielgefährten, denen sie versprach, ihnen ein Leben lang treu zu bleiben. Sie führte sie durch die Alleen des Parks, streifte mit ihnen über die Felder und lehnte sich mit ihnen an die Brüstung der Terrasse, die aufs Meer schaut und so das Besitztum Steyern begrenzt[4]. Von ihnen erzogen und wie über sich selbst hinaus erhoben, eingeweiht von ihnen, erfaßte Violante alles Sichtbare und erahnte etwas vom Unsichtbaren. Ihre Freude war unendlich, war unterbrochen von Traurigkeiten, die die Freude an Süße noch übertrafen.

ZWEITES KAPITEL
SINNLICHKEIT

> *Stützet euch nicht auf ein Rohr, das der Wind bewegt, und vertrauet nicht darauf; denn alles Fleisch ist ja Gras und all seine Pracht vergeht, wie die Blume des Feldes.*
>
> *Imitatio Christi*[5]

Außer Augustin und einigen Kindern aus der Gegend sah Violante niemanden. Nur eine jüngere Schwester ihrer Mutter, die auf Julianges, einem einige Stunden weit entfernten Schloß, wohnte, kam manchmal Violante besuchen. Als sie eines Tages ihre Nichte aufsuchte, wurde sie von einem ihrer Freunde begleitet. Er hieß Honoré und war sechzehn Jahre alt[6]. Er gefiel Violante nicht, kam jedoch wieder. Während sie in einer Allee des Parkes spazierengingen, erfuhr sie von ihm höchst unziemliche Dinge, von denen sie nichts geahnt hatte. Dabei empfand sie ein Gefühl von süßer Freude, dessen sie sich jedoch gleich danach schämte. Später, als die Sonne gesunken war und sie lange Zeit gegangen waren, setzten sie sich auf eine Bank, wohl um den Widerschein zu betrachten, mit dem der rosafarbene Himmel das Meer beschwichtigte. Honoré rückte näher zu Violante, damit ihr nicht kalt würde, schloß mit ausgedachter Langsamkeit die Agraffen des Pelzes, den sie um die Schultern trug, und schlug ihr vor, mit seiner Hilfe die Theorien, die er ihr soeben im Park dargelegt hatte, in die Praxis umzusetzen. Er wollte ganz leise sprechen, näherte seine Lippen dem Ohr Violantes, die es nicht zurückzog; doch sie hörten ein Geräusch im Gebüsch. »Es ist nichts«, sagte Honoré zärtlich. »Es ist meine Tante«, sagte Violante. Es war der Wind. Aber sehr im rechten Augenblick von diesem Wind erfrischt, hatte sich Violante erhoben, wollte sich keinesfalls wieder setzen und verabschiedete sich von Honoré trotz seiner Bitten. Sie hatte Gewissensbisse, eine Nervenkrise, und während zweier Tage brauchte sie lange, um einschlafen zu können. Ihre Erinnerung war ihr ein brennendes Kopfkissen, das sie unablässig umwendete. Am übernächsten Tag bat Honoré, sie sehen zu dürfen. Sie ließ antworten, sie sei spazierengegangen. Honoré glaubte dieser Auskunft nicht und wagte nicht wiederzukommen. Im folgenden Sommer dachte sie mit Zärtlichkeit an Honoré zurück, auch mit Sorge; denn sie wußte ihn als Matrosen auf See. Wenn die Sonne im Meer versunken war und sie auf der Bank saß, zu der er sie vor einem Jahr geführt hatte, bemühte sie sich, sich der suchenden Lippen Honorés zu erinnern, seiner grünen, halbgeschlossenen Augen, seiner wie Strahlen umherschweifenden Blicke, die sie eben mit ihrem warmen, lebhaften Licht sanft berührt hatten. Und in den milden Nächten, in den weiten und verschwiegenen Nächten, wenn die Gewißheit, daß niemand sie sehen könne, ihr Verlangen ins Unendliche steigerte, hörte sie Honorés Stimme ihr die verbotenen Dinge ins Ohr flüstern. Dann rief sie ihn sich ganz vor Augen, bedrängend und sich anbietend wie eine Versuchung. Eines Abends beim Essen schaute sie seufzend den Verwalter an, der ihr gegenüber saß.

»Ich bin sehr traurig, Augustin«, sagte Violante. »Niemand liebt mich«, fügte sie hinzu.

»Und doch«, entgegnete Augustin, »als ich vor acht Tagen auf Julianges war, um die Bibliothek zu ordnen, hörte ich, daß jemand sagte: »Wie schön sie ist!«

»Wer?« fragte Violante traurig.

Ein schwaches Lächeln hob ein wenig und sehr sanft einen Winkel ihres Mundes, so wie man versucht, einen Vorhang zu heben, um die Heiterkeit des Tages einzulassen.

»Jener junge Mann vom letzten Jahr, Monsieur Honoré...«

»Ich glaubte ihn auf See«, sagte Violante.

»Er ist zurück«, sagte Augustin.

Noch im selben Augenblick erhob sich Violante, ging schwankenden Schrittes auf ihr Zimmer, um Honoré zu schreiben, er solle sie aufsuchen. Als sie zur Feder griff, überkam sie ein Glücksgefühl von bisher unbekannter Macht, das Gefühl, etwas in ihrem Leben nach eigener Lust und eigener Laune einzurichten, dem Räderwerk ihrer beider Schicksale, dessen Mechanismus den einen fern vom andern gefangenzuhalten schien, doch noch einen kleinen Stoß geben zu können, daß er in der Nacht erscheinen würde, auf der Terrasse, anders als in der grausamen Ekstase ihres ungestillten Verlangens, es würde tatsächlich zwischen ihren von niemandem vernommenen Zärtlichkeiten – ihrem ewigen inneren Roman – und den Ereignissen Verbindungswege geben, auf denen sie sich emporschwingen würde ins Unmögliche, das sie begehbar machte, indem sie es erschuf. Tags darauf erhielt sie Honorés Antwort, die sie zitternd auf der Bank las, wo er den Arm um sie gelegt hatte.

Mademoiselle,
ich erhalte Ihren Brief eine Stunde vor der Abfahrt meines Schiffes. Wir hatten nur für acht Tage angelegt, und ich werde erst in vier Jahren zurückkommen. Bewahren Sie die Erinnerung an Ihren zärtlich-ergebenen

HONORÉ

Als sie nun die Terrasse betrachtete, wohin er nicht mehr kommen würde, wo niemand ihr Verlangen würde stillen können, und auch das Meer, das ihn ihr entführte und ihm dafür in der Phantasie des jungen Mädchens etwas von seinem großen, geheimnisvollen und schwermütigen Zauber verlieh, Zauber der Dinge, die uns nicht gehören, die zu viele Himmel widerspiegeln und zu viele Gestade umspülen, brach Violante in Tränen aus.

»Mein Lieber«, sagte sie am Abend zu Augustin, »es ist mir ein großes Unglück widerfahren.«

Das erste Bedürfnis, sich vertraulich auszusprechen, erwuchs ihr ebenso natürlich aus der ersten Enttäuschung ihrer Sinnlichkeit, wie es gewöhnlich aus der ersten Befriedigung der Liebe erwächst. Noch kannte sie die Liebe nicht. Wenig später begann sie, unter ihr zu leiden, welches die einzige Weise ist, sie kennenzulernen.

Violante war verliebt, das heißt, daß ein junger Engländer, der Laurence hieß, während mehrerer Monate zum Gegenstand ihrer unbedeutendsten Gedanken wurde und zum Ziel ihrer wichtigsten Handlungen. Sie war einmal mit ihm auf der Jagd gewesen und verstand nicht, warum das Verlangen, ihn wiederzusehen, ihr Denken beherrschte, sie auf allen Wegen nach einer Begegnung mit ihm suchen ließ, den Schlaf von ihr fernhielt, ihre Ruhe und ihr Glück zerstörte. Violante war von Liebe ergriffen, sie wurde verschmäht. Laurence liebte die Welt, sie liebte sie, um ihm zu folgen. Doch Laurence hatte keine Augen für dieses zwanzigjährige Landmädchen. Sie wurde krank vor Kummer und Eifersucht, begab sich nach Bad..., um Laurence zu vergessen, aber sie blieb in ihrer Eigenliebe verletzt, hatte sie doch mitansehen müssen, wie ihr so viele Frauen vorgezogen wurden, die ihr nicht gleichkamen, und war entschlossen, all deren Vorzüge zu erobern, um über sie zu triumphieren.

»Ich verlasse dich, mein guter Augustin«, sagte sie, »und gehe an den Hof von Österreich.«

»Gott bewahre uns davor«, sagte Augustin. »Die Armen unserer Gegend werden nicht mehr durch die Gaben Ihrer Barmherzigkeit getröstet werden, wenn Sie mitten unter so vielen bösen Menschen weilen. Sie werden nicht mehr mit unseren Kindern in den Wäldern spielen. Wer wird die Orgel spielen in der Kirche? Wir werden Sie nicht mehr auf den Feldern malen sehen, Sie werden uns keine Lieder mehr komponieren.«

»Sorge dich nicht, Augustin«, sagte Violante, »bewahre mir nur gut und treu mein Schloß und meine Bauern von Steyern. Die Welt ist mir nur ein Mittel. Sie verleiht zwar vulgäre, aber unbesiegbare Waffen, und wenn ich eines Tages geliebt sein will, muß ich sie besitzen. Auch treibt mich Neugierde dorthin und eine Art Bedürfnis, ein etwas materielleres und weniger nachdenkliches Leben zu führen als dieses hier. Ich suche Erholung und Belehrung zugleich. Sobald ich mir meine Stellung geschaffen habe und meine Ferien vorüber sind, werde ich die Welt verlassen und aufs Land zurückkommen zu unseren guten, einfachen Leuten und, was mir das Liebste ist, zu meinen Liedern. An einem bestimmten und nicht allzu fernen Tag werde ich diesen Weg nicht länger verfolgen und in unser Steyern zurückkehren, um in deiner Nähe zu leben, mein Lieber.«

»Werden Sie das können?« sagte Augustin.

»Man kann, was man will«, sagte Violante.

»Aber Sie werden vielleicht nicht mehr das gleiche wollen«, sagte Augustin.

»Warum?« fragte Violante.

»Weil Sie nicht mehr die gleiche sein werden«, sagte Augustin.

VIERTES KAPITEL

DIE MONDÄNE WELT

Die Personen der Welt sind so mittelmäßig, daß Violante sich nur herablassen mußte, sich unter sie zu mischen, um sie fast alle in den Schatten zu stellen. Die unzugänglichsten Aristokraten, die wildesten Künstler suchten ihr Wohlwollen und machten ihr den Hof. Sie allein hatte Geist, Geschmack, ihr Gang war der Inbegriff aller Vollkommenheiten. Sie brachte Theaterstücke, Parfums und Roben in Mode. Die Schneiderinnen, die Literaten und die Friseure bettelten um ihre Protektion. Die berühmteste Modistin Österreichs erbat sich den Titel ihrer

46

Lieferantin, der erlauchteste Fürst Europas erbat sich den Titel ihres Liebhabers. Sie hielt es für ihre Pflicht, beiden diese Gunst zu verweigern, die deren Rang in der Welt des guten Geschmacks für immer gefestigt hätte. Unter den jungen Leuten, die darum baten, bei Violante empfangen zu werden, tat sich Laurence durch seine Beharrlichkeit hervor. Nachdem er ihr soviel Kummer bereitet hatte, erweckte er in ihr dadurch einigen Abscheu. Und seine Niederträchtigkeit entfernte ihn weiter von ihr, als es seine Geringschätzung getan hatte. Ich habe kein Recht, mich zu entrüsten, sagte sie sich. Ich liebte ihn nicht wegen seiner Seelengröße und ich spürte sehr wohl, ohne daß ich es mir einzugestehen wagte, daß er von gemeiner Gesinnung war. Das hinderte mich zwar nicht, ihn zu lieben, sondern lediglich, die Seelengröße ebensosehr zu lieben. Ich dachte, man könne gemein und zugleich liebenswert sein. Sobald man aber nicht mehr liebt, beginnt man wieder großherzige Menschen vorzuziehen. Wie merkwürdig war doch diese Leidenschaft für jenen erbärmlichen Menschen, war sie doch durch und durch Angelegenheit des Kopfes und ließ sie sich doch nicht durch Verirrung der Sinne entschuldigen! Platonische Liebe ist eine armselige Sache. Wie wir sehen werden, konnte sie etwas später bedenken, daß sinnliche Liebe noch armseliger ist.

Augustin kam sie zu besuchen, wollte sie nach Steyern zurückführen.

»Sie haben ein wahrhaftes Königtum erobert«, sagte er zu ihr. »Genügt Ihnen das nicht? Warum werden Sie nicht wieder die Violante von früher.«

»Ich habe es mir eben erst erobert, Augustin«, entgegnete Violante, »laß es mich wenigstens einige Monate ausüben.«

Ein Ereignis, das Augustin nicht vorausgesehen hatte, entband Violante für einige Zeit der Verpflichtung, an

ihren Rücktritt zu denken. Nachdem sie zwanzig königliche Hoheiten, ebenso viele regierende Fürsten und
einen Mann von Genie abgewiesen, die um ihre Hand
angehalten hatten, heiratete sie den Herzog von Böhmen, der äußerste Anmut und fünf Millionen Dukaten
besaß. Die Nachricht von der Rückkehr Honorés hätte,
am Vorabend der Hochzeit, die Verbindung beinahe
aufgelöst. Aber er war von einer Krankheit befallen,
die ihn verunstaltete und Violante seine Vertraulichkei-
ten widerwärtig machte. Sie weinte über die Eitelkeit
ihres Verlangens, das sie einst so glühend zu dem Flei-
sche hingezogen hatte, das damals in seiner Blüte stand
und nun für immer verwelkt war. Die Herzogin von
Böhmen fuhr fort zu bezaubern, wie es Violante von
Steyern getan hatte, und das unermeßliche Vermögen
des Herzogs diente lediglich dazu, dem Kunstwerk[7],
das sie war, einen ihm würdigen Rahmen zu verleihen. Vom Kunstwerk wurde sie zum Luxusartikel gemäß jener natürlichen Neigung der irdischen Dinge,
sich zum Schlechten zu wenden und immer tiefer ab-
zusinken[8], wenn nicht edles Streben als Zentrum ihrer Gravitation gleichsam über ihnen wirksam bleibt.
Augustin wunderte sich über alles, was er von ihr
erfuhr. »Warum spricht die Herzogin«, schrieb er ihr,
»immerzu von Dingen, die Violante so sehr verab-
scheute?«

»Weil ich weniger gefallen würde mit Anliegen, die
allein schon wegen ihrer Überlegenheit den in der Welt
lebenden Personen antipathisch und unverständlich
sind. Aber ich langweile mich, mein guter Augustin.«

Er kam sie zu besuchen, erklärte ihr, warum sie sich
langweilte:

»Ihr Hang zur Musik, zum Nachdenken, zur Barmherzigkeit, zur Einsamkeit, zum Leben auf dem Lande
kann sich nicht verwirklichen. Der Erfolg nimmt Sie

ein, das Vergnügen hält Sie zurück. Aber man findet das Glück nur, wenn man tut, was man mit den tiefsten Neigungen seiner Seele liebt.«

»Wie kannst du das wissen, der du doch nicht gelebt hast?« sagte Violante.

»Ich habe nachgedacht, und das ist eigentlich leben«, sagte Augustin. »Aber ich hoffe, daß der Überdruß an diesem abgeschmackten Leben Sie bald ergreifen werde.«

Violante langweilte sich mehr und mehr, sie war nie mehr fröhlich. Da geschah es, daß die Unmoral der Welt, die sie bisher gleichgültig gelassen hatte, sie in ihren Griff nahm und grausam verletzte, wie die Unbill der Jahreszeiten die Körper zu Boden wirft, denen die Krankheit die Kraft zu kämpfen genommen hat. Als sie eines Tages in einer ziemlich verlassenen Allee spazieren-ging, stieg aus einem Wagen, den sie zunächst nicht bemerkt hatte, eine Frau und ging geradewegs auf sie zu. Sie sprach sie an, fragte sie, ob sie wirklich Violante von Böhmen sei, und erzählte ihr, sie sei die Freundin ihrer Mutter gewesen und habe das Verlangen verspürt, die kleine Violante wiederzusehen, die sie auf den Knien gehalten habe. Sie küßte sie gerührt, nahm sie um die Taille und begann sie so stürmisch zu küssen, daß Vio-lante, ohne Adieu zu sagen, so schnell sie konnte davon-lief. Am nächsten Abend begab sich Violante zu einem Fest, das zu Ehren der Prinzessin von Misène gegeben wurde, die sie nicht kannte. Sie erkannte in der Prinzes-sin die abscheuliche Dame vom Tag zuvor. Und eine Witwe von Stand, die Violante bisher geschätzt hatte, fragte sie:

»Möchten Sie, daß ich Sie der Prinzessin von Misène vorstelle?«

»Nein«, sagte Violante.

»Seien Sie nicht ängstlich«, sagte die Witwe von

Stand. »Ich bin sicher, daß Sie ihr gefallen werden. Sie mag hübsche Frauen sehr.«

Seit diesem Tag hatte Violante zwei Todfeinde, die Prinzessin von Misène und die Witwe von Stand, von denen sie überall als ein Monstrum an Überheblichkeit und Perversität hingestellt wurde. Violante erfuhr es, weinte über sich selbst und über die Schlechtigkeit der Frauen. In jene der Männer hatte sie sich schon seit langem geschickt. Bald sagte sie allabendlich zu ihrem Mann:

»Übermorgen fahren wir in mein Steyern und werden es nie wieder verlassen.«

Dann war da noch ein Fest, das ihr vielleicht besser gefiele als die anderen, ein hübscheres Kleid, das es zu zeigen galt. Das tiefe Bedürfnis, sich in der Welt der Phantasie zu bewegen, schöpferisch zu sein, allein und durch das Denken zu leben, das Bedürfnis auch, sich aufzuopfern, ließ sie zwar daran leiden, es nicht befriedigt zu fühlen, und hinderte sie, in der Welt auch nur den Schatten einer Freude zu finden, doch war es zu sehr abgestumpft, war nicht mehr zwingend genug, als daß sie ihr Leben hätte ändern, der Welt hätte entsagen und ihre eigentliche Bestimmung hätte verwirklichen können. Sie hörte nicht auf, das aufwendige und verzweifelte Schauspiel einer Existenz zu geben, die für die Unendlichkeit geschaffen und nach und nach beinahe zu einem Nichts zusammengeschrumpft war; nur noch die melancholischen Schatten einer edleren Bestimmung, die sie hätte erfüllen können und von der sie sich mit jedem Tag weiter entfernte, umschwebten sie. Eine Aufwallung ihres umfassenden Gefühls von Barmherzigkeit, die ihr Herz wie eine Flutwelle reingewaschen, die alle menschlichen Unebenheiten und Hemmnisse in einem weltlichen Herzen hinweggespült hätte, wurde durch die tausend Dämme des Egoismus, der Koketterie und des Ehrgeizes verhindert. Die Güte gefiel ihr nur noch als eleganter Akt. Barmherzigkeit würde sie zwar in Form von Geldgaben weiterhin ausüben, sie würde sich ihre Barmherzigkeit sogar Zeit und Mühe kosten lassen, aber ein ganzer Teil ihrer selbst blieb verschlossen, gehörte ihr nicht mehr an. Noch las oder träumte sie morgens in ihrem Bett, aber mit verfälschtem Geist, der an der Oberfläche der Dinge Halt machte und sich selbst betrachtete, nicht um sich zu vertiefen, sondern um sich wollüstig und kokett zu bewundern wie vor einem Spiegel. Und hätte sich dann ein Besuch angemeldet, sie hätte nicht den Willen gehabt, ihn abzuweisen, um weiterzuträumen oder weiterzulesen. Sie war so weit gekommen, daß sie die Natur nur noch mit pervertierten Sinnen genießen konnte, und der Zauber der Jahreszeiten war für sie nur noch dazu da, um ihrer Eleganz die jeweilige Duftnote und den jeweiligen Farbton zu verleihen. Der Zauber des Winters wurde zum Vergnügen, sich fröstelnd zu zeigen, und die Fröhlichkeit der Jagd verschloß ihr das Herz für die Traurigkeiten des Herbstes. Manchmal wollte sie versuchen, den natürlichen Quell der wahren Freuden wiederzufinden, indem sie allein durch den Wald ging. Aber unter dem dunklen Blätterdach führte sie nur grellfarbige Roben spazieren. Und das Vergnügen, elegant zu sein, verdarb ihr die Freude, allein zu sein und zu träumen.

»Fahren wir morgen?« fragte der Herzog.

»Übermorgen«, antwortete Violante.·

Dann hörte der Herzog auf zu fragen. An Augustin, der sich beklagte, schrieb Violante: »Ich werde zurückkommen, wenn ich etwas älter bin.« »Ah!« antwortete Augustin, »Sie geben ihnen freiwillig ihre Jugend; Sie werden nie mehr in Ihr Steyern zurückkehren.« Sie kehrte nie mehr zurück. Solange sie jung war, blieb sie in der Welt, um das Königtum der Eleganz auszuüben, das sie, beinahe ein Kind noch, erobert hatte. Als sie älter wurde, blieb sie, um es zu verteidigen. Vergeblich. Sie verlor es. Und als sie starb, versuchte sie immer noch, es wiederzuerobern. Augustin hatte mit dem Überdruß gerechnet. Aber er hatte nicht gerechnet mit einer Macht, die zu Beginn von Eitelkeit sich nährt und schließlich Überdruß, Verachtung, ja selbst Langeweile besiegt: es ist die Macht der Gewohnheit[9].

August 1892

FRAGMENTE EINER ITALIENISCHEN KOMÖDIE

> *So wie der Krebs, der Widder, der Skor-*
> *pion, die Waage und der Wassermann jeg-*
> *liche Niedrigkeit verlieren, wenn sie als*
> *Zeichen des Tierkreises erscheinen, so*
> *kann man an entfernten Personen seine*
> *eigenen Laster ohne Zorn betrachten...*
>
> EMERSON[1]

I

DIE GELIEBTEN DES FABRICE

Die Geliebte des Fabrice war intelligent und schön; er war darüber untröstlich.[1] »Sie dürfte sich selbst nicht verstehen!« rief er stöhnend aus, »ihre Schönheit wird mir durch ihre Intelligenz verdorben; könnte ich mich in die *Mona Lisa,* jedesmal wenn ich sie betrachte, noch verlieben, wenn ich mir dabei gleichzeitig die Abhandlung eines noch so raffinierten Kritikers anhören müßte?« Er verließ sie, nahm sich eine andere Geliebte, die schön und geistlos war. Aber mit ihrem erbarmungslosen Mangel an Takt hinderte sie ihn beständig daran, sich ihrer Reize zu erfreuen. Alsdann strebte sie nach Intelligenz, las viel, wurde pedantisch und war schließlich ebenso intellektuell wie die erste, mit weniger Ungezwungenheit und mit lächerlichen Ungeschicklichkeiten. Er bat sie zu schweigen: auch wenn sie nicht sprach, widerspiegelte ihre Schönheit auf grausame Weise ihre Dummheit. Endlich lernte er eine Frau kennen, bei der die Intelligenz sich nur durch eine besonders subtile Anmut verriet, die sich damit begnügte zu leben

und die das bezaubernde Geheimnis ihrer Natur nicht
durch eine allzu gesuchte Konversation preisgab. Sie
war sanft wie die anmutigen und geschmeidigen Tiere
mit den tiefen Augen und sie verwirrte wie am Morgen
die quälende und unbestimmte Erinnerung an unsere
Träume[2]. Aber sie nahm sich nicht die Mühe, das für ihn
zu tun, was die beiden anderen getan hatten: ihn zu lieben.

II

DIE FREUNDINNEN DER GRÄFIN MYRTO

Myrto, geistreich, herzensgut und hübsch, aber mit einem Hang zum *chic*[1], zieht ihren anderen Freundinnen
Parthénis vor, die Herzogin ist und brillanter als sie; aber
auch die Gesellschaft Lalagés ist ihr angenehm, deren
Eleganz genau ihrer eigenen entspricht, und sie ist gegenüber den Reizen der Cléanthis nicht unempfindlich,
die von niedriger Herkunft ist und keinen hervorragen-
den Rang beansprucht. Aber wen Myrto nicht ausstehen
kann, ist Doris; die gesellschaftliche Stellung von Doris
ist etwas niedriger als die von Myrto, und sie sucht die
Gunst Myrtos, wie es Myrto mit Parthénis tut, ihrer
überlegenen Eleganz wegen.
  Wenn wir bei Myrto diese Vorlieben und diese Antipa-
thie wahrnehmen, so liegt deren Grund darin, daß die
Herzogin Parthénis Myrto nicht nur einen Vorteil ver-
schafft, sondern auch sie nur um ihrer selbst willen
lieben kann; daß Lalagé sie um ihrer selbst willen lieben
kann und daß, als Kolleginnen gleichen Ranges, sie in
jedem Fall aufeinander angewiesen sind; daß endlich,
wenn sie Cléanthis schätzt, Myrto stolz darauf ist, unei-
gennützig zu sein, einen aufrichtigen Geschmack zu
haben, zu verstehen und zu lieben, elegant genug zu sein,

um auch wenn nötig auf Eleganz verzichten zu können. Ganz anders Doris, die nur ihre Wünsche nach *chic* anspricht, ohne in der Lage zu sein, sie zu erfüllen; die zu Myrto kommt wie ein hergelaufener Köter zu einem Hofhund, dessen Knochen abgezählt sind, um von ihren Herzoginnen zu kosten und wenn möglich ihr eine wegzuschnappen; die ihr endlich – irritierend wie Myrto selbst durch das ärgerliche Mißverhältnis zwischen dem Rang, den sie einnimmt, und demjenigen, den sie anstrebt – das Bild ihres Lasters vorhält. Die Freundschaft, die Myrto mit Parthénis verbindet, erkennt Myrto irritiert in den Aufmerksamkeiten wieder, mit denen Doris sie umgibt. Lalagé, selbst Cléanthis erinnerten sie an ihre ehrgeizigen Träume, und Parthénis hat wenigstens begonnen, sie zu verwirklichen: Doris zeigt ihr nur ihre Kleinheit. Deshalb empfindet sie – allzu gereizt, um die amüsante Rolle einer Beschützerin spielen zu können – Doris gegenüber die Gefühle, die sie, Myrto, in Parthénis erwecken müßte, wenn Parthénis nicht über den Snobismus erhaben wäre: sie haßt sie[2].

III
HELDÉMONE, ADELGISE, ERCOLE

Eine etwas lockere Szene, deren Zeuge er war, wagt Ercole nicht der Herzogin Adelgise zu erzählen, aber er kennt solche Skrupel nicht gegenüber der Kurtisane Heldémone.

»Ercole«, ruft Adelgise aus, »Sie glauben nicht, daß ich diese Geschichte anhören kann? Ach! ich weiß nur allzu gut, daß Sie mit der Kurtisane Heldémone anders verfahren würden; Sie respektieren mich: Sie lieben mich nicht.«

»Ercole«, ruft Heldémone aus, »Sie haben nicht den

Anstand, mir diese Geschichte zu verschweigen? Ich mache Sie zum Richter; würden Sie sich gleich verhalten gegenüber der Herzogin Adelgise? Sie respektieren mich nicht: Sie können mich also auch nicht lieben.«

IV
DER UNBESTÄNDIGE

Fabrice, der Béatrice für immer lieben will, für immer zu lieben glaubt, bedenkt, daß er das gleiche wollte, daß er das gleiche glaubte, als er, sechs Monate lang, Hippolyta, Barbara oder Clélie liebte. Deshalb versucht er nun, in den tatsächlichen Eigenschaften von Béatrice einen Grund zu finden, um daran glauben zu können, er werde, auch wenn seine Leidenschaft beendet sei, weiterhin bei ihr verkehren; denn der Gedanke, eines Tages zu leben, ohne sie zu sehen, ist unvereinbar mit einem Gefühl, dem die Illusion seiner Ewigkeit eignet. Außerdem – als vorsichtiger Egoist – möchte er sich nicht gänzlich, mit seinen Gedanken, seinen Handlungen, den Absichten jeder Minute, den Plänen für die ganze Zukunft, der Gefährtin doch nur einiger Stunden verpflichten. Béatrice ist sehr geistvoll und hat ein gutes Urteil: »Welch ein Vergnügen werde ich empfinden, wenn ich aufgehört habe, sie zu lieben, mich mit ihr über die anderen, über sie selber, über meine verstorbene Liebe zu ihr zu unterhalten…« (die auf diese Weise, gewandelt zu dauerhafterer Freundschaft, wiederaufleben würde, hofft er). Doch kaum ist seine Leidenschaft für Béatrice beendet, läßt er zwei Jahre vergehen, ohne sie aufzusuchen, ohne Lust zu verspüren, ohne darunter zu leiden, keine Lust zu verspüren. Als er eines Tages gezwungen ist, sie aufzusuchen, schimpft er, bleibt zehn Minuten. Denn er träumt Tag und Nacht von Giulia, die ganz besonders geistlos ist, deren fahles Haar jedoch duftet wie feines Kraut und deren Augen unschuldig sind wie zwei Blumen.

V

Es lebt sich seltsam leicht und angenehm mit gewissen Personen von großer natürlicher Distinktion, die geistreich sind, liebevoll, doch auch aller Laster fähig, selbst wenn sie auch keinem öffentlich nachgehen und man ihnen nicht eines mit Sicherheit nachsagen kann. Sie haben etwas Anschmiegsames, etwas Verschwiegenes. Dann gibt ihre Verderbtheit auch den unschuldigsten Beschäftigungen, wie spazierengehen in nächtlichen Gärten, einen besonderen Reiz.

VI

VERLORENE FORMEN

I

Ich sah Sie eben zum ersten Mal, Cydalise, und ich bewunderte zuerst Ihr blondes Haar, das gleichsam einen kleinen Goldhelm auf Ihr kindliches, melancholisches und reines Haupt setzte. Ein Kleid von blaßrotem Samt ließ es noch sanfter erscheinen, dieses eigenartige Haupt, dessen Geheimnis die gesenkten Lider scheinbar für immer versiegeln mußten. Aber Sie erhoben Ihren Blick; er blieb auf mir ruhen, Cydalise, und die Augen, die ich jetzt sah, schienen durchdrungen von der frischen Reinheit des Morgens, der Bäche, wie sie sprudeln am ersten schönen Frühlingstag. Es waren Augen, die gleichsam nie geschaut, was alle Menschenaugen wider-

57

zuspiegeln gewohnt sind, jungfräuliche Augen, noch frei von irdischer Erfahrung. Aber je länger ich Sie betrachtete, desto mehr drückten Sie etwas Liebendes und Leidendes aus, wie jemand, dem von den Feen schon vor der Geburt, was er sich gewünscht hat, versagt worden ist. Selbst die Stoffe nahmen auf Ihnen den Ausdruck schmerzlicher Grazie an, wurden betrübt vor allem auf Ihren Armen, Ihren gerade so weit entmutigten Armen, um noch einfach und reizvoll zu bleiben. Dann stellte ich mir vor, Sie seien eine von weither, durch die Jahrhunderte hindurch zu uns gekommene Prinzessin, die sich hier für immer langweilte, mit resignierender Sehnsucht; eine Prinzessin in Kleidern von altertümlicher und seltener Harmonie, und deren Anblick dem Auge bald zur süßen und berauschenden Gewohnheit geworden wäre. Ich hätte mir gerne Ihre Träume, Ihre Sorgen erzählen lassen. Ich hätte Sie gerne irgendeinen Pokal oder eher eine dieser Trinkkannen von so stolzer und trauriger Form in der Hand halten sehen, wie sie heute leer in unseren Museen stehen, wo sie mit nutzloser Grazie ihre erschöpfte Rundung erheben und die doch einst, wie Sie, die frische Sinnenlust der Tafeln von Venedig waren, von deren Veilchen und Rosen ein letzter Hauch im hellen Fluß des schaumigen und trüben Glases zu schweben scheint.

2

»Wie können Sie Hippolyta den fünf anderen vorziehen, die ich eben genannt habe und die die unbestreitbarsten Schönheiten Veronas sind? Vor allem hat sie eine zu lange und zu stark gebogene Nase.« – Fügen Sie hinzu, daß sie eine zu zarte Haut hat und eine zu schmale Oberlippe, was ihren Mund zu sehr nach oben zieht, wenn sie lacht, woraufhin ein sehr spitzer Winkel entsteht. Dennoch beeindruckt mich ihr Lachen unendlich, und die reinsten Profile lassen mich kalt neben der Ihrer Meinung nach zu stark gebogenen, für mich jedoch so aufregenden Linie ihrer Nase, die an einen Vogel erinnert. Auch ihr Kopf hat etwas von einem Vogel, langgestreckt wie er ist von der Stirn bis zum blonden Nacken, und noch mehr ihre durchdringenden und sanften Augen. Oft stützt sie sich im Theater auf die Brüstung ihrer Loge; ihr weiß behandschuhter Arm steigt im rechten Winkel empor bis zum Kinn, das sich auf die Fingerglieder stützt. Ihr vollendeter Körper läßt die weißen Gazekleider, die sie zu tragen pflegt, anschwellen wie zurückgefaltete Flügel. Man denkt an einen Vogel, der auf einem eleganten und zierlichen Bein vor sich hinträumt. Bezaubernd ist auch, ihren Fächer aus Federn in ihrer Hand zittern und mit seinem weißen Flügel schlagen zu sehen. Ich habe nie ihren Söhnen oder Neffen begegnen können, die alle, wie sie, eine gebogene Nase haben, schmale Lippen, durchdringende Augen, eine zu zarte Haut, ohne in Verwirrung zu geraten angesichts der Erkenntnis, ihre Rasse stamme zweifellos von einer Göttin und einem Vogel ab. Durch die Metamorphose hindurch, die heute welch eine beflügelte Begierde auch immer in diese Frauengestalt bannt, erkenne ich den kleinen, königlichen Kopf des Pfaus, den die meerblaue, meergrüne Flut oder der Schaum seines mythologischen Gefieders nicht länger umglitzern. Sie stellt den Inbegriff des Fabelhaften dar, verbunden mit dem Schauer der Schönheit.

I

Eine Frau streitet nicht ab, daß sie Bälle liebt, Pferderennen, ja sogar das Spiel. Sie sagt es, bekennt sich schlicht
dazu oder rühmt sich dessen. Versuchen Sie jedoch nicht,
sie sagen zu lassen, sie liebe den *chic*; sie würde es heftig
abstreiten, würde ernstlich böse werden. Das ist die einzige Schwäche, die sie sorgsam verbirgt, zweifellos weil
nur sie die Eitelkeit demütigt. Sie gibt gerne zu, von
Spielkarten abhängig zu sein, nicht aber von Herzögen.
Wenn sie sich eine Verrücktheit leistet, braucht sie sich
niemandem unterlegen zu fühlen; im Gegensatz dazu
liegt es in der Natur des Snobismus, daß es Leute gibt,
denen sie unterlegen ist oder es werden kann, wenn sie in
ihren Anstrengungen nachläßt. So kann man das Schauspiel einer Frau erleben, die verkündet, *chic* sei eine durch
und durch stupide Angelegenheit, gleichzeitig aber darauf so viel Geschick, Geist und Intelligenz verwendet,
daß sie damit eine hübsche Erzählung hätte schreiben
oder die Freuden und Leiden ihres Liebhabers erfin-
dungsreich hätte variieren können.

2

Frauen von Geist haben dermaßen Angst, man könnte
sie beschuldigen, den *chic* zu lieben, daß sie ihn niemals
erwähnen; werden sie im Gespräch dazu gedrängt, nehmen sie eine Periphrase in Angriff, um dem Namen
dieses Geliebten, der sie kompromittieren würde, aus-
zuweichen. Sie werfen sich im Notfall auf den Namen
Eleganz, der den Verdacht abwendet und der zumindest

die Gestaltung ihres Lebens eher in der Kunst als in der Eitelkeit zu begründen scheint. Nur die, die den *chic* noch nicht besitzen oder ihn wieder verloren haben, nennen ihn beim Namen, mit der Begierde unbefriedigter oder verlassener Geliebten. So sprechen gewisse junge Frauen, die im Aufstieg, oder gewisse alte Frauen, die im Abstieg begriffen sind, gerne vom *chic,* den die anderen besitzen oder, lieber noch, nicht besitzen. Es ist in Wirklichkeit so, daß vom *chic* zu sprechen, den die anderen nicht besitzen, sie zwar mehr erfreut, daß vom *chic* zu sprechen, den die anderen besitzen, sie hingegen besser nährt und ihrer ausgehungerten Phantasie gleichsam ein realeres Nahrungsmittel liefert. Ich habe solche gesehen, die beim Gedanken an die verwandtschaftlichen Verbindungen einer Herzogin erschauderten, mehr vor Lust als vor Neid. Es soll in der Provinz Krämerfrauen geben, deren Gehirn wie ein enger Käfig brennende Begierden nach *chic* einschließt wie wilde Tiere. Der Briefträger bringt ihnen *Le Gaulois*[1]. Die Nachrichten aus der großen Welt werden im Nu verschlungen. Die unruhevollen Provinzdamen sind gesättigt. Und für eine Stunde wird in ihren von Genuß und Bewunderung geweiteten Pupillen heitere Zufriedenheit erstrahlen.

3

GEGEN EINE SNOBDAME

Wenn Sie nicht zur großen Welt gehörten und man Ihnen erzählte, daß Elianthe, jung wie sie ist, schön, reich, geliebt von Freunden und Liebhabern, ganz plötzlich mit allen bricht; daß sie sich ohne Unterlaß um die Gunst von mitunter häßlichen, alten und stupiden Männern bemüht, die sie kaum kennt und deren verächtliche Abweisungen sie ohne Ungeduld erträgt; daß sie, um ihnen zu gefallen, wie ein Sträfling arbeitet, dabei bald den Verstand verliert, ihn bald wiederfindet; sich schließlich durch Aufmerksamkeiten zu deren Freundin macht, zu deren Stütze, wenn sie arm sind, zu deren Mätresse, wenn sie wollüstig sind, dann würden Sie denken: Was für ein Verbrechen hat denn Elianthe begangen, und wer sind diese gefürchteten Obrigkeiten, deren Gunst es um jeden Preis zu erkaufen gilt, denen sie ihre Freundschaften opfert, ihre Liebschaften, die Freiheit ihres Denkens, die Würde ihres Daseins, ihr Vermögen, ihre Zeit, ihre intimsten weiblichen Abneigungen? Doch Elianthe hat kein Verbrechen begangen. Die Richter, die sie hartnäckig zu bestechen sucht, haben kaum je an sie gedacht und hätten den heiteren und reinen Fluß ihres Lebens ruhig weiterfließen lassen. Aber es liegt ein schrecklicher Fluch auf ihr: sie ist ein Snob.

4

FÜR EINE SNOBDAME

Ihre Seele ist durchaus, wie Tolstoj[1] sagt, ein finsterer Wald. Aber die Bäume darin sind von besonderer Art, es sind Stammbäume. Man sagt, Sie seien eitel? Doch für Sie ist die Welt nicht eitel und leer, sie ist voller Wappen. Es ist dies eine recht bemerkenswerte und symbolträchtige Auffassung der Welt. Haben nicht auch Sie Ihre Chimären, in Form und Farbe denen gleich, die man auf den Wappenschildern gemalt sieht? Sind Sie nicht gebildet? Der *Tout-Paris,* der *Gotha* und der *High-Life* haben Ihnen den *Bouillet*[2] beigebracht. Beim Lesen der Berichte von Schlachten, die von den Vorfahren gewonnen wurden, haben Sie die Namen der Nachfahren wiedergefunden, die bei Ihnen dinieren, und durch diese mnemotechnischen Übungen haben Sie sich die ganze

Geschichte Frankreichs einverleibt. Von da aus gesehen liegt eine gewisse Größe in Ihrem ehrgeizigen Traum, dem Sie Ihre Freiheit geopfert haben, Ihre Stunden des Vergnügens und der Besinnung, Ihre Verpflichtungen, Ihre Freundschaften, sogar die Liebe. Denn hinter der Gestalt Ihrer neuen Freunde erscheint in Ihrer Phantasie eine lange Reihe von Ahnenporträts. Die Stammbäume, die Sie mit soviel Sorgfalt pflegen, deren Früchte Sie jedes Jahr mit soviel Freude ernten, tauchen ihre Wurzeln in die älteste französische Erde. Ihr Traum vereinigt die Gegenwart mit der Vergangenheit. Der Geist der Kreuzzüge belebt für Sie gewöhnliche Gestalten von heute, und wenn Sie fieberhaft Ihr Gästebuch[3] noch und noch einmal durchlesen, dann spüren Sie doch bei jedem Namen, wie es erwacht, wie es erbebt und beinahe zu singen beginnt, gleich einem Toten, der sich von seiner wappengeschmückten Grabplatte erhebt: das prachtvolle alte Frankreich.

VIII

ORANTHE

Sie haben heute nacht nicht geschlafen und Sie haben sich heute morgen noch nicht gewaschen?

Warum es ausposaunen, Oranthe?

Brillant begabt, wie Sie sind, glauben Sie nicht, vom Rest der Welt sich dadurch hinreichend abzuheben, und daß Sie es nicht nötig hätten, darüber hinaus noch als derart jämmerliche Person aufzutreten?

Ihre Gläubiger bedrängen Sie, Ihre Seitensprünge bringen Ihre Frau zur Verzweiflung, einen Frack zu tragen, hieße für Sie, in Livree daher zu kommen, und niemand könnte Sie dazu zwingen, in Gesellschaft anders zu erscheinen als zerzaust. Sind Sie zum Diner geladen, ziehen Sie bei Tisch die Handschuhe nicht aus, um zu demonstrieren, daß Sie nicht essen, und wenn Sie nachts Fieber haben, lassen Sie Ihre Victoria anspannen, um in den Bois de Boulogne zu fahren.

Sie können Lamartine nur in einer Schneenacht lesen und Wagner nur hören, indem Sie sich mit Zimmetdüften umgeben.

Dabei sind Sie doch ein Ehrenmann, reich genug, um keine Schulden zu machen, wenn Sie nicht glaubten, diese seien notwendig für Ihr Genie; zartfühlend genug, um darunter zu leiden, daß Sie Ihrer Frau einen Kummer bereiten, den ihr zu ersparen Sie bürgerlich fänden; Sie fliehen Gesellschaft nicht, Sie wissen zu gefallen, und Ihr Geist würde Sie, auch ohne daß Ihre langen Locken notwendig wären, hinreichend zur Geltung bringen. Sie haben Appetit, essen gern bis zum Augenblick, in dem Sie sich zu einem Diner begeben, und ärgern sich dann trotzdem, nüchtern dazusitzen. Bei den nächtlichen Spazierfahrten, zu denen Sie Ihre Originalität verpflichtet, holen Sie sich die einzigen Krankheiten, die sie je hatten. Sie haben Phantasie genug, um auch ohne Hilfe des Winters oder eines Räuchergefäßes es schneien zu lassen oder sich mit Zimmetdüften zu umgeben. Sie verstehen genug von Literatur und Musik, um Lamartine und Wagner im Geist und in Wahrheit zu lieben. Doch ist's möglich? In der Seele eines Künstlers hegen Sie alle bürgerlichen Vorurteile, von denen Sie uns, ohne daß Sie uns täuschen könnten, nur die Kehrseite zeigen.

IX

GEGEN DEN FREIMUT

Es ist klug, sich vor Percy, Laurence und Augustin gleichermaßen zu fürchten. Percy rezitiert Verse, Laurence hält Reden, und Augustin sagt Wahrheiten[1]. Freimütige Person, das ist der Titel des letzteren, und sein Beruf ist Wahrer Freund.

Augustin betritt einen Salon; wahrlich, ich sage euch: nehmen Sie sich in acht und vergessen Sie nur ja nicht, daß er Ihr wahrer Freund ist. Bedenken Sie, daß man ihn, ebenso wie Percy und Laurence, nie ungestraft einläßt und daß er, um Ihnen einige Wahrheiten über Sie zu sagen, nicht warten wird, bis Sie ihn darum bitten, ebensowenig wie es Laurence tat, um einen Monolog herzusagen, und Percy, was er von Verlaine denkt. Er läßt weder auf sich warten, noch läßt er sich unterbrechen; denn er ist freimütig, wie Laurence ein Redner ist, nicht in Ihrem Interesse, sondern zu seinem Vergnügen. Gewiß belebt Ihr Mißvergnügen sein Vergnügen, wie es Ihre Aufmerksamkeit mit demjenigen von Laurence tut. Aber im Notfall könnten sie darauf auch verzichten. Drei unverschämte Schurken also wären das, denen man jede Ermutigung – als Festmahl, zumindest aber Nahrung für ihr Laster – versagen müßte. Aber das Gegenteil geschieht: sie haben ihr spezielles Publikum, das sie am Leben erhält. Das des Wahrheitensagers Augustin ist sogar sehr zahlreich. Irregeleitet durch die konventionelle Theaterpsychologie und durch die absurde Maxime: »Wer gut liebt, der züchtigt gut«, weigert sich dieses Publikum zu erkennen, daß die Schmeichelei mitunter nur der Ausdruck von überschwenglicher Zärtlichkeit ist und der Freimut nur der Geifer der schlechten Laune. Augustin übt sich in Bosheit auf Kosten eines Freundes; was geschieht? Undeutlich zeichnet sich im Geiste jenes Publikums eine Gegenüberstellung von römischer Grobheit und byzantinischer Heuchelei ab, und mit stolzer Gebärde, mit freudigem Blick, entflammt im Gefühl, besser, roher und rücksichtsloser zu sein, ruft es aus: »Er ist der letzte, der zart mit Ihnen umgehen würde... Geben wir ihm die Ehre: Welch ein wahrer Freund!...«

X

Ein elegantes Milieu ist jenes, in dem die Meinung eines jeden aus der Meinung der anderen besteht. Besteht sie aus dem Widerspruch zur Meinung der anderen? Dann ist es ein literarisches Milieu.

Der Anspruch des Wüstlings auf Jungfräulichkeit ist immer noch eine Form der ewigen Huldigung, die die Liebe der Unschuld darbringt.

Sie verabschieden sich von den **, begeben sich zu den ***, und die Dummheit, die Gemeinheit und die jämmerliche Situation der ** werden bloßgelegt. Durchdrungen von Bewunderung für den Scharfblick der ***, erröten Sie darüber, für die ** zuerst einige Achtung empfunden zu haben. Aber kehren Sie wieder zu ihnen zurück, so durchbohren sie die *** durch und durch, und zwar mit den ungefähr gleichen Mitteln. Vom einen zum anderen gehen heißt, in beiden feindlichen Lagern verkehren. Nur glauben beide, da keiner je die Gewehrsalven des anderen hört, sie allein seien bewaffnet. Wenn man sich bewußt geworden ist, daß die Bewaffnung die gleiche ist und daß die Stärke oder eher die Schwächen etwa gleich sind, dann hört man auf, den zu bewundern, der schießt, und den zu verachten, der aufs Korn genommen wird. Das ist der Anfang der Weisheit. Die eigentliche Weisheit bestünde darin, mit beiden zu brechen.

Honoré sitzt in seinem Zimmer. Er steht auf und betrachtet sich im Spiegel:

SEINE KRAWATTE: Zum wievielten Mal nun schon lädst du mit Sehnsucht auf und lockerst träumerisch meinen ausdrucksvollen und leicht gelösten Knoten? Du bist also verliebt, lieber Freund; aber warum bist du traurig?...

SEINE FEDER: Ja, warum bist du traurig? Seit einer Woche bin ich überanstrengt, mein Meister, obwohl sich meine Lebensart doch gänzlich verändert hat. Ich, die ich für ruhmvollere Aufgaben bestimmt zu sein schien, ich glaube, daß ich nur noch Liebesbriefe schreiben werde, wenn ich nach dem Briefpapier urteile, das du dir eben hast machen lassen. Aber diese Liebesbriefe werden traurig sein, wie es mir die nervöse Verzweiflung voraussagt, mit der du mich ergreifst und plötzlich wieder hinlegst. Du bist verliebt, lieber Freund, aber warum bist du traurig?...

ROSEN, ORCHIDEEN, HORTENSIEN, VENUSHAARE, AKELEIEN, *die das Zimmer erfüllen:* Du hast uns immer geliebt, aber nie hast du uns so oft am Tage dazu aufgerufen, dich mit unseren hoch- und sanftmütigen Posen, mit unseren beredten Gesten und mit der bewegenden Stimme unserer Düfte zu bezaubern. Gewiß, wir sind für dich das Bild der frischen Reize der Geliebten. Du bist verliebt, aber warum bist du traurig?...

BÜCHER: Wir waren immer deine verständigen Ratgeber, immer befragt, immer mißachtet. Wir haben dich zwar nicht handeln, dafür aber verstehen gelehrt; trotzdem bist du ins Verderben gerannt. Aber wenigstens hast du nicht im Dunkeln und wie in einem Alptraum gekämpft: verbanne uns nicht aus deiner Gegenwart wie alte Erzieher, mit denen man nichts mehr anzufangen weiß. Du hast uns in deinen kindlichen Händen gehalten. Deine noch reinen Augen staunten, als sie uns betrachteten. Wenn du uns nicht um unser selbst willen liebst, liebe uns um all dessentwillen, was wir dir in Erinnerung rufen, von dir, von allem, was du gewesen bist, von allem, was du hättest sein können, und etwas sein können, heißt das nicht ein wenig, während du davon träumtest, es gewesen sein?

Komm und höre auf unsere vertraute und mahnende Stimme; wir werden dir nicht sagen, warum du verliebt bist, aber wir werden dir sagen, warum du traurig bist, und wenn unser Kind verzweifelt und weint, werden wir ihm Geschichten erzählen, wir werden es wiegen wie früher, als die Stimme seiner Mutter unseren Worten ihr sanftes Gewicht gab, vor dem Feuer, das loderte in all seinen Funken, in all deinen Hoffnungen und all deinen Träumen.

HONORÉ: Ich bin verliebt in sie und ich glaube, daß ich geliebt sein werde. Aber mein Herz sagt mir, daß ich, der ich immer so unstet war, immer verliebt sein werde, und meine gute Fee weiß, daß ich von ihr nicht länger als einen Monat geliebt sein werde. Das ist der Grund, weshalb, bevor ich in das Paradies dieser flüchtigen Wonnen eintrete, ich auf der Schwelle innehalte, um mir die Augen zu trocknen.

SEINE GUTE FEE: Lieber Freund, ich komme vom Himmel und bringe dir deine Begnadigung; dein Glück wird von dir abhängen. Wenn du auf die Gefahr hin, durch so viele Kunstgriffe die Wonnen zu trüben, die du dir von den Anfängen dieser Liebe versprochen hast, während eines Monats die von dir geliebte verschmähst, wenn du Koketterie praktizieren und Gleichgültigkeit vortäuschen kannst, zum verabredeten Stelldichein nicht erscheinst und deine Lippen von der Brust abwendest, die sie dir wie einen Rosenstrauß darbieten wird, dann wird sich eure treue und gegenseitige Liebe für die Ewigkeit auf dem unzerstörbaren Grund deiner Geduld erheben.

HONORÉ, *vor Freude aufspringend:* Meine gute Fee, ich bete dich an, und ich werde dir gehorchen.

DIE KLEINE MEISSNER PENDULE: Deine Freundin ist unpünktlich, mein Zeiger hat die Minute bereits überschritten, bei der du ihn dir schon so lange gewünscht hast und wo die Geliebte hätte kommen sollen. Ich fürchte, mein monotones Ticken wird noch lange dein melancholisches und lustvolles Warten begleiten; ich kenne zwar die Zeit, aber ich verstehe nichts vom Leben, die traurigen Stunden folgen den frohen Minuten, sie gleichen sich in mir wie Bienen in einem Bienenkorb...

Die Glocke erklingt; ein Diener geht die Tür zu öffnen.

DIE GUTE FEE: Denk daran, mir zu gehorchen, und daß die Ewigkeit deiner Liebe davon abhängt.

Die Pendule tickt fieberhaft, die Düfte der Rosen geraten in Unruhe, und die Orchideen neigen sich in angstvoller Bedrängnis zu Honoré hinab; eine sieht böse aus. Seine unbewegliche Feder betrachtet ihn mit der Traurigkeit, sich nicht rühren zu können. Die Bücher unterbrechen ihr ernstes Flüstern nicht. Alles sagt ihm: »Gehorche der Fee und denk daran, daß die Ewigkeit deiner Liebe davon abhängt...«

HONORÉ, *ohne zu zögern:* Ich werde doch gehorchen! Wie könnt ihr an mir zweifeln?

Die Geliebte tritt ein; die Rosen, die Orchideen, die Venushaare, die Feder und das Papier, die Meißner Pendule, der keuchende Honoré vibrieren gleichsam im Einklang mit ihr.

Mit dem Ausruf: »Ich liebe dich!...« stürzt sich Honoré auf ihren Mund.

EPILOG. – Es war, als hätte er in der Geliebten die Flamme des Verlangens ausgeblasen. Sie täuschte vor, von der Unziemlichkeit dieses Benehmens schockiert zu sein, entfloh, und er sah sie nie wieder, ohne daß sie ihn mit gleichgültigem und strengem Blick gequält hätte...

XII

FÄCHER

Madame, ich habe für Sie diesen Fächer bemalt.

Möge er Ihnen in Ihrer Zurückgezogenheit, wann immer Sie es wünschen, die eitlen und bezaubernden Gestalten in Erinnerung rufen, die Ihren damals an reizvollem Leben so reichen und jetzt für immer geschlossenen Salon bevölkert haben.

Die Kronleuchter, deren Arme große, blasse Blumen tragen, werfen ihr Licht auf Kunstgegenstände aus allen Zeiten und Ländern. Ich dachte an den Geist unserer Zeit, als ich mit meinem Pinsel die neugierigen Blicke dieser Kronleuchter auf der Verschiedenheit Ihrer Nippsachen herumwandern ließ. Wie sie hat er die Ausdrucksformen des Denkens und des Lebens durch alle Zeitalter der Welt hindurch betrachtet. Er hat den Kreis seiner Ausflüge maßlos erweitert. Zum Vergnügen und aus Langeweile hat er sie abgewandelt wie Spaziergänge, und jetzt, da er daran zweifelt, wenn schon nicht das Ziel, so doch den richtigen Weg zu finden, da er seine Kräfte schwächer werden und seinen Mut ihn verlassen spürt, legt er sich zu Boden mit dem Gesicht zur Erde, um nichts mehr zu sehen, wie ein stumpfsinniges Wesen. Und doch habe ich sie mit Zärtlichkeit gemalt, die Strahlen Ihrer Kronleuchter; so viele Dinge und so viele Wesen haben sie mit liebevoller Melancholie liebkost, und jetzt sind sie für immer erloschen. Trotz der geringen Ausmaße des Rahmens werden Sie vielleicht die Personen im Vordergrund erkennen und sehen, daß der unparteiische Maler sie alle zu gleicher Geltung gebracht hat, wie Ihre gleichmäßig verteilte Sympathie es tut: die adligen Herren, die schönen Frauen und die großen Begabungen. Eine kühne Versöhnung in den Augen der Welt, für die Vernunft hingegen unzureichend noch und immer noch ungerecht, doch machte sie Ihre Gesellschaft zu einer kleinen Welt, weniger geteilt als die andere und harmonischer, die jedoch voller Leben war und die man nie mehr sehen wird. So möchte ich denn nicht, daß mein Fächer einem Gleichgültigen vor Augen käme, der in Salons wie dem Ihren nicht verkehrt hätte und der sich darüber wundern würde zu sehen, wie die »Höflichkeit« Herzöge ohne Dünkel und Romanciers ohne Anmaßung zusammenführt. Vielleicht aber würde er, jener Fremde, auch die Mängel dieser Annäherung nicht verstehen, die, zu weit getrieben, bald nur noch einen Austausch erleichtert: den von Lächerlichkeiten. Ohne Zweifel würde er pessimistischen Realismus in dem Schauspiel erblicken, das zur Rechten ein Fauteuil ergibt, wo ein großer Schriftsteller mit dem Gehaben eines Snobs einem adligen Herren zuhört, der in einem Buch blättert, sich lautstark über ein Gedicht auszulassen scheint und der, dem Ausdruck seines Blicks nach zu schließen, falls ich ihn albern genug habe darstellen können, nichts begreift.

Neben dem Kamin werden Sie C... erkennen.

Er hebt den Stöpsel eines Flakons und erklärt seiner Nachbarin, er habe darin die heftigsten und ungewöhnlichsten Parfums konzentrieren lassen.

B..., verzweifelt, ihn nicht überbieten zu können,

und mit der Idee, der Mode am sichersten voraus zu sein, wenn er sich mit Eklat unmodisch gibt, riecht an einem billigen Veilchenstrauß und betrachtet C... mit Verachtung.

Und Sie selbst, sind Sie nie auf so künstlichem Wege zurück zur Natur gegangen? Gerne hätte ich, wenn diese Details nicht allzu winzig gewesen wären, um wahrnehmbar zu bleiben, in einem verborgenen Winkel Ihrer damaligen Musikbibliothek, Ihre zum alten Eisen geworfenen Wagneropern sowie Ihre Symphonien von Franck und d'Indy dargestellt und auf Ihrem Flügel einige noch aufgeschlagene Stücke von Haydn, Händel oder Palestrina[1].

Ich bin nicht davor zurückgeschreckt, Sie auf dem rosafarbenen Kanapee darzustellen[2]. T... sitzt dort neben Ihnen. Er beschreibt Ihnen sein neues Zimmer, das, kunstvoll geteert, ihm die Eindrücke einer Seereise suggerieren soll, und enthüllt Ihnen die Quintessenz seiner Kleidung und seiner Möblierung.

Ihr verächtliches Lächeln beweist, daß Sie wenig halten von dieser schwächlichen Einbildungskraft, der ein leeres Zimmer nicht genügt, um alle Visionen der Welt vorbeiziehen zu lassen, und die sich von Kunst und Schönheit einen so erbärmlich materiellen Begriff macht.

Ihre herrlichsten Freundinnen sind da. Würden sie es mir verzeihen, falls Sie ihnen den Fächer zeigten? Ich weiß es nicht. Jene ungewöhnlichste Schönheit, die sich vor unseren hingerissenen Augen wie ein lebendiger Whistler abzeichnete, hätte sich nur porträtiert von Bouguereau[3] erkannt und bewundert. Die Frauen verwirklichen die Schönheit, ohne sie zu verstehen[4].

Sie werden vielleicht sagen: Wir lieben ganz einfach eine Schönheit, die nicht die Ihre ist. Warum sollte sie in geringerem Maße Schönheit sein als die Ihre?

Mögen sie mich wenigstens folgendes sagen lassen: Wie wenige Frauen verstehen die Ästhetik, der sie angehören! Es gibt Botticelli-Madonnen, die ohne die Mode diesen Maler ungeschickt und kunstlos finden würden.

Nehmen Sie diesen Fächer mit Nachsicht entgegen. Wenn irgendeiner der Schatten, die sich darauf niedergelassen haben, nachdem sie in meiner Erinnerung herumgeflattert waren, einst, als er noch teilhatte am Leben, Sie zum Weinen gebracht hat, betrachten Sie ihn ohne Bitterkeit und bedenken Sie, daß es ein Schatten ist und daß Sie unter ihm nicht mehr leiden werden.

Ich konnte sie, diese Schatten, ganz unschuldig auf dieses zarte Papier setzen, dem die Bewegung Ihrer Hand Flügel verleihen wird, denn sie sind, um Böses tun zu können, zu unwirklich und zu unbedeutend...

In nicht höherem Maße vielleicht als zur Zeit, als Sie sie einluden, bei Ihnen während einiger Stunden dem Tod vorzugreifen und das eitle Leben der Gespenster zu leben, in der künstlichen Freude Ihres Salons, unter den Kronleuchtern, deren Arme mit großen, blassen Blumen beladen waren.

XIII

OLIVIAN

Warum sieht man Sie sich allabendlich in die Komödie begeben, Olivian? Sind Ihre Freunde nicht geistreicher als Pantalon, Scaramouche oder Pasquarello? und wäre es nicht liebenswürdiger, mit ihnen zu soupieren? Aber Sie könnten noch Besseres tun. Während das Theater die Zuflucht der Gesprächigen ist, die einen stummen Freund oder eine fade Geliebte haben, ist die Konversation, selbst die erlesenste, das Vergnügen der Phantasielosen. Was man dem Geistreichen nicht im Licht der Kerzen vorzeigen muß, weil er es schon im Gespräch sieht, braucht man Ihnen gar nicht erst zu sagen, Olivian; es zu versuchen, wäre verlorene Zeit. Die Stimme der Phantasie und der Seele ist die einzige, die die Phantasie und die Seele glücklich und gänzlich erklingen läßt, und wenn Sie nur ein wenig von der Zeit, die Sie totgeschlagen haben, indem Sie zu gefallen suchten, zum Leben gebracht, mit einer Lektüre oder einer Träumerei genährt hätten, am häuslichen Herd im Winter, im Sommer in Ihrem Park, dann würden Sie die reiche Erinnerung an tiefere und erfülltere Stunden bewahren. Seien Sie mutig und greifen Sie zu Hacke und Rechen[1]. Eines Tages werden Sie freudig fühlen, wie sich ein süßer Duft aus Ihrer Erinnerung erhebt, gleichsam aus einem bis zum Rand gefüllten Gärtnerkarren.

Warum reisen Sie so oft? Wie langsam bringen doch die Reisewagen Sie dorthin, wohin Ihr Traum Sie so schnell geführt hätte. Um am Meer zu sein, brauchen Sie nur die Augen zu schließen. Lassen Sie die, die nur die Augen des Körpers haben, ihr ganzes Gefolge verschieben und sich mit ihm in Pozzuoli oder Neapel einrichten. Sie wollen, sagen Sie, dort ein Buch vollenden? Wo werden Sie besser arbeiten als in der Stadt? In ihren Mauern können Sie die weitesten Dekors vorüberziehen lassen, ganz nach Ihrem Belieben; Sie werden hier leichter als in Pozzuoli den Dejeuners der Prinzessin von Bergamo entgehen, und Sie werden hier weniger oft versucht sein, spazierenzugehen, ohne etwas zu tun. Weshalb sich nur darauf versteifen, die Gegenwart genießen zu wollen, darüber zu weinen, daß es nicht gelingt? Als Phantasievoller können Sie nur im Bedauern oder im Erwarten, das heißt, nur die Vergangenheit oder die Zukunft genießen.

Deshalb, Olivian, sind Sie unzufrieden mit Ihrer Geliebten, mit Ihren Sommerfrischen und mit sich selbst. Den Grund dieser Übel, Sie haben ihn vielleicht schon bemerkt; aber weshalb dann sich darin gefallen, anstatt zu versuchen, sie aus der Welt zu schaffen? Tatsächlich muß man Sie bemitleiden, Olivian. Sie waren noch nicht ein Mann, und schon sind Sie ein Mann des Wortes.

XIV
FIGUREN DER MONDÄNEN KOMÖDIE

So wie in den Komödien Scaramouche immer ein Prahlhans und Harlekin immer ein Tölpel ist, wie das Verhalten Pasquinos nur aus Intrige, das Pantalons nur aus Geiz und Leichtgläubigkeit besteht, so hat die Gesellschaft verfügt, daß Guido geistreich, doch perfid ist und nicht zögern würde, einem Witz zuliebe einen Freund zu opfern; daß Girolamo unter dem Deckmantel eines groben Freimutes Schätze von Zartgefühl anhäuft; daß Castruccio, dessen Laster man brandmarken kann, der verläßlichste Freund und der zartfühlendste Sohn ist; daß Jago trotz zehn guter Bücher nur ein Amateur ist, während einige schlechte Zeitungsartikel Ercole sogleich zum Schriftsteller geweiht haben; daß Cesare Beziehungen zur Polizei hat, Berichterstatter oder Spion sein muß. Cardenio ist ein Snob und Pippo ein falscher Kerl, trotz seiner Freundschaftsbeteuerungen. Was Fortunata betrifft, das ist eine längst beschlossene Sache: sie hat ein gutes Herz. Die Rundheit ihrer ·Formen bietet hinreichende Gewähr für die Gutmütigkeit ihres Charakters: wie könnte eine so dicke Dame eine boshafte Person sein?

Im übrigen ist jeder schon von Natur aus vom Charakter sehr verschieden, den die Gesellschaft in ihrem allgemeinen Kostüme- und Charakteremagazin suchen gegangen ist und ihm ein für allemal geliehen hat, und entfernt sich von ihm um so mehr, als die vorgefaßte Meinung für seine Eigenschaften ihm einen großen Kredit an entgegengesetzten Fehlern einräumt und zu seinem Profit eine Art Straffreiheit schafft. Die unwandelbare Figur des im allgemeinen verläßlichen Freundes erlaubt es Castruccio, im besonderen jeden seiner Freunde zu verraten. Nur der Freund hat darunter zu leiden: »Was für ein Schuft mußte er sein, um von Castruccio aufgegeben zu werden, diesem so treuen Freund!« Fortunata kann ihre Lästerreden in breiten Strömen fließen lassen. Wer wäre verrückt genug, deren Quelle unter den Falten ihres Mieders zu suchen, dessen unbestimmte Fülle alles zu verbergen vermag. Girolamo kann sich furchtlos der Schmeichelei hingeben, der sein ihm eigener Freimut den Reiz des Unvorhergesehenen verleiht. Er kann auch einem Freund gegenüber seine Grobheit bis zur Grausamkeit treiben, da man sich einig ist, er mißhandle ihn nur zu seinem Besten. Cesare erkundigt sich nach meiner Gesundheit: er tut es, um dem Dogen Bericht zu erstatten. Er hat sich nicht danach erkundigt: wie gut er sein Spiel zu verbergen weiß! Guido kommt auf mich zu, er macht mir Komplimente über mein gutes Aussehen. »Niemand ist so geistreich wie er, aber er ist wahrhaftig zu boshaft«, rufen die Anwesenden im Chor aus. Diese Abweichung des wirklichen Charakters Castruccios, Guidos, Cardenios, Ercoles, Pippos, Cesares und Fortunatas vom Typus, den sie in den scharfsinnigen Augen der Gesellschaft unwiderruflich verkörpern, ist ohne Gefahr für sie, denn die Gesellschaft will sie nicht sehen, diese Abweichung. Aber sie ist nicht von ewiger Dauer. Was Girolamo auch tut, er ist ein wohltätiger Grobian. Was Fortunata auch sagt, sie hat ein gutes Herz. Die absurde, erdrückende, unwandelbare Beharrlichkeit des Typus, von dem sie unaufhörlich abweichen können, ohne dessen heitere Beständigkeit zu stören, übt mit der Zeit eine immer größere Anziehungskraft auf diese Personen aus; von geringer Originalität, wenig kohärentem Verhalten, lassen sie sich schließlich durch diesen, in all ihren universalen Variationen einzigen Fixpunkt faszinieren. Wenn Girolamo einem Freund »seine Wahrheiten« sagt, weiß er ihm Dank dafür, ihm als Statist zu dienen und ihm zu erlauben, indem er ihn »zu seinem Heil abkanzelt«, eine ehrenvolle Rolle zu spielen, eine beinahe glänzende, eine Rolle, die jetzt nahe daran ist, aufrichtig zu sein. In die Heftigkeit seiner Schmähungen mischt sich ein nachsichtiges Mitleid, wie es gegenüber einem Tieferstehenden, an dem er seine Herrlichkeit demonstrieren kann, nur natürlich ist. Er empfindet für ihn aufrichtige Dankbarkeit und endlich jene Herzlichkeit, die die Welt ihm so lange geliehen, daß er sie am Ende behalten hat. Während Fortunatas Leibesfülle zunimmt, ohne ihrem Geist zu schaden oder ihre Schönheit zu beeinträchtigen, und ihre Aufmerksamkeit doch ein wenig von den anderen abwendet – in dem Maße, als sie die Sphäre ihrer eigenen Persönlichkeit ausweitet –, fühlt sie, wie sich in ihr die Bissigkeit besänftigt, die allein sie daran hinderte, die ehrwürdigen und bezaubernden Funktionen auszuüben, die die Welt ihr übertragen hatte. Der Geist der Wörter »Wohlwollen«, »Gutherzigkeit«, »Rundheit«, die man ohne Unterlaß vor und hinter ihr ausgesprochen hatte, ist langsam in ihre Worte eingedrungen, die jetzt meist lobreiche sind und denen ihr weiter Umfang gleichsam eine anschmiegsame Autorität verleiht. Sie hat das vage und tiefe Gefühl, ein bedeutendes und friedenstiftendes Richteramt auszuüben. Manchmal scheint sie die Ufer ihrer eigenen Individualität zu überschreiten, als wäre sie die stürmische und doch sanfte Vollversammlung der wohlwollenden Richter, der sie präsidiert und deren Zustimmung sie in der Ferne bewegt... Und wenn auf den Soireen, wo man Gespräche führt, ein jeder, ohne sich an den Widersprüchen im Verhalten dieser Figuren zu stoßen, ohne die langsame Angleichung an den auferlegten Typus zu bemerken, deren Handlungen ordentlich in die wohlplazierte und sorgfältig definierte Schublade ihres idealen Charakters legt, dann spürt ein jeder mit erregter Genugtuung, daß sich das Niveau der Konversation unbestreitbar hebt. Freilich unterbricht man bald diese Arbeit, um nicht an Abstraktion nur wenig gewohnte Köpfe bis zum Schlaf zu belasten (schließlich gehört man zur großen Welt). Dann trennt man sich, nachdem man den Snobismus des einen, die Böswilligkeit eines anderen, die Ausschweifungen oder die Hartherzigkeit eines dritten gebrandmarkt hat, und in der Gewißheit, dem Wohlwollen, dem Anstand und der Barmherzigkeit reichlich Tribut gezollt zu haben, im Frieden auch eines Gewissens, das sich eben bewährt hat, geht ein jeder und gibt sich ohne Bedenken den eleganten Lastern hin, die er in sich vereinigt.

Wenn man diese von der Gesellschaft Bergamos inspirierten Überlegungen auf eine andere übertragen wollte, würden sie ihren Wahrheitsgehalt einbüßen. Als Harlekin die bergamaskische Bühne verließ, um die französische zu betreten, wurde er vom Tölpel zum Schöngeist. So kann in gewissen Gesellschaften Liduvina als bedeutende Frau und Girolamo als geistvoller Mann gelten. Es muß hinzugefügt werden, daß manchmal einer auftritt, für den die Gesellschaft keinen fertigen Charakter besitzt oder zumindest keinen verfügbaren Charakter, weil ein anderer gerade die Rolle spielt. Sie gibt ihm zuerst welche, die ihm nicht passen. Wenn er wirklich ein Original ist und ihm keiner passen will, stößt sie ihn aus; denn sie kann sich nicht damit abfinden, versuchen zu müssen, ihn zu verstehen, und sie hat keinen ihm angemessenen Charakter; es sei denn, er könne mit Anmut den jugendlichen Liebhaber spielen, an denen stets Mangel herrscht.

BOUVARD[*] UND PÉCUCHET:
GESPRÄCHE ÜBER DIE MONDÄNE UND
ÜBER DIE MUSIKALISCHE WELT

I
DIE MONDÄNE WELT

»Warum sollten wir jetzt, da wir uns eine Stellung geschaffen haben«, sagte Bouvard, »nicht in der großen
Welt verkehren?«

Dies war durchaus Pécuchets Ansicht, aber man
mußte dort brillieren können und zu diesem Zweck die
dort behandelten Gegenstände studieren.

Die zeitgenössische Literatur ist von erstrangiger Bedeutung.

Sie abonnierten die verschiedenen Zeitschriften, von
denen sie verbreitet wird, lasen sie sich gegenseitig vor,
bemühten sich, Kritiken zu schreiben, wobei sie in An-
betracht des gesteckten Ziels besonders auf Ungezwungenheit und Leichtigkeit des Stils achteten.

Bouvard gab zu bedenken, daß der Stil der Kritik,
auch wenn sie in spielerischer Form geschrieben ist, der
großen Welt nicht angemessen sei. Und sie führten Kon-
versationen über das Gelesene ein, in der Art der Leute
von Welt[1].

Bouvard lehnte sich an den Kamin, zupfte – vorsichtig, um sie nicht zu beschmutzen – an einem Paar heller,

---

[*] Selbstverständlich sind die Ansichten, die hier den beiden berühmten Figuren Flauberts in den Mund gelegt werden, keineswegs diejenigen des Autors.

eigens hervorgeholter Handschuhe[2] herum und sprach Pécuchet, um die Illusion zu vervollständigen, mit »Madame« oder »Général« an.

Aber oft kamen sie nicht weiter; oder dann schwatzte sich einer dermaßen in einen Autor hinein, daß der andere vergeblich versuchte, Einhalt zu gebieten. Im übrigen machten sie alles herunter[3]. Leconte de Lisle[4] war zu gefühllos, Verlaine[5] zu zart besaitet. Sie träumten, ohne sie zu finden, von der goldenen Mitte.

»Warum gibt Loti[6] immer den gleichen Ton von sich?«

»Seine Romane haben alle die gleiche Stimmung.«

»Seine Leier hat nur eine Saite«, schloß Bouvard.

»Aber André Laurie[7] ist auch nicht erfreulicher, denn er führt uns jedes Jahr zu einem anderen Ort und verwechselt Literatur mit Geographie. Nur sein Stil taugt etwas. Und was Henri de Régnier[8] betrifft, so ist er ein Aufschneider oder ein Narr, etwas anderes kommt nicht in Frage.«

»Löse dieses Dilemma, mein Alter«, sagte Bouvard, »und du wirst die Gegenwartsliteratur aus einer bösen Sackgasse führen.«

»Warum soll man sie zwingen«, sagte Pécuchet mit königlicher Milde, »es sind vielleicht Vollblüter, diese Fohlen. Lassen wir ihnen die Zügel schießen: Die einzige Gefahr ist, daß sie, einmal losgelassen, übers Ziel hinaussprengen; aber auch Extravaganz ist ein Beweis für eine reiche Natur.«

»Unterdessen werden alle Schranken durchbrochen sein«, schrie Bouvard[9], der das menschenleere Zimmer mit seinem Widerspruch erfüllte und sich dabei immer mehr erhitzte: »Sagen Sie im übrigen sooft Sie wollen, daß diese ungleichmäßigen Zeilen[10] Verse sind; ich weigere mich, darin etwas anderes zu sehen als Prosa, und dazu noch ohne Sinn!«

Mallarmé hat auch nicht mehr Talent, aber er ist ein brillanter Causeur. Welch ein Jammer, daß ein so begabter Mensch, jedesmal wenn er zur Feder greift, zu spinnen beginnt. Eine sonderbare Krankheit, und die ihnen zudem unerklärlich schien. Maeterlinck [11] bringt einem das Fürchten bei, aber mit materiellen, des Theaters nicht würdigen Mitteln; Kunst, die erregt in der Weise, wie es ein Verbrechen tut, das ist entsetzlich! Außerdem ist seine Syntax miserabel.

Sie kritisierten diese auf geistreiche Weise, indem sie seinen Dialog in Form einer Konjugation parodierten: »Ich habe gesagt, die Frau sei eingetreten. – Du hast gesagt, die Frau sei eingetreten. – Ihr habt gesagt, die Frau sei eingetreten. Warum hat man gesagt, die Frau sei eingetreten?«

Pécuchet wollte dieses kleine Stück an die *Revue des Deux Mondes*[12] schicken, nach Bouvards Meinung aber war es klüger, es aufzusparen, um es in einem Salon vorzutragen, der in Mode war. Sie wären auf Anhieb ihrem Talent gemäß eingestuft. Sie könnten es sehr gut später einer Zeitschrift überlassen. Und die ersten Zeugen dieses Einfalls wären bei der Lektüre im nachhinein geschmeichelt, ihn als erste gekostet zu haben.

Lemaitre[13] erschien ihnen trotz all seines Geistes inkonsequent, respektlos, bald pedantisch, bald bürgerlich; er wandte die Palinodie[14] zu häufig an. Vor allem war sein Stil nachlässig, aber die Schwierigkeit, zu festgesetzten Zeiten und in so kurzen Abständen zu improvisieren, muß ihn freisprechen. Was France[15] betrifft, so schreibt er gut, denkt aber schlecht im Gegensatz zu Bourget[16], der tiefgründig ist, doch eine klägliche Form besitzt. Die Seltenheit eines kompletten Talents brachte sie zur Verzweiflung.

Es sollte doch nicht sonderlich schwer sein, überlegte Bouvard, seine Ideen klar auszudrücken. Aber Klarheit

allein genügt nicht, es braucht Anmut (mit Kraft ge-
paart), Lebendigkeit, Gehobenheit, Logik. Bouvard
fügte die Ironie hinzu. Nach Pécuchets Meinung ist sie
nicht unentbehrlich, ermüdet oft und lenkt ab ohne Gewinn für den Leser. Kurzum, alle Welt schreibt schlecht.
Die Schuld daran mußte, nach Bouvards Meinung, der
maßlosen Suche nach Originalität angelastet werden;
nach Pécuchets Meinung der Dekadenz der Sitten.

»Wir sollten den Mut haben, unsere Schlüsse vor der
großen Welt zu verbergen«, sagte Bouvard; »wir würden als Krittler gelten, würden jedermann erschrecken
und allen mißfallen. Wir sollten ermutigen, anstatt zu
beunruhigen. Unsere Originalität wird uns schon genug
schaden. Wir sollten sogar versuchen, sie zu verheim-
lichen. Man kann dort auch nicht über Literatur sprechen.«

Anderes jedoch ist wichtig dort.

»Wie grüßt man? Mit dem ganzen Körper oder nur mit
dem Kopf, langsam oder schnell, so wie man gerade
dasteht, oder die Absätze zusammenfügend, indem man
nähertritt, oder von seinem Platz aus, indem man ein
hohles Kreuz macht oder das Kreuz einknickt? Müssen
die Hände am Körper entlangfallen, den Hut halten, be-
handschuht sein? Muß das Gesicht ernst bleiben oder
lächeln während der Dauer des Grußes? Aber wie kann
man nach beendetem Gruß sofort wieder ein würdiges
Aussehen annehmen?«

Auch das Vorstellen ist schwierig.

Mit wessen Namen beginnt man? Weist man mit einer
Hand- oder mit einer Kopfbewegung auf die Person, die
man nennt, oder verharrt man mit unbeteiligter Miene
in Regungslosigkeit? Grüßt man auf die gleiche Weise
einen Greis und einen jungen Mann, einen Schlosser und
einen Prinzen, einen Schauspieler und ein Akademiemit-
glied? Eine positive Antwort auf diese Frage befriedigte

die egalitären Ideen Pécuchets, schockierte jedoch den gesunden Menschenverstand Bouvards.

Wie jedem seinen Titel geben?[17]

Man sagt Herr zu einem Baron, zu einem Vicomte und zu einem Grafen; aber »guten Tag, Herr Marquis« schien ihnen banal und »guten Tag, Marquis« angesichts ihres Alters zu ungezwungen. Sie würden sich damit abfinden, »Fürst« und »Herr Herzog« zu sagen, auch wenn sie diesen letztgenannten Sprachgebrauch empörend fanden. Wenn sie an die Hoheiten kamen, gerieten sie in Verwirrung; geschmeichelt beim Gedanken an seine zukünftigen Verbindungen, dachte sich Bouvard tausend Sätze aus, in denen diese Anrede in all ihren Formen erschien; er begleitete sie mit einem schwachen, errötenden Lächeln, neigte ein wenig den Kopf und tänzelte herum. Aber Pécuchet erklärte, er würde dabei den Faden verlieren, sich immerzu verhaspeln oder dem Fürsten ins Gesicht lachen. Kurz, um sich Unannehmlichkeiten zu ersparen, würden sie nicht in den Faubourg Saint-Germain gehen. Aber der dringt überall ein, erscheint nur aus der Ferne als festes und abgesondertes Ganzes!... Übrigens respektiert man in der Hochfinanz die Titel noch mehr, und was diejenigen der Hochstapler betrifft, so sind sie nicht zu zählen. Aber man mußte, nach Pécuchets Meinung, unerbittlich sein mit den falschen Adligen und danach trachten, ihnen keine Prädikate zu geben, auch nicht auf den Briefumschlägen und im Gespräch mit ihren Dienstboten. Bouvard, der skeptischer war, sah darin lediglich eine Manie, die zwar jüngeren Datums, aber ebenso achtbar war wie diejenige des alten Adels. Im übrigen existierte der Adel ihrer Ansicht nach nicht mehr, seit er seine Privilegien verloren hatte. Er ist klerikal, rückständig, liest nicht, tut nichts, amüsiert sich genausosehr wie die Bourgeoisie; sie fanden es absurd, ihn zu achten. Mit ihm zu verkehren war nur möglich, weil das nicht ausschloß, ihn zu verachten. Bouvard erklärte, man müsse zuerst, um zu wissen, wo sie verkehren würden, bis zu welchen Vorstädten sie sich einmal im Jahr vorzuwagen hätten, wo ihre Gewohnheiten, wo ihre Laster zu finden seien, einen genauen Plan der Pariser Gesellschaft erstellen. Sie umfaßte seiner Meinung nach den Faubourg Saint-Germain, die Finanzwelt, die Hochstapler, die protestantische Gesellschaft, die Welt der Kunst und des Theaters, die offizielle und die gelehrte Welt. Nach Ansicht Pécuchets verbarg der Faubourg hinter einem strengen Äußeren die Libertinage des Ancien régime. Jeder Adlige hat Mätressen, eine Schwester, die Nonne ist, konspiriert mit dem Klerus. Sie sind tapfer, machen Schulden, ruinieren die Wucherer und treten sie mit Füßen, sind zwangsläufig die Verfechter der Ehre. Sie herrschen durch die Eleganz, erfinden extravagante Moden, sind musterhafte Söhne, herzlich mit dem Volk und hart gegen die Bankiers. Immer mit dem Degen in der Hand oder zu Pferd mit einer Frau hinter sich, träumen sie von der Wiederkehr der Monarchie, sind schrecklich müßiggängerisch, nicht aber hochmütig gegenüber den anständigen Leuten, sie vertreiben die Verräter und beleidigen die Feiglinge, sie verdienen durch eine gewisse ritterliche Art unsere unerschütterliche Sympathie.

Im Gegensatz dazu flößt die hochangesehene und verdrießliche Finanzwelt Respekt, aber auch Widerwillen ein. Der Financier bleibt noch auf dem verrücktesten Ball sorgenumwölkt. Einer seiner zahllosen Kommis kommt immer und bringt ihm die letzten Börsenberichte, selbst um vier Uhr morgens; er verschweigt seiner Frau seine erfolgreichsten Streiche, seine schlimmsten Desaster. Man weiß nie, ob man es mit einem Fürsten oder einem Gauner zu tun hat; bald ist er das eine, bald das andere, ohne Vorwarnung, und trotz seines unermeßlichen Vermögens delogiert er erbarmungslos den kleinen Mieter, der in Verzug geraten ist, statt ihm ein Quartal vorzuschießen, es sei denn, er wolle aus ihm einen Spion oder aus der Tochter seine Mätresse machen. Im übrigen fährt er stets im Wagen, kleidet sich ohne Geschmack, trägt gewöhnlich einen Zwicker.

Keine lebhaftere Zuneigung empfanden sie für die protestantische Gesellschaft; sie ist kalt, geziert, gibt nur ihren Armen, setzt sich ausschließlich aus Pastoren zusammen. Die Kirche gleicht zu sehr dem Wohnhaus, und das Wohnhaus ist trist wie die Kirche. Man hat dort immer einen Pastor zum Mittagessen; Bibelverse zitierend, macht die Dienerschaft der Herrschaft Vorhaltungen; sie fürchten die Fröhlichkeit zu sehr, als daß sie nicht etwas zu verbergen hätten, und im Gespräch mit den Katholiken lassen sie ihren fortwährenden Groll über die Revokation des Edikts von Nantes und über die Bartholomäusnacht spüren.

Die Welt der Kunst ist ebenso homogen, aber ganz anders; jeder Künstler ist ein Spaßvogel, ist mit seiner Familie verkracht, trägt nie einen Zylinder, spricht eine spezielle Sprache. Ihr Leben vergeht damit, Gerichtsvollzieher, die ihrer habhaft werden wollen, hinters Licht zu führen und für Maskenbälle groteske Verkleidungen aufzutreiben. Dessenungeachtet bringen sie ständig Meisterwerke hervor, und bei den meisten ist der exzessive Genuß von Wein und Frauen die eigentliche Bedingung der Inspiration, wenn nicht gar des Genies; tagsüber schlafen sie, nachts gehen sie spazieren, niemand weiß, wann sie arbeiten, und mit zurückgeworfenem Kopf, eine weiche Krawatte im Winde flattern lassend, drehen sie fortwährend Zigaretten.

Die Welt des Theaters unterscheidet sich kaum von der letztgenannten; man betreibt dort überhaupt kein Familienleben, man ist dort phantastisch und unerschöpfbar generös. Obwohl eitel und eifersüchtig, stehen die Schauspieler ihren Kameraden ohne Unterlaß zu Diensten, applaudieren deren Erfolgen, adoptieren die Kinder der schwindsüchtigen oder ins Unglück geratenen Schauspielerinnen, werden in der großen Welt geschätzt, wenn sie auch ohne Bildung und deshalb oft fromm und immer abergläubisch sind. Diejenigen der Staatstheater nehmen eine Sonderstellung ein, sind unserer uneingeschränkten Bewunderung würdig, verdienten es, bei Tisch höher als ein General oder ein Fürst plaziert zu werden, hegen in ihrer Brust die Gefühle aus den Meisterwerken, die sie auf unseren großen Bühnen darstellen. Ihr Gedächtnis ist ein Wunder, ihre Haltung perfekt.

Was die Juden betrifft, bekannten Bouvard und Pécuchet, ohne sie vertreiben zu wollen (denn man muß liberal sein), daß sie es haßten, mit ihnen zusammenzusein; sie hatten alle in jungen Jahren in Deutschland Operngläser[18] verkauft, bewahrten in Paris – und mit einer Pietät, der beide als unparteiische Menschen Anerkennung zollten – besondere Bräuche, ein unverständliches Vokabular, Metzger ihrer Rasse. Alle haben eine Hakennase, eine außergewöhnliche Intelligenz, eine gemeine und nur nach Gewinn strebende Seele; ihre Frauen dagegen sind schön, etwas weich, aber höchster Seelenregungen fähig. Wie viele Katholiken sollten sie nachahmen! Aber warum war ihr Vermögen immer unermeßlich und verborgen? Im übrigen bildeten sie eine Art ausgedehnter geheimer Gesellschaft, gleich den Jesuiten oder der Freimaurerei. Sie hatten, man wußte nicht wo, unerschöpfliche Schätze, zum Nutzen nicht benennbarer Feinde, zu einem schrecklichen und geheimnisumwobenen Zweck.

Des Zweirads und der Malerei bereits überdrüssig, machten sich Bouvard und Pécuchet ernsthaft an die Musik. Aber während Pécuchet, der ewige Freund von Tradition und Ordnung, sich als letzten Anhänger anzüglicher Lieder und des *Domino noir*[1] feiern ließ, gab sich Bouvard, der Revolutionär, wenn es je einen solchen gab, als »dezidierten Wagnerianer«. Offen gestanden kannte er keine einzige Partitur des »Schreihalses von Berlin« (wie ihn der immer patriotische und schlecht informierte Pécuchet grausamerweise benannte), denn man kann sie sich nicht anhören in Frankreich, wo das Conservatoire an seiner Routine zugrunde geht, zwischen dem vor sich hin faselnden Colonne und dem vor sich hin buchstabierenden Lamoureux[2], ebensowenig wie in München, wo sich die Tradition nicht erhalten hat, oder in Bayreuth, das die Snobs auf unerträgliche Weise verseucht haben. Sie auf dem Klavier spielen zu wollen, ist ein Unsinn: Die Illusion der Bühne ist notwendig, ebenso die Versenkung des Orchesters und, im Saal, die Dunkelheit. Dennoch lag das Vorspiel zu *Parsifal* – bereit, die Besucher niederzuschmettern – stets geöffnet auf dem Notenpult seines Flügels[3], zwischen den Photographien von César Francks Federhalter und von Botticellis *Primavera*.

Aus der Partitur der *Walküre* war »Winterstürme wichen dem Wonnemond« sorgfältig herausgerissen worden. Aus dem Verzeichnis von Wagners Opern waren *Lohengrin* und *Tannhäuser* mit Rotstift und empörten Strichen getilgt worden. Einzig *Rienzi* war von den frühen Opern noch vorhanden. Ihn zu verleugnen, ist banal geworden, die Stunde ist gekommen, witterte Bouvard subtil, die gegenteilige Meinung herbeizuführen. Gounod brachte ihn zum Lachen, und Verdi zum Heulen. Weniger allerdings als Erik Satie[4], wer kann da etwas dagegen haben? Beethoven aber erschien ihm bedeutend in der Art eines Messias. Selbst Bouvard konnte, ohne sich zu erniedrigen, in Bach einen Vorläufer grüßen. Saint-Saëns fehlt der Gehalt, Massenet die Form, wiederholte er unaufhörlich gegenüber Pécuchet, in dessen Augen Saint-Saëns im Gegenteil nur Gehalt und Massenet nur Form besaß.

»Deshalb belehrt uns der eine, während der andere uns bezaubert, jedoch ohne uns zu erheben«[5], entgegnete Pécuchet mit Beharrlichkeit.

Für Bouvard waren beide gleich verachtenswert. Massenet hatte einige Ideen, aber vulgäre, im übrigen war die Zeit der Ideen vorbei. Saint-Saëns besaß eine gewisse Faktur, aber eine altmodische. Da sie wenig unterrichtet waren über Gaston Lemaire[6], in ihren »Stunden« jedoch mit Gegensätzen spielten, stellten sie wortreich Chausson und Chaminade[7] einander gegenüber. Im übrigen überließ Pécuchet galant, und trotz der Widerstände seiner Ästhetik, überließ selbst Bouvard, denn jeder Franzose ist ritterlich und läßt den Damen den Vortritt, dieser letzteren den ersten Platz unter den Komponisten des Tages.

Es war noch mehr der Demokrat als der Musiker in Bouvard, der die Musik von Charles Levadé[8] verbannte; heißt es nicht sich dem Fortschritt entgegenstellen, wenn man sich im Zeitalter der Dampfkraft, des allgemeinen Wahlrechts und des Zweirads noch mit den Versen der Madame de Girardin[9] aufhält? Als Verfechter der L'art pour l'art-Theorie, des Spiels ohne Nuancen und des Gesangs ohne Modulationen erklärte im übrigen Bouvard, er könne ihn nicht singen hören. Er sah in ihm den Typus des Musketiers, das Gehaben des Spaßmachers, die billige Eleganz einer veralteten Sentimentalität.

Der Gegenstand ihrer heftigsten Debatten war aber Reynaldo Hahn. Während seine innige Verwandtschaft mit Massenet, die ihm unaufhörlich die grausamen Sarkasmen Bouvards zuzog, ihn erbarmungslos zum Opfer von Pécuchets leidenschaftlicher Vorliebe bestimmte, besaß er die Gabe, diesen letzteren durch seine, von Bouvard übrigens geteilte Bewunderung für Verlaine[10] zur Verzweiflung zu bringen. »Vertont doch Jacques Normand, Sully Prudhomme, den Vicomte de Borelli[11]! Gott sei Dank ist im Lande der Trouvères kein Mangel an Poeten«, fügte er patriotisch hinzu. Zwischen der altdeutschen Lautung des Namens Hahn und der südländischen Endung seines Vornamens Reynaldo hin und her gerissen, zog er es schließlich vor, ihn seinem Wagner-Haß zum Opfer zu bringen, als ihn zugunsten Verdis freizusprechen, und er folgerte streng, sich zu Bouvard wendend:

»Trotz der Anstrengungen all eurer feinen Herren ist unser schönes Frankreich ein Land der Klarheit, und die französische Musik wird klar sein, oder sie wird nicht sein«, er sprach es und schlug dabei auf den Tisch, um seinen Worten Nachdruck zu verleihen.

»Pfui Teufel! Was soll diese Exzentrik von der anderen Seite des Kanals und dieser Nebel von jenseits des Rheins, blickt doch nicht immer auf die andere Seite der Vogesen!« fügte er hinzu, indem er Bouvard mit strenger und anspielungsträchtiger Festigkeit ansah, »es sei denn zur Verteidigung des Vaterlandes. Selbst daß die *Walküre* in Deutschland gefallen kann, bezweifle ich . . . Aber für französische Ohren wird sie immer die höllischste – und die kakophonischste! – aller Qualen sein und, fügen Sie hinzu, die erniedrigendste für unseren Nationalstolz. Verbindet diese Oper zudem nicht die gräßlichsten Dissonanzen mit dem revoltierendsten Inzest? Eure Musik, mein Herr, ist voller Ungeheuer, und Erfinden ist alles, was man noch kann! Sogar in der Natur – die doch die Mutter der Einfachheit ist – gefällt euch nur das Schreckliche. Schreibt nicht Monsieur Delafosse[12] Melodien auf Fledermäuse, in denen die Extravaganz des Komponisten den einst guten Ruf des Pianisten kompromittieren wird? Warum wählt er nicht einen lieblichen Vogel? Melodien auf Spatzen wären wenigstens sehr pariserisch; die Schwalbe besitzt Leichtigkeit und Grazie, und die Lerche ist auf so hervorragende Weise französisch, daß Cäsar, wie man sagt, sie in gebratenem Zustand auf die Helme seiner Soldaten spießen ließ. Aber Fledermäuse!!! In seinem ewigen Verlangen nach Offenheit und Klarheit wird der Franzose dieses finstere Tier immer verabscheuen. In den Versen von Monsieur de Montesquiou mag es noch hingehen – als Laune eines blasierten Adligen, die man ihm allenfalls nachsehen kann –, aber in Musik gesetzt! Wann kommt das *Requiem der Känguruhs*?...« Dieser gute Witz vermochte Bouvard zu erheitern. »Gestehen Sie, daß ich Sie zum Lachen gebracht habe«, sagte Pécuchet (ohne tadelnswerte Eitelkeit, denn das Bewußtsein ihres Verdienstes ist bei geistvollen Menschen verzeihlich), »schlagen Sie ein, Sie sind entwaffnet!«

MELANCHOLISCHE SOMMERTAGE
IN TROUVILLE

*Und du, geliebte Schwester, Ariadne: Wie
hat die Liebe dich verletzt! Verlassen star-
best du am öden Ufer!* [1]

I

An jenem Abend zögerte Françoise de Breyves lange, ob
sie zur Soiree der Princesse Elisabeth d'A..., in die Oper
oder zur Komödie bei den Livrays[2] gehen solle.

Bei den Freunden, wo sie eben diniert hatte, hatte man
sich schon vor einer Stunde von der Tafel erhoben. Es
galt, sich zu entscheiden.

Ihre Freundin Geneviève, die mit ihr zurückfahren
sollte, war für die Soiree bei Madame d'A..., während
Madame de Breyves, ohne genau zu wissen weshalb,
eine der beiden anderen Möglichkeiten vorgezogen
hätte, oder sogar eine dritte: nach Hause zu fahren und
schlafen zu gehen. Man meldete ihren Wagen. Sie war
immer noch unentschlossen.

»Das ist wirklich nicht nett von dir«, sagte Geneviève,
»da doch wahrscheinlich Rezké[3] singen wird und da es
mir doch Spaß macht. Man würde meinen, zu Elisabeth
zu gehen könnte für dich schwerwiegende Folgen haben. Ich muß dir gleich sagen, daß du in diesem Jahr
noch keine ihrer großen Soireen besucht hast; befreundet wie ihr seid, ist das nicht sehr nett.«

Seit dem Tod ihres Mannes, der sie – vor vier Jahren –
als zwanzigjährige Witwe zurückgelassen hatte, unter-

nahm Françoise beinahe nichts ohne Geneviève und liebte es, ihr eine Freude bereiten zu können. Sie widersetzte sich ihrer Bitte nicht länger, verabschiedete sich von den Gastgebern und den Gästen, die alle betrübt waren, nur für so kurze Zeit in den Genuß einer der gefragtesten Frauen von Paris gekommen zu sein, und sagte zu ihrem Lakai:

»Zur Princesse d'A...«

II

Die Soiree bei der Princesse d'A... war sehr langweilig. In einem bestimmten Augenblick fragte Madame de Breyves Geneviève:

»Wer ist eigentlich jener junge Mann, der dich zum Buffet geführt hat?«

»Das ist Monsieur de Laléande[4], den ich übrigens überhaupt nicht kenne. Soll ich ihn dir vorstellen? Er hat mich darum gebeten, doch bin ich ausgewichen, denn er ist äußerst unbedeutend und langweilig, und da er dich sehr hübsch findet, würde er dich nicht mehr loslassen.«

»Dann lieber nicht!« rief Françoise aus, »er ist im übrigen auch eher häßlich und vulgär, trotz seiner recht schönen Augen.«

»Du hast recht«, sagte Geneviève. »Außerdem wirst du ihm immer wieder begegnen; es könnte dir lästig werden, mit ihm bekannt zu sein.«

Scherzend fügte sie hinzu:

»Falls du engere Beziehungen mit ihm aufnehmen möchtest, verpaßt du jetzt eine fabelhafte Gelegenheit.«

»Ja, eine fabelhafte Gelegenheit«, sagte Françoise, und schon dachte sie an anderes.

»Allerdings«, sagte Geneviève, die bereute, ihren Auftrag so ungetreu ausgeführt und den jungen Mann willkürlich um ein Vergnügen gebracht zu haben, »ist dies eine der letzten Soireen der Saison[5], die Sache hätte kein besonderes Gewicht, und es wäre vielleicht weniger unfreundlich.«

»Also gut, wenn er nochmals hier vorbeikommt.«

Er kam nicht. Er blieb im anderen Teil des Salons, ihnen gegenüber.

»Wir müssen gehen«, sagte bald darauf Geneviève.

»Einen Augenblick noch«, sagte Françoise.

Und aus einer Laune heraus[6], vor allem aus Koketterie diesem jungen Mann gegenüber, der sie tatsächlich sehr hübsch finden mußte, begann sie, ihn etwas länger anzuschauen, dann ihre Augen abzuwenden, um sie wiederum auf ihn zu heften. Sie versuchte, ihrem Blick etwas Zärtliches zu geben, sie wußte nicht warum, ohne Grund, zum Vergnügen, ein Vergnügen an Mildtätigkeit und ein wenig auch an Hochmut, Vergnügen auch am Nutzlosen, das Vergnügen jener, die ihren Namen in einen Baum ritzen für einen, der vorübergeht, den sie nie sehen werden, jener auch, die eine Flasche ins Meer werfen. Die Zeit verstrich, es war schon spät; Monsieur de Laléande wandte sich der Tür zu, die offenblieb, nachdem er hinausgegangen war, und Madame de Breyves sah ihn, wie er hinten im Vestibül seine Garderobennummer vorwies.

»Es ist Zeit zu gehen; du hast recht«, sagte sie zu Geneviève.

Sie erhoben sich. Doch der Zufall wollte es, daß ein Freund Genevièves dieser noch etwas mitteilen mußte und Françoise allein in der Garderobe zurückblieb. Dort war in diesem Moment lediglich noch Monsieur de Laléande, der seinen Stock nicht finden konnte. Françoise machte sich ein letztes Mal den Spaß, ihn anzuschauen.

Er ging nahe an ihr vorbei, streifte leicht Françoises Ellbogen mit dem seinen, und als er ganz nahe bei ihr war
und immer noch zu suchen schien, sagte er mit leuchtenden Augen:

»Kommen Sie zu mir, Rue Royale 5 7.«

Dies war so unvorhergesehen, und Monsieur de Laléande war jetzt wieder so sehr mit der Suche nach seinem
Stock beschäftigt, daß sie später nie genau wußte, ob es
nicht eine Halluzination gewesen sei. Vor allem hatte sie
große Angst, und da der Prince d'A . . . in diesem Augenblick vorbeikam, rief sie ihn zu sich, wollte mit ihm für
den folgenden Tag eine Spazierfahrt verabreden, gab
sich ganz dem Gespräch hin. Unterdessen war Monsieur
de Laléande gegangen. Geneviève erschien unmittelbar
danach, und die beiden Frauen brachen auf. Madame de
Breyves erzählte nichts, sie fühlte sich schockiert und
geschmeichelt, im Grunde aber gleichgültig. Wohl
dachte sie gelegentlich an das Ereignis zurück, doch begann sie schon nach zwei Tagen an der Realität von
Monsieur de Laléandes Worten zu zweifeln. Sie versuchte sich genau zu erinnern, doch es gelang nicht ganz;
sie glaubte, die Worte wie in einem Traum gehört zu
haben, und sagte sich, die Bewegung des Ellbogens sei
nur eine zufällige Ungeschicklichkeit gewesen. Dann
dachte sie nicht mehr spontan an Monsieur de Laléande,
und wenn sie zufällig seinen Namen nennen hörte, rief
sie sich schnell seine Züge in Erinnerung und hatte die
Beinahe-Halluzination in der Garderobe ganz und gar
vergessen.

Auf der letzten Soiree jenes Jahres (Ende Juni) sah sie
ihn wieder, wagte nicht darum zu bitten, man möge ihn
ihr vorstellen, und doch, obwohl sie ihn beinahe häßlich
fand und wußte, daß er nicht intelligent war, hätte sie ihn
gern kennengelernt. Sie näherte sich Geneviève und
sagte ihr:

»Stell mir Monsieur de Laléande dennoch vor. Ich möchte nicht unhöflich sein. Aber erwähne nicht, daß ich darum gebeten habe. Das würde mich allzusehr verpflichten.«

»Nachher, wenn wir ihn sehen; im Augenblick ist er nicht da.«

»So suche ihn doch.«

»Er ist vielleicht schon fort.«

»Aber nein«, sagte Françoise sehr schnell, »er kann noch nicht fort sein, es ist zu früh. Oh! schon Mitternacht. Schau zu, meine kleine Geneviève, das ist doch nicht so sehr schwierig. Letzthin wolltest du. Ich bitte dich, es ist wichtig für mich.«

Geneviève schaute sie leicht erstaunt an und ging auf die Suche nach Monsieur de Laléande; er war fort.

»Du siehst, daß ich recht hatte«, sagte Geneviève, als sie zu Françoise zurückkam.

»Ich langweile mich hier zu Tode«, sagte Françoise, »ich habe Kopfschmerzen, ich bitte dich, gehen wir sofort.«

III

Françoise versäumte nicht ein einziges Mal mehr die Oper, mit einer unbestimmten Hoffnung nahm sie alle Diners an, zu denen sie noch eingeladen wurde. Vierzehn Tage vergingen, sie hatte Monsieur de Laléande nicht wiedergesehen, und oft erwachte sie nachts und überlegte, mit Hilfe welcher Mittel sie ihn wiedersehen könne. Zwar wiederholte sie sich, daß er langweilig und nicht schön sei, doch beschäftigte er sie mehr als die geistreichsten und bezauberndsten Männer. Sobald die Saison zu Ende war, würde sich keine Gelegenheit mehr bieten, ihn wiederzusehen; sie war entschlossen, eine herbeizuführen, und suchte.

Eines Abends sagte sie zu Geneviève:

»Hast du mir nicht gesagt, daß du einen Monsieur de Laléande kennst?«

»Jacques de Laléande? Ja und nein, er ist mir vorgestellt worden, doch hat er nie seine Karte bei mir abgegeben, ich stehe ganz und gar nicht in Verbindung mit ihm.«

»Es ist wegen, ich werde es dir sagen, ich habe ein kleines Interesse daran, sogar ein ziemlich großes, es geht um Dinge, die nicht mich betreffen und die man mir wahrscheinlich nicht vor Monatsfrist erlauben wird dir zu sagen (bis dann hätte sie sich mit ihm auf eine Lüge geeinigt, um nicht entdeckt zu werden, und dieser Gedanke an ein Geheimnis, in das allein sie beide eingeweiht wären, schien ihr süß), seine Bekanntschaft zu machen und mich mit ihm zu treffen. Ich bitte dich, finde mir eine Möglichkeit; denn die Saison ist zu Ende, es ist nichts mehr los, und ich kann ihn mir nicht mehr vorstellen lassen.«

Der Umgang in enger Freundschaft, der die Seele läutert, wenn er aufrichtig gepflegt wird, schützte sowohl Geneviève als auch Françoise vor jener dummen Neugier, an der die meisten der großen Welt eine niedrige Lust empfinden. So hatte Geneviève keinen Augenblick die Absicht oder das Verlangen, nicht einmal den Gedanken, ihre Freundin auszufragen, sie suchte, ärgerte sich nur, nicht zu finden.

»Dummerweise ist Madame d'A... schon abgereist. Wohl wäre da noch Monsieur de Grumello, aber eigentlich hilft uns das nicht weiter, was soll ich ihm nur sagen? Ah, ich habe eine Idee! Monsieur de Laléande spielt Violoncello[8], ziemlich schlecht allerdings, doch das macht nichts. Monsieur de Grumello bewundert ihn, und außerdem ist er so dumm und wird so zufrieden sein, dir einen Gefallen tun zu können. Nur wirst du, die du ihn dir immer vom Leib gehalten hast und die du nicht gerne Leute fallenläßt, deren Dienste du in Anspruch genommen hast, du wirst dich doch nicht verpflichten wollen, ihn im nächsten Jahr einzuladen.«

Doch schon rief Françoise, rot vor Freude, aus:

»Das ist mir doch ganz egal, ich werde alle Hochstapler von Paris einladen, wenn es sein muß. Oh! tu's schnell, meine kleine Geneviève, wie nett du bist!«

Und Geneviève schrieb:

Monsieur, Sie wissen, wie sehr ich nach Gelegenheiten suche, meiner Freundin, Madame de Breyves, der Sie wohl schon begegnet sind, eine Freude zu bereiten. Sie hat mir gegenüber schon des öfteren, wenn wir auf das Thema Violoncello zu sprechen kamen, ihr Bedauern ausgedrückt, Monsieur de Laléande nie gehört zu haben, der doch ein so guter Freund von Ihnen ist. Hätten Sie die Freundlichkeit, ihn zu bewegen, für sie und für mich zu spielen? Jetzt, da die Saison vorüber ist, wird Ihnen das nicht zuviel Mühe bereiten, und es wäre außerordentlich liebenswürdig von Ihnen. Mit freundlichstem Gedenken

ALÉRIOUVRES BUIVRES

»Bringen Sie diesen Brief sofort zu Monsieur de Grumello«, sagte Françoise zu einem Diener; »warten Sie nicht auf Antwort, aber sehen Sie zu, daß er vor Ihren Augen übergeben wird.«

Geneviève ließ tags darauf Madame de Breyves folgende Antwort von Monsieur de Grumello bringen:

Madame,
es hätte mir die größte Freude, eine größere, als Sie sich denken können, bereitet, Ihren Wunsch und denjenigen von Madame de Breyves zu erfüllen, die ich ein wenig kenne und für die ich die ergebenste und lebhafteste Sympathie empfinde.

So bin ich denn ganz verzweifelt, daß ein unglücklicher Zufall
Monsieur de Laléande eben vor zwei Tagen nach Biarritz
abreisen ließ, wo er, leider, mehrere Monate verbringen
wird.

Nehmen Sie, gnädige Frau, usw.

GRUMELLO

Françoise stürzte kreidebleich zur Tür, um sie abzu-
schließen; es war höchste Zeit. Schon brach sich das
Schluchzen an ihren Lippen, es flossen die Tränen[9]. Bis
jetzt war sie ganz damit beschäftigt gewesen, sich Romane auszudenken, wie sie ihn sehen und kennenlernen
könne, und war auch sicher, sie zu verwirklichen, sobald
sie nur wollte; sie hatte ganz von diesem Wunsch und
dieser Hoffnung gelebt, vielleicht ohne sich Rechenschaft darüber abzugeben. Aber durch tausend nicht
spürbare Wurzeln, die bis in die unbewußtesten Augenblicke von Glück und Melancholie hinabgetaucht waren
und diese mit neuem Lebenssaft erfüllten, ohne daß sie
wußte, woher er kam, hatte sich dieser Wunsch in sie
eingepflanzt. Und nun riß man ihn aus, um ihn ins Unmögliche zurückzuwerfen. Sie fühlte sich zerrissen, in
einer schrecklichen Qual ihres ganzen Wesens, das nun
mit einem Male entwurzelt war, und durch die plötzlich
zerstörten Lügen ihrer Hoffnung sah sie in der Tiefe ihres
Kummers die Wirklichkeit ihrer Liebe.

IV

Françoise zog sich mit jedem Tage noch mehr von allen
Freuden zurück. Auch den stärksten, jenen sogar, die sie
in der innigen Verbindung mit ihrer Mutter oder mit
Geneviève empfand, oder in den Stunden, wo sie Musik
hörte, las oder spazierenging, lieh sie nur noch ein ohne

Unterlaß von eifersüchtigem Kummer besessenes Herz. Die Qual war unermeßlich, die ihr die Unmöglichkeit, nach Biarritz zu fahren, verursachte und ebenso, falls das möglich gewesen wäre, ihre absolute Entschlossenheit, es nicht zu tun, um nicht durch eine sinnlose Handlung all das Prestige aufs Spiel zu setzen, das sie in den Augen Monsieur de Laléandes haben konnte. Als armes, kleines Opfer war sie auf die Folter gespannt, ohne zu wissen warum, und sie schauderte bei dem Gedanken, daß es vielleicht noch Monate dauern würde, bis sich ein Heilmittel fände, ohne daß die Krankheit sie ruhig schlafen noch frei träumen ließe. Es beunruhigte sie auch, nicht zu wissen, ob er nicht noch einmal kurz nach Paris zurückkehren würde, vielleicht sehr bald schon, ohne daß sie es wüßte. Und die Furcht, das Glück ein zweites Mal so nahe an sich vorbeigehen zu lassen, gab ihr Mut, sie schickte einen Diener zum Concierge Monsieur de Laléandes, um sich zu erkundigen. Er wußte von nichts. Nun, als sie begriff, daß kein Hoffnungssegel mehr erscheinen würde am Horizont dieses Kummermeeres, das sich ins Unendliche ausweitete, bis dahin, wo das Nichts zu beginnen und die Welt zu enden schien, da fühlte sie, daß sie die verrücktesten Dinge tun würde, sie wußte nicht welche, vielleicht ihm schreiben, und als wäre sie ihr eigener Arzt geworden, erlaubte sie sich – als Beruhigungsmittel – den Versuch, ihn wissen zu lassen, daß sie ihn hatte sehen wollen, und schrieb folgendes an Monsieur de Grumello:

Monsieur,
Madame de Buivres hat mir Ihre liebenswürdige Idee mitge-
teilt. Wie soll ich Ihnen danken, ich bin ganz gerührt! Etwas
jedoch beunruhigt mich. Hat mich Monsieur de Laléande nicht
indiskret gefunden? Wenn Sie es nicht wissen, fragen Sie ihn
danach, und schreiben Sie mir, sobald Sie es wissen, die ganze

*Wahrheit. Ich bin sehr neugierig, und Sie würden mir einen
Gefallen tun. Nochmals Dank, Monsieur.*

Mit der Versicherung meiner aufrichtigsten Gefühle,

VORAGINES BREYVES

Eine Stunde später brachte ihr ein Diener diesen Brief:

Beunruhigen Sie sich nicht, Madame, Monsieur de Laléande hat nicht erfahren, daß Sie ihn hören wollten. Ich hatte ihn gefragt, an welchen Tagen er bei mir spielen könne, ohne zu sagen, für wen. Er hat mir aus Biarritz geantwortet, er komme nicht vor Januar zurück. Auch bedanken sollten Sie sich nicht bei mir. Meine größte Freude wäre es, Ihnen eine kleine Freude zu bereiten, usw.

GRUMELLO

Es war nichts mehr zu machen. Sie machte auch nichts mehr, wurde traurig und trauriger, machte sich Vorwürfe, so traurig zu werden und ihre Mutter traurig zu machen. Sie fuhr für einige Tage aufs Land, dann reiste sie nach Trouville. Dort hörte sie von den mondänen Ambitionen Monsieur de Laléandes reden, und als ein Prinz, der sich sehr um sie bemühte, sie fragte: »Was könnte ich tun, um Ihnen eine Freude zu machen?«, erheiterte sie fast der Gedanke an sein Erstaunen, wenn sie ihm offen geantwortet hätte, und sie sammelte, um sie auszukosten, die ganze berauschende Bitterkeit, die in der Ironie jenes Gegensatzes lag zwischen all den großen und schwierigen Dingen, die man stets unternommen hatte, um ihr zu gefallen, und dem kleinen, so leichten und so unmöglichen Ding, das ihr ihre Ruhe zurückgebracht hätte, ihre Gesundheit, ihr Glück und das Glück der Ihrigen. Ein wenig Gefallen am Leben fand sie nur noch im Kreis ihrer Dienstboten, die für sie unendliche Bewunderung empfanden und die sie be-

dienten, ohne zu wagen, sie in ihrer Traurigkeit anzu-
sprechen. Deren respektvolles und bekümmertes
Schweigen sprach ihr von Monsieur de Laléande. Sie
lauschte ihm mit Wollust und ließ das Dejeuner ganz
langsam auftragen, um den Zeitpunkt hinauszuzögern,
da ihre Freundinnen kommen würden, da sie sich zu-
sammennehmen müßte. Sie wollte jenen bittersüßen
Geschmack all der Traurigkeit, die sie seinetwegen umgab, lange auf der Zunge behalten. Sie hätte gewünscht,
noch andere von ihm beherrscht zu sehen, fand Linde-
rung bei dem Gedanken, daß, was in ihrem Herzen so
viel Raum einnehme, sich auch um sie herum festsetze;
sie hätte kraftvolle Tiere haben wollen, um sie an ihrer
Krankheit dahinsiechen zu sehen. In ihrer Verzweiflung
wollte sie ihm manchmal schreiben oder ihm schreiben
lassen, sich entwürdigen, »es kam ihr auf nichts mehr
an«. Doch es war besser, gerade im Interesse ihrer Liebe,
ihre gesellschaftliche Stellung zu bewahren, die ihr eines
Tages, wenn dieser Tag kommen sollte, mehr Macht
über ihn verleihen konnte. Und wenn eine kurze Beziehung mit ihm den Zauber brechen würde, den er über sie
geworfen hatte (sie wollte und konnte es nicht glauben,
nicht einmal einen Augenblick lang es sich vorstellen;
durch die Blindheit ihres Herzens hindurch sah jedoch
ihr hellsichtigerer Geist diesen unausweichlichen und
grausamen Ausgang voraus), würde sie ohne eine einzige Stütze in der Welt zurückbleiben, danach. Und
wenn eine andere Liebe sie überraschen würde, dann
hätte sie jene Möglichkeiten nicht mehr, die ihr jetzt
wenigstens zu Gebote standen, jene Macht, die es ihr bei
der Rückkehr nach Paris leichtmachen würde, engere
Beziehungen zu Monsieur de Laléande aufzunehmen.
Wenn sie versuchte, ihre eigenen Gefühle von sich zu
trennen und sie wie einen Untersuchungsgegenstand zu
betrachten, sagte sie sich: Ich weiß, er ist mittelmäßig,

und ich fand es schon immer. Dies ist mein Urteil über ihn, es hat sich nicht verändert. Seither hat sich Verwirrung in mein Herz geschlichen, doch konnte sie das Urteil nicht trüben. Es ist nur eine Kleinigkeit, und für diese Kleinigkeit lebe ich. Ich lebe für Jacques de Laléande! Sobald sie aber seinen Namen aussprach, erblickte sie ihn dank einer unwillkürlichen Gedankenassoziation, und diesmal ohne Analyse, und sie empfand dabei soviel Wonne und soviel Qual, daß sie erkannte, seine Wertlosigkeit sei ohne Bedeutung, da er sie Leiden und Freuden empfinden ließ, neben denen alle anderen verschwanden. Und obwohl sie dachte, daß sich dies alles auflösen würde, wenn sie ihn näher kennenlernte, gab sie dieser Spiegelung die ganze Wirklichkeit ihres Schmerzes und ihrer Lust. Eine Phrase aus den *Meistersingern,* die sie auf der Soiree bei der Princesse d'A... gehört hatte, besaß die Gabe, ihr Monsieur de Laléande mit größter Präzision zu evozieren *(Dem Vogel, der heut sang, dem war der Schnabel hold gewachsen*[10]*)*. Ohne es zu wollen, hatte sie daraus das eigentliche Leitmotiv für Monsieur de Laléande gemacht, und als sie es einmal in Trouville in einem Konzert hörte, brach sie in Tränen aus. Von Zeit zu Zeit, nicht allzuoft, um sich nicht abzustumpfen, schloß sie sich in ihr Zimmer ein, wohin sie das Klavier hatte bringen lassen, und begann die Phrase zu spielen, wobei sie die Augen schloß, um ihn besser zu sehen; dies war ihr einziger Freudenrausch, dem doch nur Ernüchterung folgte, es war das Opium, von dem sie nicht lassen konnte. Manchmal hielt sie inne, um ihren Schmerz dahinfließen zu hören, so wie man sich über eine Quelle beugt, um ihrem süßen und endlosen Klagelied zu lauschen, und wenn sie dann an die grausame Alternative dachte zwischen ihrer künftigen Schande und damit der Verzweiflung der Ihren oder anderseits (falls sie nicht nachgeben sollte) ihrer ewigen Traurigkeit, dann ver-

fluchte sie sich[11], in ihrer Liebe Freud und Leid so
geschickt vermischt zu haben, daß sie weder vermocht
hatte, diese Liebe gleich zu Beginn wie ein unverträg-
liches Gift zurückzustoßen noch sich später davon zu
heilen. Sie verfluchte zuerst ihre Augen und vielleicht
noch vor ihnen ihre hassenswerte Koketterie und ihre
Neugierde, die ihre Augen wie Blumen der Versuchung
vor diesem jungen Mann hatten erblühen lassen, um sie
dann ihrerseits den Blicken Monsieur de Laléandes auszusetzen, die sicher trafen wie Pfeile – unwiderstehlicher
und süßer als Morphiumspritzen es getan hätten. Sie
verfluchte auch ihre Einbildungskraft; diese hatte ihre
Liebe so zärtlich genährt, daß Françoise sich manchmal
fragte, ob nicht auch ihre Einbildungskraft allein sie in
die Welt gesetzt habe, diese Liebe, die jetzt ihre Mutter
beherrschte und folterte. Sie verfluchte auch ihre raffinierte Phantasie, die sich die Möglichkeiten, ihn wiederzusehen, in so vielen Romanen so gut und so schlecht
ausgedacht hatte, daß die Enttäuschung angesichts ihrer
Unmöglichkeit sie nur noch stärker an ihren Helden gebunden hatte; ihre Güte und das Zartgefühl ihres Herzens, die, wenn sie sich hingeben würde, ihre schuldhaf-
ten Liebesfreuden mit Gewissensbissen und Schamge-
fühlen verderben würden; ihren Willen, der sich so
ungestüm und tollkühn aufbäumte, wenn es galt, die
Hindernisse zu überspringen, und wenn ihre Begierden
sie zum Unmöglichen trieben, der aber so schwach,
weich und gebrochen war, nicht nur, wenn es galt, ihnen
zu widerstehen, sondern auch, wenn sie von einem anderen Gefühl gelenkt wurde. Sie verfluchte schließlich ihre
Gedanken in deren allergöttlichster Gestalt, die höchste
Gabe, die sie empfangen hatte und der man, ohne ihren
eigentlichen Namen zu finden, alle Namen gegeben
hat – Intuition des Dichters, Ekstase des Gläubigen, Er-
griffenheit im Anblick der Natur und beim Anhören von

Musik – die vor ihre Liebe Berggipfel und unendliche Horizonte gesetzt, diese ins übernatürliche Licht der Liebe getaucht und der Liebe dafür ein wenig von ihrem eigenen Zauber geliehen hatten; die ihr wertvollstes und geheimstes Innenleben für diese Liebe gewonnen, es mit ihr solidarisiert und vereinigt hatten, ihr – wie der Madonna der Schatz einer Kirche[12] – alle wertvollen Edelsteine ihres Herzens und ihres Geistes geweiht hatten, ihres Herzens, das sie jammern hörte auf den Soireen und über dem Meer, dessen Melancholie zur Schwester ihres Schmerzes wurde, ihn nicht zu sehen: sie verfluchte jenes unbeschreibliche Gefühl vom Geheimnis der Dinge, in das sich unser Geist, umgeben vom Strahlenglanz der Schönheit, hinabsinken läßt wie die untergehende Sonne ins Meer, hatte es doch ihre Liebe vertieft, der Wirklichkeit entrückt, unendlich weit anwachsen lassen, ohne ihr die Folterqualen zu nehmen, »denn (wie es Baudelaire von herbstlichen Spätnachmittagen gesagt hat) es gibt Empfindungen, deren Unbestimmtheit die Intensität nicht ausschließt, und es gibt keinen schärferen Stachel als den des Unendlichen[13]«.

αὐτόθ' ἐπ' ἀϊόνος κατετάκετο φυ-
κιοέσσας ἐξ ἀοῦς, ἔχθιστον ἔχων
ὑποκάρδιον ἕλκος, Κύπριδος ἐκ με-
γάλας τό οἱ ἥματι πᾶξε βέλεμνον.
(und so verzehrte er sich vom grauenden
Morgen an auf dem Algengestrüpp des
Gestades, denn er bewahrte im Grunde des
Herzens wie einen Pfeil in der Leber die
brennende Wunde der großen Kypris).

THEOKRIT, *Der Zyklop*[14]

In Trouville war es, daß ich kürzlich Madame de Breyves, die ich in glücklicheren Zeiten gekannt hatte, wiederbegegnet bin. Nichts kann sie heilen. Würde sie
Monsieur de Laléande wegen seiner Schönheit oder wegen seines Geistes lieben, könnte man, um sie zu zerstreuen, einen geistreicheren oder schöneren jungen
Mann suchen. Hätte seine Güte oder seine Liebe sie an
ihn gebunden, könnte ein anderer versuchen, sie mit
größerer Treue zu lieben. Aber Monsieur de Laléande ist
weder schön noch intelligent. Er hat keine Gelegenheit
gehabt, ihr zu beweisen, ob er zart oder grob, vergeßlich
oder treu sei. Sie liebt also ihn und nicht irgendwelche
verdienstvollen und bezaubernden Eigenschaften, die
man in ebenso hohem Grade bei anderen finden könnte;
sie liebt ihn trotz seiner Unvollkommenheiten, trotz seiner Mittelmäßigkeit; sie ist dazu bestimmt, ihn trotz
allem zu lieben. *Ihn* ... wußte sie, was das war, außer daß
solche Verzweiflungs- und Glückseligkeitsschauer davon ausgingen, daß ihr ganzes übriges Leben und alle
übrigen Dinge nichts mehr zählten? Die schönste Gestalt, die originellste Intelligenz würden dieses besondere und geheimnisvolle Etwas nie besitzen; so einzig-

artig war es, daß kein menschliches Wesen es jemals wiederholen wird in der Unendlichkeit der Welten und der Ewigkeit der Zeit. Ohne Geneviève de Buivres, die sie in aller Unschuld zu Madame d'A... geführt hatte, wäre all das nicht gewesen. Aber die Umstände haben sich aneinandergefügt und haben sie gefangengenommen als Opfer einer Krankheit ohne Heilmittel, denn sie ist ohne Grund. Gewiß, Monsieur de Laléande, der in diesem Augenblick wahrscheinlich ein mediokres Leben und ärmliche Träume auf dem Strand von Biarritz spazierenführt, wäre sehr erstaunt, von der anderen Existenz zu hören, die er in der Seele von Madame de Breyves besitzt – einer so wundersam intensiven Existenz, daß sie sich alles unterordnet, alles vernichtet, was nicht sie selbst ist; Existenz auch, die ebenso zusammenhängend ist wie seine persönliche; die sich ebenso wirkungsvoll in Handlungen äußert, die sich nur durch ein schärferes, weniger oft aussetzendes und reicheres Bewußtsein von der anderen unterscheidet. Wie erstaunt wäre er zu hören, daß er, der er doch in seiner körperlichen Gestalt gewöhnlich kaum umworben wird, daß er jetzt, wo immer nur Madame de Breyves sich befindet, sogleich evoziert wird, inmitten der begabtesten Menschen, in den verschlossensten Salons, in den Landschaften, die am meisten sich selbst genügen, und daß diese so vielgeliebte Frau keine Zärtlichkeit, keinen Gedanken, keine Aufmerksamkeit mehr aufbringt außer für die Erinnerung an jenen Eindringling, vor dem alles verblaßt, als besitze nur seine Person Wirklichkeit und als seien die Anwesenden nichtig wie Erinnerungen und eitel wie Schatten.

Ob Madame de Breyves mit einem Dichter spazierengeht oder ihr Dejeuner mit einer Erzherzogin einnimmt, ob sie Trouville verläßt, um in die Berge oder über die Felder zu fahren, ob sie allein ist und liest oder sich mit

dem geliebtesten Freund unterhält, ob sie ausreitet oder
schläft, der Name, das Bild Monsieur de Laléandes liegt
auf ihr, tröstlich, grausam, unentrinnbar, wie der Himmel über unseren Häuptern. Sie, die Biarritz verab-
scheute, ist so weit gekommen, daß sie an allem, was
diese Stadt betrifft, einen schmerzvollen und verwirrenden Zauber findet. Voller Unruhe will sie erfahren, wer
sich dort aufhält, wer ihn vielleicht sehen wird, ohne es
zu wissen, wer vielleicht mit ihm leben wird, ohne sich
daran zu erfreuen. Für diese bleibt sie ohne Hader, und
ohne es zu wagen, ihnen Aufträge zu erteilen, stellt sie
unaufhörlich Fragen; sie wundert sich nur manchmal,
daß man sie so oft um ihr Geheimnis herumreden hört,
ohne daß jemand es aufgedeckt hätte. Eine große Photographie von Biarritz ist nahezu der einzige Schmuck
ihres Zimmers. Sie leiht einem der Spaziergänger, die
man, wenn auch nur undeutlich, darauf sieht, die Züge
Monsieur de Laléandes. Wenn sie wüßte, welch schlechte
Musik er liebt und spielt, dann würden die verachteten
Romanzen zweifellos auf ihrem Klavier und bald auch in
ihrem Herzen den Platz von Beethovens Symphonien
und Wagners Dramen einnehmen – durch eine sentimen-
tale Erniedrigung ihres Geschmacks und kraft des Zaubers, den er auf diese Stücke werfen würde, er, von dem
ihr aller Zauber und alle Pein kommen. Das Bild desjenigen, den sie nur zwei- oder dreimal für einige Augenblicke gesehen hat, der einen so kleinen Platz in den
äußeren Begebenheiten ihres Lebens einnimmt und der
nun ihr ganzes Denken und ihr ganzes Herz in Anspruch
und in Besitz nimmt, beginnt sich manchmal vor den
ermüdeten Augen ihrer Erinnerung zu verwischen. Sie
sieht ihn nicht mehr, kann sich seiner Züge, seiner Sil-
houette nicht mehr entsinnen, kaum mehr seiner Augen.
Und dieses Bild ist doch alles, was sie von ihm hat. Bei
dem Gedanken, es verlieren zu können, gerät sie außer

sich: ihr Verlangen foltert sie, gewiß, aber es ist nun ganz sie selbst geworden, sie hat sich – alles Übrige verlassend – ganz darin zurückgezogen, an ihm hält sie fest, wie man an der Erhaltung seiner selbst festhält, am Leben, mag es gut sein oder schlecht... und dieses Verlangen soll sich auflösen können, und es würde nichts zurückbleiben als das Unbehagen, im Traum einen Schmerz empfunden zu haben, dessen Grund sie nicht mehr kennen würde, in ihren Gedanken nicht mehr sähe und nicht mehr liebhaben könnte? Doch nach dieser vorübergehenden Verwirrung des inneren Gesichts steht Monsieur de Laléandes Bild wieder vor ihr. Ihr Kummer kann wieder beginnen, und es ist beinahe eine Freude.

Wie wird Madame de Breyves die Rückkehr in jenes Paris ertragen, wohin er erst im Januar zurückkommen wird? Was wird sie bis dahin tun? Was wird sie, was wird er nachher tun?

Zwanzigmal schon wollte ich nach Biarritz reisen und mit Monsieur de Laléande zurückkommen. Die Folgen wären vielleicht schrecklich, doch brauche ich mir das nicht zu überlegen, sie erlaubt es nicht. Es bringt mich jedoch zur Verzweiflung, wenn ich mitansehen muß, wie diese kleinen Schläfen im pausen- und gnadenlosen Takt ihrer unerklärlichen Liebe schlagen. Sie gibt ihrem ganzen Leben den Rhythmus der Angst. Oft stellt sie sich vor, er werde nach Trouville kommen, sich ihr nähern, ihr sagen, er liebe sie. Sie sieht ihn, seine Augen leuchten. Er spricht zu ihr mit jener fahlen Stimme des Traums, die uns verbietet zu glauben und gleichzeitig zwingt zuzuhören. Er ist es. Er sagt ihr jene Worte, die uns ins Delirium stürzen, obwohl wir sie immer nur im Traume hören, wenn in ihnen, so zärtlich und rührend, das göttliche Lächeln jener, die das Schicksal zusammengeführt hat, vertrauensvoll aufleuchtet. Sogleich jedoch weckt sie das Bewußtsein auf, daß die beiden Welten der

Wirklichkeit und ihres Verlangens parallel liegen, daß sie einander ebensowenig berühren können wie der Schatten und der Körper, der ihn geworfen hat. Und wenn sie sich jetzt an die Minute in der Garderobe erinnert, wo sein Ellbogen ihren Ellbogen gestreift hat, wo er ihr seinen Körper angeboten hat, den sie jetzt gegen den ihren pressen könnte, wenn sie gewollt hätte, wenn sie gewußt hätte, und der vielleicht für immer von ihr fernbleiben wird, dann hört sie, wie Schreie der Verzweiflung und der Auflehnung sie durchdringen gleich jenen, die man auf sinkenden Schiffen hört. Wenn sie am Strand oder im Wald spazierengeht, wenn sie sich der Lust, die Natur zu betrachten, sanft hingibt – oder der Träumerei, auch nur einem guten Duft oder einem fernen Lied, das die Brise vom Meer heranträgt – und sie für einen Augenblick ihr Leiden vergißt, dann spürt sie ganz plötzlich mit einem Mal im Herzen eine schmerzvolle Wunde, und über den Wellen oder den Blättern, am unbestimmten Horizont aus Meer oder Wald, erblickt sie das undeutliche Bild ihres unsichtbaren und doch gegenwärtigen Besiegers, dessen Augen durch die Wolken leuchten wie an jenem Tag, an dem er sich ihr angeboten hatte, und der nun entflieht mit dem Köcher, aus dem er eben noch einen Pfeil auf sie abgeschossen hat[15].

Juli 1893

PORTRÄTS VON MALERN
UND KOMPONISTEN

PORTRÄTS VON MALERN

ALBERT CUYP

Cuyp, sinkendes Sonnenlicht, aufgelöst in heller Luft, die wassergleich bewegt und trübt ein Schwarm von grauen Tauben; feuchtschimmerndes Gold, verklärender Schein um das Haupt eines Rindes oder einer Birke; blauer Weihrauch der schönen Tage, aufsteigend vom Hügel; oder hellscheinender Sumpf, im leeren Himmel stehend. Reiter sind bereit, am Hut die rosa Feder, mit aufgestützter Hand; die frische Luft macht rosig ihre Haut, hebt leise an die feinen, blonden Locken; sie vernehmen den Ruf der glühenden Felder, des kühlen Wassers, und ohne mit ihrem Trab die Rinder zu stören, deren Herde in bleicher goldener Nebelruhe dahinträumt, reiten sie weg, die tiefen Minuten zu atmen.

PAULUS POTTER

Düstere Schwermut eintönig grauer Himmel, um so kummervoller, wo seltenes Blau sie aufhellt und wo auf die erstarrten Ebenen sie die lauen Tränen einer nicht verstandenen Sonne sickern lassen; Potter, melancholische Stimmung der düsteren Ebenen, die sich endlos weiten, ohne Freude und ohne Farbe; die Bäume, der Weiler werfen keine Schatten; die kümmerlichen Gärtchen haben keine Blumen. Ein Landmann schleppt Eimer zum Haus, und seine schmächtige Stute, resignierend, unruhig und träumend, lauscht ahnungsvoll den Gedanken ihres Hirns und atmet mit kurzen Zügen den starken Zug des Windes ein.

ANTOINE WATTEAU

Täuschendes Dämmerlicht, Schminke auf Bäumen und Figuren, Mantel und Maske von unbestimmtem Blau; Staub von Küssen um müde Lippen . . . Vages wird zart, nächste Nähe wird Ferne.

Der Maskenzug, wehmütige Ferne auch er, vollführt die Gesten der Liebe, unwirklich, traurig und bezaubernd. Die Laune des Poeten – oder die Umsicht des Liebhabers, denn Liebe braucht kundigen Schmuck – zeigt Barken, Picknicks, Stille und Musik.

ANTON VAN DYCK

Sanfter Stolz der Herzen, edle Grazie der Dinge – sie leuchten in den Augen, im Samt und im Gehölz; erhabene, schöne Sprache der Haltung und der Posen – ererbter Stolz der Frauen und der Könige! –, du triumphierst, van Dyck, Fürst der ruhigen Gesten, in allen schönen Wesen, die bald sterben werden, in jeder schönen Hand, die sich noch öffnen kann; sie weiß von allem nichts – was tut's? –, doch reicht sie dir die Palme! Reiter machen halt unter den Kiefern, am Wasser, ruhig wie sie – wie sie ganz nah dem Schluchzen –, Königskinder, prachtvoll schon und ernst, im Kleid der Resignation, mit dem Federhut der Kühnheit und mit Edelsteinen, in

denen – wie Wellen in Flammen – die Bitternis der Tränen weint, so wie sie ihre stolzen Seelen füllt, zu stolz,
um sie aufsteigen zu lassen ins Auge; und über allen du,
du wandelst kostbar, im blaßblauen Hemd, eine Hand an
die Hüfte gestützt, in der anderen die Frucht mit dem
Blatt, vom Zweig gepflückt; vor deiner Geste und deinen Augen träume ich und verstehe sie nicht. Aufrecht,
doch entspannt stehst du im Schutz von dunklem Schatten, Herzog von Richmond, oh, junger Weiser! – oder
bezaubernder Irrer? – zu dir kehr ich stets zurück: Ein
Saphirstein an deinem Hals hat sanfte Feuer, so ruhig wie
dein Blick.

PORTRÄTS VON KOMPONISTEN

CHOPIN

Chopin, Meer von Seufzern, Tränen, Schluchzern; dar-
überhin ein Schwarm von Schmetterlingen, er läßt sich
nirgends nieder, er spielt über der Traurigkeit, er tanzt
über den Wellen. Träume, liebe, leide, schrei, beruhige,
bezaubere oder wiege, stets läßt du gleich mit kapriziö-
ser Laune den Schmerzen schwindelndes Vergessen folgen, so wie die Schmetterlinge von Blüte zu Blüte
fliegen; deinem Gram macht sich dann deine Freude zur
Komplizin: die Glut des Wirbels steigert den Durst nach
Tränen. Des Mondes und der Wasser bleicher und sanfter
Gefährte, Fürst der Verzweiflung oder betrogener
Grandseigneur, noch läßt du, schöner in deiner Blässe,
dich von der Sonne begeistern, die in das Zimmer des
Kranken strömt, ihm weinend zulächelt und ihn leidend
anblickt... Lächeln der Wehmut und Tränen der Hoffnung!

Tempel der Liebe, der Freundschaft, Tempel edlen Mutes, den eine Gräfin errichten ließ in ihrem englischen Garten, wo mancher Amor, da Watteau seinen Bogen spannt, sich ruhmreiche Herzen zum Ziele seiner Wut erwählt.

Aber der deutsche Künstler – den sie sich von Knidos[1] gewünscht hätte! – bildete ernster und tiefer, ohne Mignardisen, die Liebenden und die Götter, die du siehst am Fries: Herakles hat seinen Holzstoß[2] in den Gärten Armidas.

Der Absatz läßt im Tanz den Wandelgang nicht länger hallen, wo nun die Asche der erloschenen Augen und des erloschenen Lächelns unsere trägen Schritte dämpft und die Ferne bläut. Die Stimme des Cembalos ist verstummt oder ist gebrochen.

Doch euer stummer Schrei, Admet und Iphigenie, erschreckt uns noch, durch eine Geste ausgedrückt, und auch, wenn Orpheus ihn erweicht oder Alkestis ihm trotzt, Styx – ohne Masten und ohne Himmel –, wo dein Genie den Anker warf.

Gluck aber hat wie Alkestis durch Liebe den Tod bezwungen, der modische Launen unausweichlich dahinrafft; er steht aufrecht da, Tempel des edlen Mutes auf den Ruinen des kleinen Tempels der Liebe.

Vom alten Garten her, wo Freundschaft dich umfing,
vernimm das Pfeifen der Knaben und der Brut in den
Hecken, du, von Liebe einst erfüllt, ermattet nun ob des
so langen Weges und ob so vieler Wunden, Schumann,
träumerischer Soldat, den der Krieg enttäuschte.

Sanft weht die Brise im Streichen der Tauben und erfüllt
mit beglückendem Jasminduft den Schatten des großen
Nußbaums; im Feuerschein des Herdes liest das Kind die
Zukunft; Wolken und Wind sprechen zu deinem Herzen
von Gräbern.

Einst flossen deine Tränen beim Jubel des Karnevals,
oder sie mischten ihre Süße dem bitteren Siege bei, dessen irre Begeisterung noch in deinem Gedächtnis zittert;
kannst weinen immerfort: Sie fällt deinem Rivalen zu.

Nach Köln hin wälzt der Rhein sein heiliges Wasser fort.
Wie fröhlich sanget ihr, ach! an den Feiertagen auf seinen
Ufern! – Aber gebrochen vor Kummer, entschläfst
du... Es regnet Tränen in erhellter Finsternis.

Traum, in dem die Tote lebt, in dem der Treuelosen treu
du bist; deine Hoffnung erblüht, und ihr Vergehen wird
zu Staub... Dann, zerreißendes Licht des Erwachens,
wenn der Blitz dich wieder trifft, als wär's zum ersten
Mal.

Fließe dahin, ströme Duft aus, marschiere vorbei im
Takt des Trommelschlags, oder sei einfach schön! Schumann, du trauter Freund der Seelen und der Blumen! In
deinen freudevollen Ufern heiliger Fluß der Schmerzen!
Nachdenklicher Garten, zärtlich, frisch und treu, in dem

sich Lilie, Mond und Schwalbe küssen! Marschierendes
Heer, träumendes Kind, weinende Frau!

MOZART

Italienerin im Arm eines Bayrischen Prinzen, dessen
schwermütiger, kalter Blick sich an ihrer Sehnsucht ent-
zückt! In seinen frostigen Gärten drückt ihre im Schatten
gereifte Brust er ans Herz, um Licht daraus zu trinken.

Seine zarte, deutsche Seele – ein Seufzer, tief, so tief! –
genießt nun endlich die glühende Ruhe, geliebt zu werden; er überläßt den Händen, die zu schwach sind, um sie
festzuhalten, die strahlende Hoffnung seines bezauberten Hauptes.

Cherubino, Don Juan! Fern vom Welken des Vergessens
steht ihr da, in den Düften so vieler zertretener Blumen,
die der Wind zerstreute, deren Tränen aber dabei nicht
versiegten, von den andalusischen Gärten zu den Gräbern der Toskana.

Im deutschen Park, im Nebelschleier der Kümmernis,
bleibt die Italienerin Königin der Nacht. Ihr Atem gibt
der Stimmung Milde und Geist, und liebevoll träufelt
ihre Zauberflöte in das vom Abschied eines schönen
Tages noch warme Dunkel die Frische der Sorbetts, der
Küsse und des Himmels.

DAS BEKENNTNIS
EINES JUNGEN MÄDCHENS

*Die Sinnengier reißt uns bald hierhin,
bald dorthin; doch ist ihre Stunde vorbei,
was läßt sie euch? Gewissensbisse und
Geistesverwirrung. Voller Freude verläßt
man das Haus, und oft kehrt man voller
Traurigkeit zurück; und die Vergnügen des
Abends betrüben den Morgen. So schmei-
chelt uns die Sinnenfreude am Anfang, am
Ende aber verletzt und tötet sie.*
Imitatio Christi, 1. Buch, 18. Kapitel[1]

I

*Vergessen suchen wir in falscher
    Fröhlichkeit,
Doch steigt – jungfräulicher – durch alle
    Trunkenheit
Zu uns herauf der alte, süße Duft des
    Flieders.*

HENRI DE RÉGNIER[2]

Endlich naht die Erlösung. Gewiß, ich war ungeschickt,
ich habe schlecht geschossen, ich hätte mich beinahe verfehlt. Gewiß wäre es besser gewesen, sofort zu sterben,
aber dann konnte die Kugel nicht extrahiert werden, und
die Komplikationen mit dem Herzen haben begonnen.
Es kann nicht mehr sehr lange gehen. Acht Tage immerhin! es kann noch acht Tage dauern, während derer ich

nichts anderes werde tun können, als zu versuchen, die schreckliche Verkettung noch einmal zu erfassen. Wäre ich nicht so schwach und hätte ich den nötigen Willen, um aufzustehen, um wegzufahren, dann wollte ich nach Les Oublis sterben gehen, im Park, wo ich alle meine Sommer verbracht habe, bis ich fünfzehn war. Kein Ort ist von meiner Mutter in höherem Maße erfüllt, so sehr haben ihn ihre Anwesenheit und mehr noch ihre Abwesenheit mit ihrer Person durchdrungen. Ist nicht die Abwesenheit für denjenigen, der liebt, die sicherste, die wirksamste, die lebendigste, die unzerstörbarste, die treueste aller Anwesenheiten?

Meine Mutter[3] brachte mich Ende April nach Les Oublis, fuhr nach zwei Tagen wieder zurück, kam Mitte Mai noch einmal auf zwei Tage und holte mich dann in der letzten Juniwoche wieder ab. Nichts war süßer und grausamer als ihre so kurzen Besuche. Während dieser zwei Tage schenkte sie mir freigebig die Zärtlichkeiten, die sie sich sonst versagte, um mich abzuhärten und um meine krankhafte Sensibilität zu beruhigen. An den beiden Abenden, die sie in Les Oublis verbrachte, kam sie an mein Bett, um mir gute Nacht zu sagen, eine alte Gewohnheit, die sie abgelegt hatte, weil es mir allzu große Freude und allzuviel Kummer machte, weil es mich sogar daran hinderte einzuschlafen, denn ich hatte sie immer wieder zurückgerufen, damit sie mir noch einmal gute Nacht sage, bis es schließlich nicht mehr wagte und doch das leidenschaftliche Bedürfnis danach verspürte, mir immer wieder einen neuen Vorwand ausdachte: mein brennendheißes Kopfkissen, das umgewendet werden mußte, meine eiskalten Füße, die nur sie in ihren Händen würde wärmen können... All diese süßen Augenblicke gewannen noch an Süße, weil ich spürte, daß meine Mutter darin wirklich sie selbst war und daß ihre übliche Kälte ihr sehr schwer fallen mußte.

An den Tagen, an denen sie abreiste, Tage der Verzweiflung, an denen ich mich bis zum Eisenbahnwagen an ihr Kleid klammerte und sie anflehte, mich nach Paris mitzunehmen, konnte ich unter ihrer Maske ihr wahres Gesicht sehr wohl erkennen, ihre Traurigkeit, wie sie hindurchschimmerte zwischen ihren fröhlichen und erbosten Vorwürfen, erbost wegen meiner »dummen, lächerlichen« Traurigkeit, die sie mich lehren wollte zu beherrschen, aber die sie teilte. Noch verspüre ich meine Erregung an einem dieser Abreisetage (die genaue, unversehrte Erregung, nicht entstellt durch den heutigen schmerzvollen Rückblick), an einem dieser Abreisetage, an dem ich die süße Entdeckung ihrer Zärtlichkeit machte, die der meinen so sehr glich und ihr so sehr überlegen war. Wie alle Entdeckungen war sie vorausgefühlt und vorausgeahnt worden, aber die Tatsachen schienen ihr so oft zu widersprechen! Meine süßesten Eindrücke sind aus jenen Jahren, als sie nach Les Oublis zurückgerufen wurde, weil ich krank war. Nicht nur, daß sie mir einen zusätzlichen Besuch machte, mit dem ich nicht gerechnet hatte, vor allem war sie dann die ganze Zeit über, ohne Verstellung und Zwang, lauter Sanftmut und Zärtlichkeit. Sogar damals, vor der Zeit, als der Gedanke, einmal ohne sie leben zu müssen, sie mir noch sanfter und noch zärtlicher hat erscheinen lassen, bedeuteten diese Sanftmut und diese Zärtlichkeit so viel für mich, daß die Freuden der Genesung mich immer zu Tode betrübten. Der Tag nahte, an dem ich gesund genug sein würde, daß meine Mutter abreisen könnte, und bis dahin war ich nicht mehr krank genug, als daß sie nicht die Strenge, die unnachsichtige Gerechtigkeit von früher wiederaufgenommen hätte[4].

Eines Tages hatten es mir die Verwandten, bei denen ich in Les Oublis wohnte, verheimlicht, daß meine Mutter eintreffen sollte, weil ein entfernter Cousin gekommen war, um einige Stunden mit mir zu verbringen, und ich mich in der freudevollen Bangnis der Erwartung nicht genügend um ihn gekümmert hätte. Diese Heimlichtuerei war vielleicht der erste der von meinem Willen unabhängigen Umstände, die zu Komplizen all der Veranlagungen zum Bösen⁵ geworden sind, wie ich sie gleich allen Kindern meines Alters und damals nicht in höherem Maß als sie in mir trug. Dieser entfernte Cousin, der fünfzehn war, ich war vierzehn, war schon sehr verdorben, und ich erfuhr von ihm Dinge, die mich alsbald vor Gewissensbissen und vor Lust erschauern ließen. Ihm zuzuhören, seine Hände die meinen streicheln zu lassen, bereitete mir köstliche, doch schon an ihrer Quelle vergiftete Wonne; bald fand ich die Kraft, ihn zu verlassen, und ich flüchtete in den Park, erfüllt von einem rasenden Bedürfnis nach meiner Mutter, die ich, ach so fern!, in Paris wußte und nach der ich in den Alleen unwillkürlich zu rufen begann. Als ich an einer Hagebuchenlaube vorüberkam, sah ich sie plötzlich auf einer Bank sitzen, lächelnd und mir ihre Arme öffnend. Sie hob ihren Schleier, um mich zu küssen; ich stürzte an ihre Wange und brach in Tränen aus; ich weinte lange und erzählte ihr – wozu es der Unwissenheit meines Alters bedurfte – alle diese gemeinen Dinge, die sie mit göttlicher Ruhe anzuhören wußte, ohne sie zu verstehen, und deren Bedeutung sie mit einer Güte herabminderte, die die Last auf meinem Gewissen erleichterte. Diese Last wurde leichter und leichter; meine zerschmetterte, erniedrigte Seele hob sich immer leichter und mächtiger in die Höhe, quoll über, ich war ganz Seele. Göttliche Sanftheit strömte aus meiner Mutter und meiner wiedergekehrten Unschuld. Alsdann spürte ich einen ebenso reinen und ebenso frischen Duft mir in die Nase steigen. Es war ein Fliederbusch, von dem ein Zweig, versteckt hinter dem Sonnenschirm meiner

Mutter, schon in Blüte stand und unsichtbar balsamischen Duft verbreitete. Hoch oben in den Bäumen sangen die Vögel aus voller Kehle. Noch höher, zwischen den grünen Wipfeln, war der Himmel von so tiefem Blau, daß er beinahe wie das Tor erschien zu einem Himmel, in dem man ohne Ende aufsteigen könnte. Ich küßte meine Mutter. Niemals habe ich die Süße dieses Kusses wiedergefunden. Sie fuhr am nächsten Tag zurück, und die Abreise war grausamer als alle, die vorausgegangen waren. Zugleich mit der Freude verließen mich, so schien es mir jetzt, da ich einmal gesündigt hatte, die nötige Kraft und der nötige Rückhalt.

Alle diese Trennungen brachten mir gegen meinen Willen bei, was das Nichtwiedergutzumachende sei, das eines Tages eintreten würde, obwohl ich zu dieser Zeit nie ernstlich die Möglichkeit erwogen habe, meine Mutter zu überleben. Ich war entschlossen, mich in der Minute, die ihrem Tod folgen würde, umzubringen. Später erteilte mir die Abwesenheit andere, noch bitterere Lehren, nämlich daß man sich an die Abwesenheit gewöhnt, daß die größte Beeinträchtigung seiner selbst, das erniedrigendste Leiden darin besteht zu spüren, daß sie nicht mehr leiden macht. Diese Lehren sollten allerdings in der Folge widerlegt werden. Jetzt denke ich besonders an den kleinen Garten zurück, in dem ich mit meiner Mutter das Frühstück einnahm und in dem unzählbare Pensees blühten. Sie waren mir immer etwas traurig vorgekommen, ernst wie Wappen, doch sanft und samtig, oft malvenfarbig, manchmal violett, beinahe schwarz mit anmutiger und geheimnisvoller gelber Zeichnung, einige ganz weiß und von einer fragilen Unschuld. Jetzt pflücke ich sie alle in meiner Erinnerung, diese Pensees; verstanden worden zu sein hat ihre Traurigkeit vertieft; ihr sanfter Sammetglanz ist für immer verschwunden.

Wie hat dieser ganze frische Erinnerungsquell noch einmal hervorbrechen und in meiner unreinen Seele von heute dahinfließen können, ohne sich zu trüben? Welche Kraft besitzt dieser morgendliche Fliederduft, daß er durch so viele stinkende Dünste dringt, ohne sich mit ihnen zu vermischen und ohne sich zu verlieren? Doch ach! zugleich wie in mir erwacht meine Seele, die Seele der Vierzehnjährigen, fern, sehr fern, ja außerhalb von mir noch einmal. Ich weiß wohl, daß sie nicht mehr meine Seele ist und daß es nicht mehr von mir abhängt, sie werde es wieder sein. Damals aber dachte ich nicht, es würde eines Tages so weit mit mir kommen, daß ich ihren Verlust bedauern müßte. Sie war nur rein; um sie kräftig und fähig zu machen, hatte ich mir für die Zukunft höchste Aufgaben vorgenommen. Oft träumte ich in Les Oublis vertrauensvoll von dieser Zukunft – nach einem Gang mit meiner Mutter zum Teich, wo die Sonne und die Fische ihre Spiele trieben, während der heißen Tagesstunden, morgens und abends bei einem Gang mit ihr durch die Felder – einer Zukunft, die für ihre Liebe und meinen Wunsch, ihr zu gefallen, nie schön genug war, und es regten sich Kräfte in mir, wenn schon nicht des Willens, so doch wenigstens der Phantasie und des Gefühls, riefen stürmisch das Schicksal herbei, in dem sie sich verwirklichen sollten, und pochten mit wiederholten Schlägen an die Wände meines Herzens, als wollten sie sie öffnen und aus mir herausstürzen, ins Leben. Wenn ich dann mit all meiner Kraft Luftsprünge vollführte, wenn ich tausendmal meine Mutter küßte, weit vorausrannte wie ein junger Hund oder unendlich weit zurückblieb, um Mohn und Kornblumen zu pflücken, die ich jauchzend herbeitrug, war es weniger aus Freude am Spaziergang selbst und am Blumenpflücken, als um meiner Beglückung Ausdruck zu geben, daß ich in mir dieses ganze Leben spürte, bereit hervorzubrechen, sich ins Unendliche auszudehnen, in weitere und zauberhaftere Fernen als der äußerste Horizont der Wälder und des Himmels, die ich mit einem Sprung hätte erreichen wollen. Ihr Sträuße von Kornblumen, Kleeblüten und Mohn, wenn ich euch in solcher Trunkenheit davontrug, mit glühenden Augen und bebender Brust, wenn ihr mich lachen und weinen machtet, so war es deshalb, weil ich euch mit all meinen damaligen Hoffnungen band, die jetzt wie ihr verdorrt, verfault und, ohne wie ihr geblüht zu haben, wieder zu Staub geworden sind.

Was meine Mutter zur Verzweiflung brachte, war meine Willensschwäche[6]. Ich tat alles aus dem Antrieb des Augenblicks heraus. Solange dieser vom Geist oder vom Herzen kam, war mein Leben, ohne ganz gut zu sein, doch auch nicht eigentlich schlecht. Die Verwirklichung all dieser schönen Pläne, Arbeit, Gemütsruhe, Vernunft, beschäftigte uns, meine Mutter und mich, über alles; denn wir spürten, sie deutlicher, ich verworrener, aber doch sehr kraftvoll, daß sie nichts anderes sein würde als das in mein Leben projizierte Bild von der Erschaffung durch mich selbst und in mir selbst jenes Willens, wie sie ihn sich vorgestellt und ausgemalt hatte. Aber ich verschob sie immer auf morgen. Ich ließ mir Zeit, manchmal war ich verzweifelt zu sehen, daß sie vergeht, aber ich hatte noch so viel vor mir! Indessen ängstigte ich mich doch ein wenig und spürte dunkel, daß die Gewohnheit, auf das Wollen zu verzichten, um so mehr auf mir zu lasten begann, je länger sie sich durch die Jahre dahinzog; denn ich hatte die düstere Ahnung, daß die Dinge sich nicht mit einem Schlage ändern würden und daß ich, um mein Leben umzugestalten und meinen Willen zu erschaffen, kaum mit einem Wunder rechnen könne, das mich keine Mühe gekostet hätte. Zu wünschen, einen Willen zu besitzen, genügte nicht. Es hätte dazu genau das gebraucht, was ich ohne Willen nicht konnte: es zu wollen.

III

> *Und der wütende Wind der Geilheit läßt*
> *euer Fleisch klatschen wie eine alte*
> *Fahne...*

BAUDELAIRE[7]

In meinem sechzehnten Lebensjahr[8] machte ich eine Krise durch, die mich kränklich werden ließ. Um mich zu zerstreuen, ließ man mich in der großen Welt debütieren. Junge Leute begannen, mich zu besuchen. Einer von ihnen war verderbt und böse. Sein Benehmen war zugleich sanft und kühn. In ihn verliebte ich mich. Meine Eltern erfuhren es, überstürzten jedoch nichts, um mir nicht zuviel Kummer zu bereiten. Indem ich die ganze Zeit, in der ich ihn nicht sah, damit verbrachte, an ihn zu denken, verkam ich schließlich völlig und begann, soweit mir das möglich war, ihm zu gleichen. Er verführte mich nahezu überfallartig, das Böse zu tun, dann gewöhnte er mich daran, in mir schlechte Gedanken wach werden zu lassen, denen ich keinen Willen entgegenzustellen hatte, was allein die Macht gehabt hätte, sie in das höllische Dunkel zurückzuscheuchen, woher sie kamen. Als die Liebe zu Ende ging, hatte die Gewohnheit ihren Platz eingenommen, und es fehlte nicht an sittenlosen jungen Leuten, die sie ausnützten. Als Komplizen meiner Fehltritte machten sie sich auch zu deren Apologeten vor meinem Gewissen. Ich hatte zuerst entsetzliche Gewissensbisse, ich legte Geständnisse ab, die nicht verstanden wurden. Meine Kameraden brachten mich

124

davon ab, meinen Vater weiterhin damit zu bedrängen. Allmählich überzeugten sie mich, daß alle jungen Mädchen das gleiche tun und die Eltern lediglich vorgeben, es nicht zu wissen. Bald begann meine Phantasie, die Lügen, zu denen ich mich ständig gezwungen sah, durch den Anschein eines Schweigens zu beschönigen, wie es einer unausweichlichen Notwendigkeit gegenüber angebracht ist. Zu diesem Zeitpunkt lebte ich nicht mehr eigentlich; aber ich träumte, dachte und fühlte noch.

Um all diese bösen Begierden zu zerstreuen und zu verjagen, begann ich, ein mondänes Leben zu führen. Seine abstumpfenden Vergnügen gewöhnten mich daran, fortwährend in Gesellschaft zu leben, und mit dem Gefallen an der Einsamkeit verlor ich das Geheimnis der Freuden, die mir bis dahin die Natur und die Kunst gegeben hatten. Nie war ich so oft im Konzert wie in diesen Jahren. Gänzlich eingenommen vom Verlangen, in einer eleganten Loge bewundert zu werden, habe ich nie die Musik weniger tief empfunden. Ich hörte zu und hörte eigentlich nichts. Auch wenn ich zufälligerweise einmal etwas wirklich hörte, so konnte ich doch das nicht mehr sehen, was die Musik enthüllen kann. Auch meine Spaziergänge waren wie mit Sterilität geschlagen. Die Dinge, die früher ausreichten, um mich für den ganzen Tag glücklich zu machen, ein wenig Sonne, die das Gras vergoldet, der Duft, den die nassen Blätter mit den letzten Regentropfen verströmen, hatten wie ich ihre Süße und ihre Fröhlichkeit verloren. Die Wälder, der Himmel, die Wasser schienen sich von mir abzuwenden, und wenn ich ihnen allein von Angesicht zu Angesicht gegenüberstand und sie mit Bangen befragte, raunten sie mir nicht mehr jene vagen Antworten zu, die mich früher entzückten. Die göttlichen Gäste, wie sie die Stimmen der Wasser, der Blätter und des

Himmels ankündigen, geruhen nur Herzen heimzusuchen, die sich im Umgang mit sich selbst geläutert haben.

Und nun gab ich mich, auf der Suche nach einem entgegengesetzten Heilmittel und weil ich nicht den Mut aufbrachte, das wirkliche zu wollen, das so nahe lag und ach so fern – in mir selbst –, von neuem den sündigen Freuden hin, im Glauben, dadurch die vom mondänen Leben erstickte Flamme wieder zu erwecken. Vergebens. Zurückgehalten von der Lust zu gefallen, schob ich von Tag zu Tag die endgültige Entscheidung hinaus, die Wahl, den wirklich freien Akt, den Entschluß zur Einsamkeit. Ich verzichtete auf keines der beiden Laster zugunsten des anderen. Ich vermischte sie. Was sage ich? Indem sie es übernahmen, die gedanklichen und gefühlsbedingten Hindernisse, die dem anderen Einhalt geboten hätten, zu durchbrechen, schienen beide das andere herbeizurufen. Ich gab mich dem mondänen Leben hin, um mich nach einem Fehltritt zu beruhigen, und ich beging einen anderen, sobald ich ruhig geworden war. Gerade in dieser schrecklichen Zeit, nach dem Verlust der Unschuld und vor der heutigen Reue, in dieser Zeit, in der ich weniger wert war als zu keiner anderen Zeit meines Lebens, wurde ich von allen am meisten geschätzt. Man hatte mich für ein eingebildetes, närrisches kleines Mädchen gehalten; jetzt hingegen waren die Aschenreste meiner Phantasie nach dem Geschmack der Welt, die sich daran ergötzte. Während ich meiner Mutter gegenüber das schwerste aller Verbrechen beging, fand man wegen meiner zärtlich respektvollen Manieren im Umgang mir ihr, ich sei eine Mustertochter. Nach dem Suizid meines Denkens bewunderte man meine Intelligenz, war man in meinen Geist vernarrt. Meine ausgedörrte Phantasie und meine versiegte Sensibilität genügten auch jenen noch, die am gierigsten nach geistigem

Leben dürsteten, so künstlich war ihr Durst und verlogen wie die Quelle, in der sie ihn zu stillen glaubten! Niemand ahnte übrigens das geheime Verbrechen meines Lebens, und ich schien allen das ideale junge Mädchen zu sein. Wie viele Eltern sagten damals doch zu meiner Mutter, wäre meine Stellung geringer gewesen und hätten sie an mich denken dürfen, sie hätten sich keine andere Frau für ihren Sohn gewünscht! Auf dem Grunde meines fühllos gewordenen Gewissens empfand ich dennoch bei diesen Lobliedern eine verzweifelte Scham; sie drang aber nicht an die Oberfläche, und ich besaß die Unwürdigkeit, sie den Komplizen meiner Verbrechen lachend zu erzählen.

IV

Für jeden, der verloren hat, was nie sich
wiederfindet ... nie!

BAUDELAIRE[9]

Im Winter meines zwanzigsten Lebensjahres wurde die Gesundheit meiner Mutter, die nie sehr kräftig gewesen war, heftig erschüttert. Ich erfuhr, sie habe ein krankes Herz, im übrigen nicht ernstlich, aber man solle jegliche Aufregung von ihr fernhalten. Einer meiner Onkel sagte mir, meine Mutter wünsche, daß ich heirate. Eine klare, wichtige Aufgabe war mir gestellt. Nun konnte ich meiner Mutter beweisen, wie sehr ich sie liebte. Ich nahm den ersten Antrag an, den sie mir mit ihrer Einwilligung zukommen ließ; so betraute ich in Ermangelung von Willen die Notwendigkeit, mich zu beherrschen, mit der Aufgabe, mein Leben zu ändern. Mein Verlobter war genau der junge Mann, der durch seine außergewöhnliche Intelligenz, seine Sanftmut und seine Energie einen günstigen Einfluß auf mich haben konnte. Außerdem war er entschlossen, mit uns zu wohnen. Ich würde nicht von meiner Mutter getrennt sein, was für mich die schlimmste aller Qualen gewesen wäre.

Da fand ich den Mut, alle meine Fehltritte meinem Beichtvater anzuvertrauen. Ich fragte ihn, ob ich das gleiche Geständnis meinem Verlobten schuldig sei. Er war mitleidig genug, mich von diesem Gedanken abzubringen, aber er ließ mich schwören, daß ich mich nie mehr in meine Verirrungen zurückfallen lassen würde, und gab mir darauf die Absolution. Die späten Blüten, die die Freude in meinem vermeintlich auf ewig verdorrten Herzen aufbrechen ließ, trugen Früchte. Die Gnade Gottes und die Gnade der Jugend, wo man so viele Wunden dank der Vitalität dieses Alters sich schließen sieht, hatten mich geheilt. Wenn es schwieriger ist, wie der heilige Augustinus[10] sagt, wieder keusch zu werden, als es zu bleiben, lernte ich damals eine schwierige Tugend kennen. Niemand ahnte, daß ich unendlich viel mehr wert war als zuvor, und meine Mutter küßte jeden Tag meine Stirn, die sie nie aufgehört hatte für rein zu halten, ohne zu wissen, daß sie wiedergeboren war. Mehr noch, man machte mir zu dieser Zeit ungerechte Vorwürfe wegen meines zerstreuten Benehmens, meines Schweigens und meiner Melancholie, die ich in Gesellschaft zeigte. Aber ich wurde deswegen nicht böse, denn das Geheimnis zwischen mir und meinem befriedigten Gewissen bereitete mir Wonne genug. Die Genesung meiner Seele, die mir jetzt mit einem Antlitz gleich dem meiner Mutter unaufhörlich zulächelte und mich durch die versiegenden Tränen hindurch mit zärtlich vorwurfsvoller Miene anblickte, besaß einen unendlichen Zauber und war von unendlicher Wehmut. Ja, meine Seele wurde dem Leben neu geschenkt. Ich verstand selber nicht, wie ich sie hatte mißhandeln, leiden lassen, beinahe töten können. Und ich dankte Gott inbrünstig, sie rechtzeitig errettet zu haben.

Es ist gerade der Einklang dieser tiefen und reinen Freude mit der frischen Heiterkeit des Himmels, den ich an dem Abend, *als es vollbracht war,* köstlich empfand. Weder die Abwesenheit meines Verlobten, der auf zwei Tage zu seiner Schwester gereist war, noch die Anwesenheit beim Diner des jungen Mannes, der die größte Verantwortung an meinen vergangenen Fehltritten trug, vermochten auf diesen lichtvoll klaren Maienabend auch nur den geringsten Schatten von Traurigkeit zu werfen. Es stand keine Wolke am Himmel, den mein Herz genau widerspiegelte. Außerdem war meine Mutter beinahe genesen, als hätte es zwischen ihr, die doch über meine Fehltritte in völliger Unkenntnis war, und meiner Seele eine geheimnisvolle Übereinstimmung gegeben. »Man muß sie vierzehn Tage schonen«, hatte der Arzt gesagt, »und danach kann es keinen Rückfall mehr geben!« Allein in diesen Worten lag für mich das sanfte, zu Tränen rührende Versprechen einer Zukunft von Glück. Meine Mutter trug an diesem Abend ein eleganteres Kleid als gewöhnlich, und zum ersten Mal seit dem immerhin schon zehn Jahre zurückliegenden Tod meines Vaters hatte sie ein wenig Mauve ihrem zur Gewohnheit gewordenen schwarzen Kleid hinzugefügt. Sie war ganz verlegen, dadurch nun wie in jüngeren Jahren gekleidet zu sein, und war traurig und glücklich, ihrem Kummer und ihrer Trauer Gewalt angetan zu haben, um mir ein Vergnügen zu bereiten und meine Freude zu feiern. Ich näherte mich ihrem Mieder mit einer rosa Nelke, die sie zuerst zurückstieß, dann aber, weil sie von mir kam, mit einer etwas zögernden und beschämten Hand befestigte. Im Augenblick, als wir uns zu Tisch setzen wollten, zog ich ihr von den vergangenen Leiden erholtes, doch zart gezeichnetes Antlitz nahe an mich heran zum Fenster hin und küßte es voll Innigkeit. Ich hatte mich getäuscht, als ich sagte, ich hätte die Süße des Kusses in Les Oublis nie wiedergefunden. Der Kuß dieses Abends war so süß wie kein anderer. Oder vielmehr, es war der eigentliche Kuß von Les Oublis, beschworen durch den Zauber einer vergleichbaren Minute, der sanft aus der Tiefe der Vergangenheit aufstieg und sich zwischen die noch ein wenig blassen Wangen meiner Mutter und meine Lippen legte[11].

Es wurde auf meine bevorstehende Heirat getrunken. Ich trank immer nur Wasser, weil der Wein eine zu heftige Erregung meiner Nerven bewirkte. Mein Onkel erklärte, in einem Augenblick wie diesem könne ich wohl eine Ausnahme machen. Ich sehe noch die fröhliche Miene, mit der er diese stupiden Worte aussprach... Mein Gott! Mein Gott! Ich habe alles mit soviel Ruhe bekennen können, werde ich hier aufhören müssen? Ich sehe nichts mehr! Doch... mein Onkel sagte, ich könne schon eine Ausnahme machen in einem Augenblick wie diesem. Er blickte mich lachend an, als er das sagte. Ich trank schnell, ohne zuvor auf meine Mutter geschaut zu haben, aus Angst, sie würde es mir verbieten. Sie sagte sanft: »Man soll dem Bösen niemals auch nur den geringsten Platz einräumen.« Aber der Champagner war so frisch, daß ich noch zwei weitere Gläser trank. Mein Kopf war sehr schwer geworden; ich empfand gleichzeitig das Bedürfnis, mich auszuruhen als auch meine Nerven zu verausgaben. Wir erhoben uns; Jacques trat auf mich zu und sagte zu mir, indem er mich unverwandt ansah:

»Wollen Sie mit mir kommen; ich möchte Ihnen einige Verse zeigen, die ich geschrieben habe.«

Seine schönen Augen glänzten sanft zwischen seinen frischen Wangen; mit der Hand drehte er langsam seinen Schnurrbart in die Höhe[12]. Ich begriff, daß ich mich zugrunde richtete, und hatte nicht die Kraft zu widerstehen. Am ganzen Körper zitternd sagte ich:

»Ja gern, mit Vergnügen.«

Mit diesen Worten, oder vielleicht schon zuvor, indem ich das zweite Glas Champagner trank, beging ich die eigentlich verantwortliche, die schändliche Tat. Danach ließ ich mich nur noch treiben. Wir hatten beide Türen zugeschlossen, und er hielt mich umschlungen, den Atem an meiner Wange, die Hände an meinem Körper entlangtastend. Da fühlte ich, während mich die Lust mehr und mehr ergriff, in der Tiefe meines Herzens unendliche Traurigkeit und Verzweiflung erwachen; es schien mir, als brächte ich die Seele meiner Mutter, die Seele meines Schutzengels, die Seele Gottes zum Weinen. Ich hatte niemals, ohne vor Entsetzen zu erschauern, Berichte über die Folterqualen lesen können, die von Unholden den Tieren, der eigenen Frau, ihren Kindern zugefügt werden; nun begann ich zu ahnen, daß der Körper, der sich dem Genuß hingibt, in jeder wollüstigen und sündhaften Handlung eine ebensolche Grausamkeit begeht und ebenso viele gute Vorsätze, ebenso viele reine Engel gemartert werden und weinen.

Bald würden meine Onkel ihr Kartenspiel beendet haben und zurückkommen. Wir mußten ihnen zuvorkommen, ich würde keinen Fehltritt mehr begehen, es war das letzte Mal... Da erblickte ich mich im Spiegel über dem Kamin. Von der ganzen undeutlichen Angst meiner Seele hatte sich in meinem Gesicht nichts abgezeichnet, vielmehr atmete dieses, von den glänzenden Augen zu den brennenden Wangen und dem hingegebenen Mund, nur stumpfsinnige und brutale sinnliche Lust. Dabei stellte ich mir das Entsetzen vor, das jeden ergreifen müßte, der mich dergestalt zum Tier gewandelt sähe, nachdem er mich eben noch meine Mutter mit melancholischer Zärtlichkeit hatte küssen sehen. Doch im selben Augenblick sah ich im Spiegel, wie unter seinem Schnurrbart Jacques' Mund sich gierig zu meinem Gesicht erhob. Aufgewühlt bis ins Innerste meiner selbst, näherte ich meinen Kopf dem seinen; da erblickte ich, mir gegenüber, ja, ich sage es, wie es war, hören Sie mir zu, da ich es Ihnen sagen kann, auf dem Balkon, vor dem Fenster, erblickte ich meine Mutter, die mich fassungslos ansah. Ich weiß nicht, ob sie geschrien hat, ich habe nichts gehört, aber sie ist hintübergefallen und mit dem Kopf zwischen den zwei Querstangen des Balkongeländers liegengeblieben...

Ich erzähle es Ihnen nicht zum letzten Mal: ich habe es Ihnen gesagt, ich habe mich beinahe verfehlt, dabei hatte ich genau auf mich gezielt, aber ich habe schlecht geschossen. Trotzdem konnte die Kugel nicht extrahiert werden, und die Komplikationen mit dem Herzen haben begonnen. Nur daß ich vielleicht noch acht Tage so weiterlebe und ich bis dahin nicht werde aufhören können, die Anfänge zu durchdenken und das Ende zu *schauen*. Es wäre mir lieber, meine Mutter hätte mich noch andere Verbrechen begehen sehen und selbst dieses hier, wenn sie nur den lusterfüllten Ausdruck meines Gesichts im Spiegel nicht gesehen hätte. Nein, sie hat ihn nicht sehen können... Es ist ein zufälliges Zusammentreffen... sie hat einen Schlaganfall erlitten, eine Minute, bevor sie mich sah... Sie hat ihn nicht gesehen... Das kann nicht sein! Gott, der alles wußte, hätte es nicht gewollt.

ZUM DINER GELADENE GÄSTE

Wer aber, Fundanius, waren deine glück-
lichen Tischgenossen? Zu gern möchte ich
es wissen.

HORAZ[1]

I

Honoré traf verspätet ein; er sagte den Gastgebern guten
Tag, ebenso den Gästen, die er kannte, wurde den anderen vorgestellt, und man begab sich zu Tisch. Nach
einigen Augenblicken bat ihn sein Nachbar, ein sehr junger Mann, ihm die Gäste zu nennen und ihm einiges über
sie zu erzählen. Honoré hatte ihn noch auf keiner Einladung getroffen. Er war sehr schön. Die Gastgeberin
warf immer wieder brennende Blicke auf ihn, die hinreichend zu verstehen gaben, warum sie ihn eingeladen
hatte und daß er bald zu ihrer Gesellschaft gehören
würde. Honoré ahnte in ihm eine zukünftige Macht,
doch ohne Neid, aus höflichem Wohlwollen heraus,
schickte er sich an, ihm zu antworten. Er blickte um sich.
Ihm gegenüber sprachen zwei Tischnachbarn nicht miteinander: man hatte sie in ungeschickt guter Absicht
zusammen eingeladen und nebeneinandergesetzt, weil
beide sich mit Literatur beschäftigten. Doch diesem ersten Grund, sich zu hassen, fügten sie noch einen speziel-
leren hinzu. Geistig verbunden mit Monsieur Paul Desjardins[2] und Monsieur de Vogüé[3], also doppelt in Bann
geschlagen, trug der Ältere gegenüber dem Jüngeren ein
verächtliches Schweigen zur Schau, dieser wiederum,

133

als Lieblingsschüler von Monsieur Maurice Barrès[4], begegnete jenem mit Ironie. Überdies steigerte die Mißgunst eines jeden, durchaus gegen dessen Willen, die Bedeutung des anderen, als stünden sich das Haupt der Verbrecher und der König der Dummköpfe gegenüber. Etwas weiter entfernt speiste eine prächtige Spanierin mit dem Ausdruck rasender Wut. Als vernünftige Person hatte sie ohne zu zögern für diesen Abend ein Rendezvous der Wahrscheinlichkeit geopfert, ihre mondäne Karriere vorantreiben zu können, indem sie in einem eleganten Haus dinierte. Und gewiß, sie hatte gute Chancen, richtig berechnet zu haben. Madame Fremers Snobismus war für ihre Freundinnen, und derjenige ihrer Freundinnen war für sie wie eine gegenseitige Absicherung gegen die Gefahr zu verbürgerlichen. Der Zufall aber hatte es gewollt, daß Madame Fremer gerade an diesem Abend sich ihres Bestandes an Leuten entledigte, die sie zu ihren Diners nicht hatte einladen können, denen gegenüber sie sich aber aus verschiedenen Gründen nicht unhöflich erweisen wollte und die sie nun beinahe pêle-mêle versammelt hatte. Das Ganze wurde zwar überragt von einer Herzogin, die aber die Spanierin bereits kannte und bei der für sie nichts mehr zu holen war. Deshalb wechselte sie gereizte Blicke mit ihrem Gemahl, dessen kehlig klingende Stimme man auf den Soireen immer wieder sagen hörte: »Würden Sie mich dem Herzog vorstellen?«, oder »Monsieur le Duc, würden Sie mich der Duchesse vorstellen?«, oder »Madame la Duchesse, darf ich Ihnen meine Frau vorstellen?«, wobei sich zwischen jeder Frage eine mit anderen Verrichtungen reichlich ausgefüllte Pause von fünf Minuten ergab. Voller Grimm darüber, seine Zeit zu vertun, hatte er wohl oder übel ein Gespräch mit seinem Nachbarn, dem Teilhaber des Hausherrn, aufgenommen. Seit mehr als einem Jahr flehte Fremer seine Frau an, ihn einzuladen. Sie hatte schließlich nachgegeben und hatte ihn zwischen dem Gatten der Spanierin und einem Humanisten versteckt. Der Humanist, der zuviel las, aß zuviel. So stießen ihm Zitate auf und anderes mehr, zwei Beschwerden, die seiner Nachbarin, einer Adligen bürgerlicher Herkunft, Madame Lenoir, gleichermaßen zuwider waren. Sie hatte das Gespräch bald auf die Siege des Prince de Buivres in Dahomey[5] gelenkt und sagte mit gerührter Stimme: »Das liebe Kind, wie sehr mich freut, daß es unserer Familie Ehre macht!« Tatsächlich war sie die Cousine der Buivres, die, alle jünger als sie, sie mit der Ehrerbietung behandelten, die ihr Alter, ihre Anhänglichkeit an die königliche Familie, ihr Vermögen und die beharrliche Kinderlosigkeit ihrer drei Ehen verdienten. Sie hatte, was sie an Familiengefühlen empfinden konnte, auf alle Buivres übertragen. Sie faßte die Gemeinheiten desjenigen, der unter Vormundschaft stand, als persönliche Schmach auf und trug in aller Natürlichkeit auf ihrem konformistischen Haupt, über orleanistischen Stirnbändern, den Lorbeerkranz des Generals. Einmal in diese bis dahin so verschlossene Familie eingedrungen, war sie deren Oberhaupt und eine Art Königinwitwe geworden. Sie fühlte sich in der modernen Gesellschaft im wahrsten Sinn exiliert, sprach immer mit Rührung vom »alten Adel der früheren Zeit«. Ihr Snobismus beruhte ausschließlich auf ihrer Phantasie und war im übrigen alles, was ihre Phantasie hervorzubringen vermochte. Da die vergangenheits- und ruhmbeladenen Namen auf ihren empfindsamen Geist eine einzigartige Wirkung ausübten, fand sie das gleiche uneigennützige Vergnügen, wenn sie mit Fürsten dinierte und wenn sie Memoiren aus dem Ancien régime las. Mit ihren immer gleichen Traubenlocken war ihre Frisur so unveränderlich, wie ihre Prinzipien es waren. Ihre Augen sprühten vor Dummheit. Ihr lächelndes Gesicht war vornehm, ihre Mimik übertrieben und nichtssagend. Am Vorabend einer Gardenparty oder einer Revolution widerfuhr ihr dank ihres Gottvertrauens die gleiche optimistische Erregung, und sie schien mit hastigen Gesten den Radikalismus oder das schlechte Wetter beschwören zu wollen. Ihr Nachbar, der Humanist, redete mit ermüdender Eleganz und erschreckender Leichtigkeit im Formulieren auf sie ein; er zitierte Horaz, um seine Völlerei und seine Trunksucht in den Augen der anderen zu entschuldigen und in den seinen zu poetisieren. Unsichtbare antike und dennoch frische Rosen umkränzten seine enge Stirn. Aber mit gleichmäßig verteilter Höflichkeit, die ihr leichtfiel, weil sie darin die Ausübung ihrer Macht erblickte und den heute seltenen Respekt vor den alten Traditionen, wandte sich Madame Lenoir alle fünf Minuten an den Teilhaber von Monsieur Fremer. Dieser konnte sich im übrigen nicht beklagen. Vom anderen Ende der Tafel richtete Madame Fremer die bezauberndsten Schmeicheleien an ihn. Sie wollte, daß dieses Diner für mehrere Jahre zähle, und entschlossen, diesen Störenfried auf lange nicht mehr kommen zu lassen, begrub sie ihn unter Blumen. Was Monsieur Fremer betrifft, der tagsüber in seiner Bank arbeitete und abends von seiner Frau auf Einladungen geschleppt oder, wenn man selbst Gäste empfing, zu Hause festgehalten wurde, immer bereit, alles zu schlucken, immer mit aufgesetztem Maulkorb, war er schließlich dahin gekommen, selbst beim unbedeutendsten Anlaß einen von dumpfer Gereiztheit, schmollender Resignation, verhaltener Wut und tiefer Verblödung gemischten Ausdruck zu bewahren. An diesem Abend jedoch machte dieser Ausdruck auf dem Gesicht des Financiers, jedesmal, wenn seine Blicke denjenigen seines Teilhabers begegneten, einer herzlichen Befriedigung Platz. Obwohl er ihn im täglichen Umgang nicht ausstehen konnte, regte sich jetzt in ihm eine flüchtige, aber aufrichtige Zärtlichkeit für den anderen, nicht weil er ihn mit seinem Luxus leicht blenden konnte, sondern aus jenem Gefühl von Brüderlichkeit heraus, das uns in der Fremde angesichts eines Landsmanns ergreift, mag er noch so widerwärtig sein. Er, der jeden Abend so gewaltsam seinen Gewohnheiten entrissen, so ungerecht seiner verdienten Ruhe beraubt, so grausam entwurzelt wurde, spürte nun, wie eine sonst verhaßte, aber starke Beziehung ihn endlich mit jemandem verband und ihm einen Weg öffnete, um aus seiner unnahbaren und verzweifelten Isolation herauszukommen. Ihm gegenüber betrachtete Madame Fremer in den bezauberten Blicken der Tafelrunde selbstgefällig ihre blonde Schönheit. Der doppelte Ruf, in dem sie stand, war ein trügerisches Prisma, durch das hindurch jeder ihre wahren Züge zu erkennen suchte. Ehrgeizig, intrigant, beinahe eine Abenteurerin, wie es die Finanzwelt behauptet, die sie einer brillanteren Bestimmung zuliebe verlassen hatte, schien sie in den Augen des Faubourgs und der königlichen Familie ein höherer Geist zu sein, ein Engel an Sanftmut und Tugend. Im übrigen hatte sie ihre alten, niedrigeren Freunde nicht vergessen, erinnerte sich ihrer besonders, wenn sie krank oder in Trauer waren, rührende Umstände, unter denen man sich ohnehin nicht beklagen kann, nicht eingeladen zu werden, da man ja nicht ausgeht. Damit gab sie aber auch den Regungen ihrer Nächstenliebe den ihnen entsprechenden Raum, und in den Gesprächen mit den Verwandten oder den Priestern am Bette der Sterbenden vergoß sie aufrichtige Tränen und heilte auf diese Weise einen Gewissensbiß nach dem anderen, die ihr allzu leichtes Leben ihrem von Bedenken geplagten Herzen versetzte.

Doch der liebenswürdigste Gast der Tafelrunde war die junge Duchesse de D..., deren wacher und klarer

Geist, nie beunruhigt und nie erregt, sich sonderbar ab-
hob von der unheilbaren Melancholie ihrer schönen
Augen, dem Pessimismus ihrer Lippen, der unendlichen
und vornehmen Mattheit ihrer Hände. Diese kraftvolle
Liebhaberin des Lebens in all seinen Formen, ob Güte,
Literatur, Theater, Taten oder Freundschaft, kaute an ihren schönen, roten Lippen, doch ohne sie zum Welken zu
bringen, wie an einer verschmähten Blume, während ein
enttäuschtes Lächeln ihre Mundwinkel leicht anhob.
Ihre Augen schienen einen für immer in den kranken
Wassern der Wehmut untergegangenen Geist zu versprechen. Wie oft hatten sich, auf der Straße, im Theater,
Träume entzündet beim flüchtigen Anblick dieser funkelnden Sterne! Jetzt fuhr die Duchesse, die sich gerade
an ein Vaudeville erinnerte oder in Gedanken eine Toilette zusammenstellte, nichtsdestoweniger mit resi-
gnierter und nachdenklicher Miene fort, trübselig ihre
vornehmen Fingerglieder in die Länge zu ziehen, und
ließ verzweifelte und tiefgründige Blicke umherwan-
dern, die die empfindsamen Gäste mit den Strömen ihrer
Melancholie überfluteten. Ihre raffinierte Konversation
schmückte sich nachlässig mit der verblaßten und so
charmanten Eleganz eines schon veralteten Skeptizismus. Man hatte eben über etwas diskutiert, und diese im
Leben so absolute Person, die der Meinung war, es gebe
nur eine Art, sich anzuziehen, wiederholte für jedermann: »Aber warum kann man nicht alles sagen, alles
denken? Ich kann recht haben, auch Sie. Wie schrecklich
und eng ist es, eine Meinung zu haben.« Ihr Geist war
nicht wie ihr Körper nach der letzten Mode gekleidet,
und sie machte sich leichtfertig über die Symbolisten
und die Gläubigen lustig. Aber es war mit ihrem Geist
wie bei jenen charmanten Frauen, die schön und lebhaft
genug sind, um auch in altmodischer Kleidung zu gefallen. Übrigens war das vielleicht beabsichtigte Kokette-

rie. Gewisse allzu rohe Ideen hätten ihren Geist zum Erlöschen gebracht wie gewisse Farbtöne, die sie sich versagte, ihren Teint.

Im Gespräch mit seinem hübschen Nachbarn hatte Honoré von diesen verschiedenen Figuren eine flüchtige und so wohlwollende Skizze gezeichnet, daß sie alle gleich zu sein schienen, die brillante Madame de Torreno, die geistreiche Duchesse de D..., die schöne Madame Lenoir. Dabei hatte er ihren einzigen gemeinsamen Zug vernachlässigt oder, besser, den gleichen Massenwahn, die gleiche wütende Seuche, von der alle befallen waren, den Snobismus. Gewiß nahm er je nach Charakter sehr verschiedene Formen an, und es bestand ein großer Unterschied zwischen dem phantasievollen und poetischen Snobismus Madame Lenoirs und dem eroberungssüchtigen Snobismus Madame de Torrenos, gierig wie ein Beamter, der in die obersten Stellungen aufrücken will. Und doch war diese schreckliche Frau fähig, sich wieder zu vermenschlichen. Ihr Nachbar hatte ihr eben gesagt, daß er im Parc Monceau ihre kleine Tochter bewundert habe. Und sofort hatte sie ihr indigniertes Schweigen gebrochen. Sie hatte für diesen obskuren Buchhalter eine dankbare und reine Sympathie empfunden, wie sie vielleicht unfähig gewesen wäre, sie für einen Prinzen zu empfinden, und jetzt unterhielten sie sich wie alte Freunde.

Madame Fremer präsidierte der Konversation mit sichtlicher Befriedigung und im Bewußtsein der hohen Mission, die sie erfüllte. Gewohnt, große Schriftsteller Herzoginnen vorzustellen, schien sie sich selbst eine Art allmächtiger Außenminister zu sein, der auch im Protokoll einen souveränen Geist zur Schau trägt. In gleicher Weise stellt ein Zuschauer, der im Theater verdaut, alles weit unter sich, da er ja über alles urteilt, über Schauspieler, Publikum, Autor, Regeln der dramatischen Kunst,

Genie. Die Konversation nahm im übrigen einen recht harmonischen Verlauf. Man war an jenen Punkt der Diners gelangt, an dem die Nachbarn das Knie der Nachbarin berühren oder sie über ihre literarischen Vorlieben ausfragen, je nach Temperament und Erziehung, vor allem aber je nach Nachbarin. Einen Augenblick lang schien es Komplikationen zu geben. Nachdem Honorés schöner Tischnachbar mit der Unvorsichtigkeit der Jugend versucht hatte, zu verstehen zu geben, im Werk Heredias[6] stecke vielleicht mehr Gehalt, als gemeinhin behauptet werde, nahmen die in ihren Denkgewohnheiten gestörten Gäste eine mürrische Miene an. Aber da Madame Fremer sogleich ausgerufen hatte: »Im Gegenteil, es sind nur bewundernswerte Kameen, prächtige Emaillen, Goldwaren ohne Makel«[7], belebten sich die Gesichter wieder und erstrahlten in Zufriedenheit. Bei einer Diskussion über die Anarchisten wurde es ernsthafter. Aber Madame Fremer sagte langsam, sich gleichsam resigniert der Fatalität eines Naturgesetzes beugend: »Was soll das alles? Es wird immer Reiche und Arme geben.« Und all diese Leute, von denen der Ärmste mindestens hunderttausend Francs an Renditen bezog, leerten, von ihren Skrupeln befreit, mit herzlicher Fröhlichkeit ihr letztes Glas Champagner.

II

NACH DEM DINER

Da Honoré spürte, daß ihm das Gemisch der Weine ein wenig zu Kopf gestiegen war, verließ er ohne Abschied zu nehmen die Gesellschaft, nahm unten seinen Überzieher in Empfang und begann, die Champs-Elysées hinunterzugehen. Er empfand eine äußerste Freude in sich. Die Unmöglichkeitsschranken, die unseren Wünschen und Träumen das Feld ihrer Wirklichkeit verschließen, waren durchbrochen, und seine Gedanken kreisten freudig, berauscht von ihrer eigenen Bewegung, im Raum des Nichtzuverwirklichenden.

Die geheimnisvollen Wege, die es zwischen allen menschlichen Wesen gibt und an deren Horizont vielleicht jeden Abend eine nicht geahnte Sonne von Freude oder Verzweiflung untergeht, zogen ihn an. Jeder, an den er dachte, wurde ihm sogleich unwiderstehlich sympathisch; er nahm eine Straße nach der anderen, wo er hoffen konnte, ihn zu treffen, und wenn sich seine Erwartungen erfüllt hätten, dann wäre er auf den Unbekannten oder Unbeteiligten zugegangen, ohne Angst, doch leise zitternd. Eine zu nahe aufgerichtete Dekoration war zusammengebrochen, und nun dehnte sich das Leben im ganzen Zauber seiner Neuheit und seines Geheimnisses weit vor ihm aus zu Landschaften, die ihn einluden wie Freunde. Und das Bedauern, daß dies nur die Spiegelung oder die Wirklichkeit eines einzigen Abends war, ließ ihn verzweifeln; nie mehr würde er etwas anderes tun, als so gut zu essen und zu trinken, um von neuem so schöne Dinge zu sehen. Er litt lediglich darunter, daß er nicht sogleich alle die Gegenden erreichen konnte, die, weit entfernt von ihm, die ungleichen Horizonte seiner unendlichen Perspektive bildeten. Da traf ihn der Klang seiner etwas angeschwollenen und übertriebenen Stimme, die seit einer Viertelstunde wiederholte: »Das Leben ist trist – idiotisch« (dieses letzte Wort wurde durch eine trockene Geste des rechten Arms unterstrichen, und er bemerkte die brüske Bewegung seines Stocks). Er sagte sich traurig, daß diese mechanischen Worte eine recht banale Übersetzung derartiger Visionen seien, die, dachte er, vielleicht nicht ausdrückbar waren.

»Ach! wahrscheinlich ist nur die Intensität meines Vergnügens oder meines Bedauerns verhundertfacht, aber deren intellektueller Gehalt bleibt der gleiche. Mein Glück ist nervös bedingt, ist persönlich, unübersetzbar für andere, und wenn ich in diesem Moment schreiben würde, hätte mein Stil die gleichen Qualitäten, die gleichen Mängel, ach! die gleiche Mittelmäßigkeit wie sonst.« Aber das physische Wohlbefinden, das er verspürte, bewahrte ihn davor, länger daran zu denken, und brachte ihm sogleich den höchsten Trost, das Vergessen. Er war auf den Boulevards angekommen. Es gingen Leute vorüber, und er schenkte ihnen seine Sympathie, der Gegenseitigkeit gewiß. Er fühlte sich als ihren gloriosen Blickpunkt; er öffnete seinen Paletot, damit man seinen tadellos sitzenden Frack, das makellose Weiß seines Hemdes und die dunkelrote Nelke in seinem Knopfloch sehe. So bot er sich den Vorübergehenden zur Bewunderung an, zur Zärtlichkeit, die ihn lustvoll mit ihnen verband.

DIE KLAGEN
TRÄUMEREIEN IN ZEITFARBENER TÖNUNG

> *Die Lebensweise des Dichters sollte so ein-*
> *fach sein, daß die alltäglichsten Einwir-*
> *kungen ihn erfreuen; seine Fröhlichkeit*
> *sollte die Frucht eines Sonnenstrahls sein*
> *können, die Luft sollte genügen, ihn zu*
> *inspirieren, und das Wasser sollte genü-*
> *gen, ihn zu berauschen.*
>
> EMERSON[1]

I

TUILERIEN

Heute morgen hat sich die Sonne im Jardin des Tuileries nach und nach auf all den steinernen Stufen niedergelegt, einem blonden Jüngling gleich, dessen leichten Schlummer schon das Vorübergleiten eines Schattens unterbricht. Am alten Palastgemäuer grünen junge Sprossen. Der Hauch des verzauberten Windes mischt in den Duft des Vergangenen die frischen Düfte des Flieders. Die Statuen, die uns auf den Plätzen der Stadt wie Wilde erschrecken, träumen hier in den Hagebuchen wie Weise vor sich hin, unter dem lichterfüllten Laub, das ihre Blässe schützt. Die Wasserbecken, auf deren Grund der blaue Himmel ruht, leuchten wie Blicke. Von der Terrasse du Bord de l'Eau aus erblickt man am anderen Ufer und wie in einem anderen Jahrhundert einen Husaren, der das alte Quartier des Quai d'Orsay verläßt und vorbeireitet. Die Winden quellen wild über die Ränder geraniengekrönter Blumentöpfe. Glühend vor Sonne verbrennt das Heliotrop[1] seine Düfte. Vor dem Louvre streben Stockrosen in die Höhe, schlank wie Masten, vornehm und anmutig wie Säulen, errötend wie junge Mädchen[2]. Irisierend in der Sonne und seufzend vor Liebe steigen die Springbrunnen dem Himmel entgegen. Am Ende der Terrasse verkörpert ein steinerner Reiter in wildem Galopp, ohne sich von der Stelle zu rühren, die Lippen an eine fröhliche Trompete gepreßt, die ganze Glut des Frühlings.

Aber[3] der Himmel hat sich verdüstert, gleich wird es regnen. Die Wasserbecken, wo kein Azur mehr strahlt, gleichen blicklosen Augen oder tränenerfüllten Schalen. Absurd erhebt, vom frischen Wind gepeitscht, der Springbrunnen seine nun lächerliche Hymne schneller und schneller dem Himmel entgegen. Die nutzlose Süße des Flieders ist von unendlicher Traurigkeit. Und dort hinten, mit verhängtem Zügel, mit seinen marmornen Füßen, die in rasender und bewegungsloser Bewegung den erstarrten und schwindelerregenden Galopp des Pferdes antreiben, bläst der fühllose Reiter unaufhörlich seine Trompete vor dem schwarzen Himmel.

II

VERSAILLES

Ein Kanal, der die größten Schwätzer träumen läßt, sobald sie sich ihm nähern und wo ich immer glücklich bin, ob freudig oder ob traurig gestimmt.

Brief Balzacs an Monsieur
de Lamothe-Aigron[1]

Der erschöpfte Herbst, nicht einmal mehr erwärmt von der matten Sonne, verliert, eine nach der anderen, seine letzten Farben. Die äußerste Glut seiner Blätter, in deren Feuerschein der ganze Nachmittag und auch schon der Vormittag die glanzvolle Täuschung eines Sonnenunterganges entstehen ließen, ist erloschen. Einzig die Dahlien, die Tagetes und die gelben, violetten, weißen und rosa Chrysanthemen strahlen noch im trüben und trostlosen Antlitz des Herbsts. Geht man um sechs Uhr abends durch die eintönig grauen und kahlen Tuilerien, unter dem ebenso trüben Himmel, auf dem die schwarzen Bäume Ast um Ast ihre tiefe und feine Hoffnungslosigkeit abzeichnen, kann man plötzlich ein Beet von diesen Herbstblumen erblicken, das im Dunkeln kräftig aufleuchtet und unseren an diese aschfarbenen Horizonte gewöhnten Augen lustvoll Gewalt antut. Die Morgenstunden sind sanfter. Manchmal scheint die Sonne noch hell, und wenn ich die Terrasse du Bord de l'Eau verlasse, kann ich auf den breiten Steintreppen meinen Schatten noch Stufe um Stufe vor mir hinabgleiten sehen. Ich möchte hier nach so vielen anderen* deinen großen, rostig-süßen Namen nicht aussprechen, Versailles, königlicher Friedhof aus Laubwerk, weiten Wassern und Marmor, wahrhaft aristokratischer und demoralisierender Ort, wo wir uns nicht einmal ein Gewissen daraus machen, daß das Leben so vieler Arbeiter nur dazu gedient hat, weniger die Freuden einer anderen Zeit als die Melancholie der unsrigen zu verfeinern und zu erweitern. Ich möchte nach so vielen anderen deinen Namen nicht aussprechen, und doch, wie oft habe ich in der geröteten Schale deiner rosa Marmorbecken die berauschende, bittere Süße dieser letzten Herbsttage bis zur Neige und bis zur Verzücktheit ausgekostet. Die Erde, vermischt mit welkem und faulem Laub, scheint

---

* Und vor allem nach Maurice Barrès[2], Henri de Régnier[3] und Robert de Montesquiou-Fezensac[4].

von ferne ein verblaßtes, gelb und violettes Mosaik zu sein. Als ich am Hameau vorüberkam und den Kragen meines Paletots gegen den Wind hochschlug, hörte ich Tauben gurren. Überall verströmte der Buchsbaum, wie am Palmsonntag, seine berauschenden Düfte. Wie habe ich noch ein winziges Frühlingssträußchen pflücken können in diesen vom Herbst verwüsteten Gärten? Über dem Wasser verlor im schneidenden Wind eine schlotternde Rose die Blätter ihrer Blüte. In dieser großen Entblätterung des Trianon hob allein noch die leichte Wölbung einer kleinen Brücke aus weißen Geranien ihre vom Wind kaum geneigten Blumen über das eiskalte Wasser. Gewiß, seit ich in den Hohlwegen der Normandie den Wind vom offenen Meer und das Salz geatmet, seit ich durch die Zweige blühender Rhododendren hindurch das Meer habe schimmern sehen, weiß ich, wie sehr die Nähe des Wassers die pflanzlichen Reize erhöht. Aber welch jungfräulichere Reinheit liegt doch in dieser sanften, weißen Geranie, in der anmutigen Zurückhaltung, mit der sie sich über das Wasser beugt, das in seinen von welkem Laub bedeckten Ufern fröstelt. O silbernes Alter der immer noch grünen Wälder, o ihr untröstlichen Äste, ihr Teiche und Wasserläufe, ehrfurchtsvoll dahin und dorthin gesetzt, verteilt wie Urnen, dargebracht der Melancholie der Bäume!

III

SPAZIERGANG

Trotz des so klaren Himmels und der schon warmen Sonne blies der Wind noch so kalt, blieben die Bäume noch so kahl wie im Winter. Um Feuer zu machen, mußte ich einen jener Äste schneiden, die ich abgestorben glaubte, doch der Saft schoß hervor, bespritzte

146

meinen Arm bis zum Ellbogen und verriet so unter der eisigen Rinde ein stürmisch bewegtes Herz. Zwischen den Stämmen bedeckte sich der kahle Winterboden mit Anemonen, Primeln und mit Veilchen, während zartes, lebendiges Himmelsblau die Flüsse erfüllte und auf ihrem Grunde ruhte. Es war nicht der bleiche und matte Himmel der schönen Oktoberabende, der sich auf dem Grund des Wassers niederläßt und dort vor Liebe und Melancholie zu sterben scheint, sondern ein glänzender und leuchtender Himmel, über dessen zartes und lachendes Azurblau alle Augenblicke, grau, blau und rosa, nicht die Schatten der nachdenklichen Wolken, sondern die glitzernden, glitschigen Flossen eines Barschs, eines Aals oder eines Stints dahinflitzten. Trunken vor Freude kamen sie dahergeeilt zwischen Himmel und Gräsern, in ihren Wiesen und in ihren Hochstammwäldern, die der glänzende Genius des Frühlings ebenso wie die unseren verzaubert hatte. Und frisch glitt das Wasser über ihre Köpfe, durch ihre Kiemen, unter ihren Bäuchen fort, voller Drang auch es, singend und die Sonne fröhlich vor sich hertreibend.

Der Hühnerhof, wo man die Eier holen mußte, war nicht weniger erfreulich anzuschen. Gleich einem inspirierten und fruchtbaren Dichter, der es nicht verschmäht, die niedrigsten Themen, die bisher nicht zum Bereich der Kunst zu gehören schienen, mit Schönheit zu erfüllen, erregte die Sonne auch die wohltätige Kraft des Misthaufens, des ungleichmäßig gepflasterten Hofes und des wie eine alte Magd gekrümmten Birnbaums.

Aber was ist das für eine königlich gekleidete Person, die inmitten dieser ländlichen und bäurischen Dinge näherkommt, auf den Zehenspitzen, wie um sich nicht zu beschmutzen? Es ist der Vogel der Juno, glitzernd nicht mit toten Edelsteinen, sondern mit den eigenen

Augen des Argus, der Pfau, dessen märchenhafter Luxus hier erstaunt. So schreitet vor den entzückten Augen der Gaffer, die beim Gitterzaun zusammengelaufen sind, am Tage eines Festes, einige Augenblicke vor der Ankunft der ersten Gäste, in ihrem Kleid mit schillernder Schleppe, die azurblaue Krause bereits um den königlichen Hals gelegt, die Aigretten auf dem Kopf, die Frau des Hauses glanzvoll über ihren Hof, um eine letzte Anweisung zu geben oder um den Prinzen von Geblüt abzuholen, den sie am Eingangstor empfangen muß.

Doch nein, der Pfau verbringt hier sein Leben, wahrer Paradiesvogel in einem Hühnerhof, zwischen den Truthennen und den Hühnern; der gefangenen Andromache gleich, die inmitten der Sklavinnen Wolle spann, doch hat er den Pomp der königlichen Insignien und des Familienschmucks nicht abgelegt; Apoll[1], den man immer erkennt, selbst wenn er, strahlend, die Herden Admets hütet.

IV

FAMILIE BEIM MUSIKHÖREN

Musik jedoch ist Wohltat für die Seele;
Sie gleicht sie aus und wie ein
Himmelschor –
Weckt tausend Stimmen sie im Herzen.[1]

Für eine wirklich lebendige Familie, in der jeder denkt, liebt und handelt, ist ein Garten zu haben eine Wohltat. An den Frühlings-, den Sommer- und den Herbstabenden kommen dann, wenn das Tagewerk getan ist, alle zusammen; und mag der Garten noch so klein sein, mögen die Hecken noch so nahe beieinander stehen, so hoch sind sie nicht, daß sie nicht ein großes Stück Himmel sehen ließen, zu dem jeder träumend und ohne zu sprechen hinaufblickt. Das Kind träumt von seinen Zukunftsplänen, vom Haus, in dem es zusammen mit seinem Lieblingsfreund wohnen wird, um ihn nie verlassen zu müssen, vom Unbekannten der Erde und des Lebens; der junge Mann träumt vom geheimnisvollen Zauber derjenigen, die er liebt, die junge Mutter von der Zukunft ihres Kindes, die früher unruhevolle Frau entdeckt auf dem Grund dieser lichten Stunden unter der kalten Maske ihres Mannes ein Gefühl schmerzlicher Wehmut, das sie mit Mitleid erfüllt. Der Vater folgt mit seinem Blick dem Rauch, der über dem Dach aufsteigt, und hängt dabei den friedlichen Szenen der Vergangenheit nach, die das Abendlicht in der Ferne verklärt; er denkt an seinen nahen Tod, an das Leben seiner Kinder nach seinem Tod; und so erhebt sich die Seele der ganzen Familie andachtsvoll zum Sonnenuntergang empor, während die große Linde, die Kastanie oder die Tanne den Segen ihres köstlichen Dufts oder ihres ehrwürdigen Schattens über sie austeilt.

Aber für eine wirklich lebendige Familie, in der jeder denkt, liebt und handelt, für eine Familie, die eine Seele hat, wieviel wohltuender ist es doch, wenn diese Seele, am Abend, sich in einer Stimme verkörpern kann, in der hellen und unversiegbaren Stimme eines jungen Mädchens oder eines jungen Mannes, der die Gabe der Musik und des Gesangs empfangen hat. Käme ein Fremder an der Pforte vorbei und sähe er im Garten die schweigende Familie, er müßte befürchten, beim Nähertreten alle aus einem andachtsvollen Traum herauszureißen; aber wenn der Fremde, ohne den Gesang zu vernehmen, sehen könnte, wie die Versammlung der Verwandten und der Freunde diesem zuhört, wieviel deutlicher noch müßte es ihm dann scheinen, sie wohne einer unsichtbaren

Messe bei, das heißt, wie sehr müßte die Ähnlichkeit des Ausdrucks trotz der Verschiedenheit der Haltungen die tatsächliche Einheit der Seelen offenbaren, wie sie sich vorübergehend in der Teilnahme an ein und demselben idealen Drama, in der Gemeinschaft in ein und demselben Traum verwirklicht. Wie der Wind die Gräser niederbeugt und weithin das Geäst bewegt, neigt zeitweilig ein Hauch die Köpfe oder richtet sie plötzlich wieder auf. Dann scheinen alle, als erstattete ein unsichtbarer Bote erregten Bericht, voll banger Erwartungen, mit Begeisterung oder mit Schrecken, ein und dieselbe Nachricht zu vernehmen, die indessen in jedem ein anderes Echo erweckt. Die Unheimlichkeit der Musik steigert sich ins Übermäßige, ihre Aufschwünge werden gebrochen durch tiefe Stürze, denen verzweifeltere Aufschwünge folgen. Ihre lichterfüllte Unendlichkeit und ihre geheimnisvolle Finsternis sind für den alten Mann das weite Schauspiel von Leben und Tod; für das Kind die stürmischen Versprechen des Meeres und der Erde; für den Verliebten ist es die geheimnisvolle Unendlichkeit, die lichterfüllte Finsternis der Liebe. Der Denker sieht sein ganzes geistiges Leben sich abrollen; die Stürze der schwachgewordenen Melodie sind seine Schwächen und seine Stürze, und sein ganzes Herz erhebt sich wieder und schwingt sich auf, wenn die Melodie wieder davonfliegt. Das mächtige Raunen der Harmonien läßt die dunklen und reichen Tiefen seiner Erinnerung erzittern. Der Mann der Tat keucht im Gewirr der Akkorde, im Galopp der Vivaces; er triumphiert majestätisch in den Adagios. Die untreue Frau sogar fühlt, daß ihr Fehltritt verziehen, daß im Unendlichen er sich verliert, denn auch ihr Fehltritt hatte seinen himmlischen Ursprung, in ihrem nicht befriedigten Herzen, das die gewöhnlichen Freuden nicht beruhigen konnten, das sich verirrt hatte, doch auf der Suche nach dem Geheimnis, und dessen höchstes Streben sich jetzt mit dieser Musik klangvoll wie Glockenstimmen erfüllt. Der Musiker, der sonst doch behauptet, er genieße in der Musik nur ein technisches Vergnügen, spürt nun auch diese bedeutungsvollen Empfindungen, verhüllt jedoch von seinen Ansichten über die musikalische Schönheit, die sie seinen eigenen Augen verschließen. Und ich selbst endlich, wenn ich in der Musik die weiteste und allgemeinste Schönheit des Lebens und des Todes, des Meeres und des Himmels höre, fühle ich in ihr auch das Besondere und das Einzigartige deines Zaubers, o teure Geliebte[2].

V

Die Paradoxe von heute sind die Vorurteile von morgen, da ja die plumpsten und widerwärtigsten Vorurteile von heute einst als Neuheit galten, als die Mode ihnen für einen Augenblick ihre fragile Grazie verlieh. Viele Frauen von heute wollen sich frei machen von allen Vorurteilen, und sie verstehen unter Vorurteilen Prinzipien. Darin besteht ihr Vorurteil, und es wiegt schwer, obwohl sie sich damit schmücken wie mit einer delikaten und etwas fremdartigen Blume. Sie glauben, nichts habe einen Hintergrund, und stellen alle Dinge auf die gleiche Ebene. Sie genießen ein Buch oder selbst das Leben wie einen schönen Tag oder wie eine Orange. Sie sprechen von der »Kunst« einer Schneiderin und von der »Philosophie des Pariser Lebens«. Sie würden erröten, wenn sie etwas klassieren, über etwas urteilen, wenn sie sagen würden: das ist gut, das ist schlecht. Wenn sich früher eine Frau sittsam verhielt, bedeutete das gleichsam einen Triumph ihrer Moral, das heißt ihres Geistes über ihre instinktive Natur. Wenn sich heute eine Frau sittsam verhält, bedeutet das einen Triumph ihrer instinktiven Natur über ihre Moral, das heißt über ihre theoretische Unmoral (vergleiche die Stücke von Halévy und Meilhac[1]). In einer äußersten Lockerung aller moralischen und sozialen Bande lassen sich die Frauen zwischen dieser theoretischen Unmoral und dieser instinktiven Moralität hin und her treiben. Sie suchen nur Lust und finden sie nur, wenn sie sie nicht suchen, in freiwilliger Entbehrung. Dieser Skeptizismus und dieser Dilettantismus[2] würden in Büchern schockieren wie ein aus der Mode gekommener Schmuck. Aber weit davon entfernt, die Orakel geistiger Modeströmungen zu sein, sind die Frauen viel mehr deren verspätete Papageien. Heute noch gefällt und steht ihnen der Dilettantismus. Wenn er auch ihr Urteilsvermögen verbildet und ihre Haltung entkräftet, so kann man nicht leugnen, daß er ihnen eine zwar schon verwelkte, aber doch liebenswürdige Grazie verleiht. Sie lassen uns fühlen, bis zum Hochgenuß, wie leicht und sanft sich leben läßt in sehr raffinierten Kulturen. Ihr ständiger Aufbruch nach einem geistigen Kythera[3], zu einem Fest weniger für ihre abgestumpften Sinne als für die Phantasie, das Herz, den Geist, die Augen, die Nase, die Ohren, verleiht ihren Attitüden einen Hauch von Wollust. Die genauesten Porträtisten unserer Zeit werden an ihnen, nehme ich an, nichts sehr Gespanntes und nichts sehr Starres zeigen. Ihr Leben verströmt den sanften Duft von gelöstem Haar.

VI

Ruhmsucht berauscht mehr als Ruhm; im Verlangen kommt alles zum Blühen, im Besitz welkt alles dahin; es ist besser, sein Leben zu träumen, als es zu leben, auch wenn es zu leben immer noch heißt, es zu träumen, nur weniger geheimnisvoll und weniger deutlich zugleich, in einem dunklen und schweren Traum, gleich jenem, der im schwachen Bewußtsein wiederkäuender Tiere aufsteigt. Die Stücke von Shakespeare sind schöner vom Arbeitszimmer aus gesehen als auf dem Theater dargestellt. Die Dichter, die die unvergänglichen Liebenden geschaffen haben, kannten oft nur mittelmäßige Mägde in Gasthöfen, während die beneidetsten Lüstlinge das Leben, das sie führen oder vielmehr von dem sie geführt werden, nicht begreifen können. – Ich habe einen kleinen, zehnjährigen Jungen gekannt, von schwächlicher Gesundheit und frühreifer Einbildungskraft, der einem älteren Mädchen eine rein zerebrale Liebe darbrachte. Er wartete stundenlang an seinem Fenster, um es vorbeigehen zu sehen, weinte, wenn er es nicht sah, weinte noch mehr, wenn er es gesehen hatte. Er verbrachte nur sehr seltene und sehr kurze Augenblicke mit ihr. Er schlief nicht mehr, aß nicht mehr. Eines Tages stürzte er sich aus dem Fenster. Man dachte zuerst, die Verzweiflung darüber, sich seiner Freundin niemals nähern zu können, habe ihn veranlaßt zu sterben. Man erfuhr, daß er sich im Gegenteil gerade sehr lange mit ihr unterhalten hatte: sie hatte sich außerordentlich liebenswürdig gegen ihn gezeigt. Dann wurde angenommen, er habe nach diesem Rausch, den zu wiederholen er vielleicht keine Gelegenheit fände, auf die reizlosen Tage verzichtet, die ihm noch zu leben blieben. Aus zahlreichen vertraulichen Mitteilungen, die er früher einem Freund gemacht hatte, konnte man schließlich folgern, daß er, jedesmal wenn er die Königin seiner Träume sah, eine Enttäuschung erlebte; aber daß, sobald es fortgegangen war, seine fruchtbare Einbildungskraft dem abwesenden Mädchen seine ganze Macht zurückgab und er wiederum anfing zu wünschen, es zu sehen. Jedesmal versuchte er, in der Unvollkommenheit der Umstände den zufälligen Grund seiner Enttäuschung zu finden. Nach jener letzten Begegnung, bei der seine schon geschickte Phantasie seine Freundin zu der hohen Vollkommenheit geführt hatte, derer ihre Natur fähig war, als er da diese unvollkommene Vollkommenheit mit der absoluten Vollkommenheit, in der er lebte und an der er zugrunde ging, verglich, stürzte er sich aus dem Fenster. Zum Idioten geworden, lebte er daraufhin noch sehr lange, und es blieb ihm von seinem Sturz, die Erinnerung verloren zu haben an seine Seele, an seinen Geist, an die Stimme seiner Freundin, der er begegnete, ohne sie zu sehen. Sie aber heiratete ihn trotz aller Bitten und Drohungen und starb mehrere Jahre später, ohne daß er sie wiedererkannt hätte. – Das Leben ist wie die kleine Freundin. Wir träumen es, und es gefällt uns, es zu träumen. Man soll nicht versuchen, es zu leben: sonst stürzt man sich wie der kleine Junge in die Stupidität, nicht mit einem Mal, denn alles im Leben verkommt in unmerklichen Nuancen. Nach zehn Jahren erkennt man seine Träume nicht wieder, man verleugnet sie, man lebt wie ein Ochse für das Gras, das man im Augenblick weidet. Und wer weiß, ob aus unserer Hochzeit mit dem Tod nicht unsere bewußte Unsterblichkeit hervorgehen kann?

VII

»Herr Hauptmann«, sagte dessen Ordonnanz einige Tage nachdem das kleine Haus eingerichtet war, in dem er nach Austritt aus dem Dienst bis zu seinem Tod leben sollte (wegen seiner Herzkrankheit würde dieser nicht lange auf sich warten lassen), »Herr Hauptmann, vielleicht würden Bücher jetzt, da Sie nicht mehr lieben und nicht mehr kämpfen können, Sie ein wenig ablenken; was soll ich für Sie kaufen?«

»Kauf mir nichts; keine Bücher; sie können mir nichts

sagen, was ebenso interessant wäre wie das, was ich gemacht habe, und da mir nicht mehr viel Zeit bleibt dafür, will ich, daß mich nichts mehr davon abhalte, mich daran zu erinnern. Gib den Schlüssel zu meiner großen Kiste her; was darin ist, werde ich jetzt alle Tage lesen.«

Und er nahm Briefe heraus, eine weißliche, manchmal auch farbig getönte Flut von Briefen, sehr lange, Briefe von nur einer Zeile, auf Karten, mit verblichenen Blumen, mit Gegenständen, mit kleinen Randnotizen von ihm selbst, um die Begleitumstände festzuhalten, unter denen er sie bekommen hatte, und Photographien, die trotz aller Vorsicht abgegriffen waren, wie jene Reliquien, die gerade durch die Frömmigkeit der Gläubigen abgenutzt worden sind; denn allzuoft werden sie geküßt. Und all diese Dinge waren sehr alt, und es waren solche darunter von Frauen, die gestorben waren, und von anderen, die er seit mehr als zehn Jahren nicht mehr gesehen hatte.

Es gab in dem allem kleine, aber genaue Spuren von Sinnlichkeit oder von Zärtlichkeit, die im Ablauf seines Lebens sich sozusagen auf ein Nichts bezogen, und doch war es wie ein breitangelegtes Fresko, das sein Leben darstellte, ohne es zu erzählen, nur in der Farbe seiner Leidenschaft, auf sehr unbestimmte und zugleich sehr besondere Art, mit ergreifender Macht. Es gab Erinnerungen an einen geküßten Mund – einen frischen Mund, in dem er ohne zu zögern seine Seele gelassen hätte und der sich seither von ihm abgewandt hatte –, Erinnerungen, die ihn lange weinen ließen. Und trotz seiner großen Schwäche und Enttäuschung überkam ihn, wenn er in einem Zug etwas von diesen Erinnerungen trank, wie ein Glas Wein, feurig und in derselben Sonne gereift, die sein Leben verzehrt hatte, ein wohlig lauer Schauer, wie ihn der Frühling unserer Genesung gibt und das Herdfeuer des Winters unserer Schwäche. Das Gefühl, daß sein alter, abgenutzter Körper doch auch gebrannt hatte, im Feuer solcher Flammen, gab ihm eine Nacherte des Lebens – gebrannt in solch verzehrenden Flammen. Wenn er dann bedachte, daß, was sich davon auf seinen daniederliegenden Körper senkte, nur unförmige, bewegte und – ach! – ungreifbare Schatten waren, die sich alle in der ewigen Nacht bald nicht mehr voneinander unterscheiden würden, begann er wieder zu weinen.

Nun aber klammerte er sich an sie, obwohl er wußte, daß es nur Schatten waren, Schatten von Flammen, die hinweggeeilt waren, um anderswo zu brennen, die er nie mehr sehen würde, und er begann, diese Schatten anzubeten und ihnen eine Art kostbare Existenz zu verleihen, im Kontrast zum baldigen, absoluten Vergessen. Und all diese Küsse und all dieses geküßte Haar und all diese Spuren von Tränen und von Lippen, von Zärtlichkeiten, ausgeschenkt wie Wein, um zu berauschen, und von Verzweiflungen, anschwellend wie Musik oder wie Abende, um des Glückes willen, sich in die Unendlichkeit des Geheimnisses und der Schicksale ausdehnen zu fühlen; jene Angebetete, die ihn so sehr festhielt, daß es ihm auf nichts anderes mehr ankam, als was ihm zu ihrer Anbetung dienen konnte, die ihn so sehr festhielt und die jetzt so sehr verblaßte, daß er sie nicht mehr zurückhalten konnte, daß er nicht einmal mehr den Geruch zurückhielt, den die fliehenden Schöße ihres Mantels hinterließen; krampfhaft versuchte er, all das noch einmal zu erleben, es aufzuwecken und vor sich aufzuspießen wie Schmetterlinge. Und mit jedem Mal wurde es schwieriger. Und er hatte immer noch keinen der Schmetterlinge fangen können, aber mit jedem Mal hatte er mit seinen Fingern etwas vom Glanz der Flügel genommen; oder vielmehr, er sah sie im Spiegel, stieß sich vergeblich am Spiegel, um sie zu berühren, aber mit jedem Mal trübte er ihn etwas mehr, und sie erschienen ihm nur noch undeutlich und weniger bezaubernd. Und nichts konnte diesem getrübten Spiegel seines Herzens den Glanz zurückgeben, jetzt, da der reinigende Atem der Jugend und des Genies nicht mehr über ihn hinwegstreichen würde – nach welch unbekanntem Gesetz unserer Jahreszeiten, welch geheimnisvollem Äquinoktium unseres Herbstes?...

Und mit jedem Mal schmerzte es ihn weniger, sie verloren zu haben, diesen geküßten Mund und diese unendlichen Stunden und diese Düfte, die ihn früher in Verzückung versetzten.

Und es schmerzte ihn, daß es ihn weniger schmerzte, dann verschwand auch dieser Schmerz. Dann verließen ihn alle Schmerzen, alle; Freuden, die ihn hätten verlassen können, gab es keine mehr; sie waren schon längst entflohen, mit ihren geflügelten Schuhen, ohne zurückzuschauen, in der Hand ihre blühenden Zweige, entflohen aus diesem Aufenthalt, der nicht mehr jung genug war für sie. Dann starb er, wie alle Menschen.

VIII

RELIQUIEN

Ich habe alles erworben, was von derjenigen verkauft wurde, deren Freund ich hätte sein wollen und die sich nicht einmal bereit fand, sich auch nur einen Augenblick lang mit mir zu unterhalten. Ich besitze das kleine Kartenspiel, mit dem sie sich allabendlich die Zeit vertrieb, ihre beiden Pinseläffchen, drei Romane, die auf dem Einband ihr Wappen tragen, ihr Hündchen. O ihr Wonnen, liebgewordener Zeitvertreib ihres Lebens, euch gehörten, ohne sie zu genießen, wie ich es getan hätte, sogar ohne danach zu verlangen, all ihre freiesten, ihre unverletzlichsten,

ihre geheimsten Stunden; ihr habt euer Glück nicht empfunden, und ihr könnt es nicht erzählen.

Karten, die sie mit den Fingern bewegte, Abend für
Abend, zusammen mit ihren bevorzugten Freunden, die
sahen, wie sie sich langweilte oder wie sie lachte, die bei
den Anfängen ihrer Beziehung zugegen waren und die
sie ablegte, um den zu umarmen, der seither allabendlich
kam, um mit ihr zu spielen; Romane, die sie je nach Lust
oder Müdigkeit in ihrem Bett aufschlug oder zuklappte,
die sie wählte nach der Laune des Augenblicks oder nach
ihren Träumen, denen sie die Träume anvertraute und
die diese mit den Träumen vermischten, die sie selbst
zum Ausdruck brachten und ihr halfen, die ihren schöner zu träumen; was weiß euer Gedächtnis von ihr, habt
ihr mir nichts zu sagen?

Romane, da auch sie das Leben eurer Personen und
eures Dichters erträumt hat; Karten, da sie in ihrer Weise
mit euch die Ruhe und mitunter das Fieber intimster
Vertrautheit erfühlt hat, habt ihr nichts von ihren Gedanken aufbewahrt, die ihr zerstreut oder erfüllt habt,
nichts von ihrem Herzen, das ihr berührt oder getröstet
habt?

Karten, Romane, die sie so oft in Händen hatte, die so
lange auf ihrem Tisch lagen; Damen, Könige oder Bu-
ben, die die standhaften Tischgenossen ihrer ausgelas-
sensten Feste waren; Helden und Heldinnen von Romanen, die ihr in der Nähe ihres Betts unter den sich
kreuzenden Strahlen ihrer Lampe und ihrer Augen euren
stillen und doch von Stimmen erfüllten Traum träumtet,
ihr habt doch nicht all den Duft, mit dem die Luft ihres
Zimmers, das Gewebe ihrer Kleider, die Berührung
ihrer Hände oder ihrer Knie euch durchtränkten, sich in
nichts auflösen lassen können?

Euch sind die Knicke geblieben, die ihre freudige oder
nervöse Hand euch beigebracht hat; die Tränen, die der

Kummer eines Buches oder des Lebens ihr entlockte, ihr haltet sie vielleicht noch gefangen; der Tag, der ihre Augen aufleuchten ließ oder sie schmerzte, hat euch eure belebende Farbe gegeben. Ich berühre euch zitternd, aus Angst vor euren Enthüllungen, in Unruhe über euer Schweigen. Ach! vielleicht, wie ihr, liebreizende und zerbrechliche Wesen, war sie die fühllose, die unbewußte Zeugin ihrer eigenen Grazie. Ihre allerwirklichste Schönheit ereignete sich, es mag sein, in meinem Verlangen. Sie hat ihr Leben gelebt, ich aber habe es, als einziger vielleicht, erträumt.

IX

MONDSCHEINSONATE

I

Mehr noch als die Anstrengungen des Weges hatten mich die Erinnerung und die ängstlichen Gedanken an die Ansprüche meines Vaters, an die Gleichgültigkeit Pias, an die Hartnäckigkeit meiner Feinde erschöpft. Während des Tages hatten mich die Gesellschaft Assuntas, ihr Gesang, ihre Sanftmut gegen mich, den sie so wenig kannte, ihre weiß, braun und rosa Schönheit, die Beharrlichkeit ihres Parfums in den Böen des Meerwindes, die Feder an ihrem Hut, die Perlen an ihrem Hals zerstreuen können. Als ich mich aber gegen neun Uhr abends niedergeschlagen fühlte, bat ich sie, mit dem Wagen zurückzufahren und mich dort ein wenig im Freien ausruhen zu lassen. Wir waren schon fast bis Honfleur gekommen; der Platz war gut gewählt, gegen eine Mauer, am Anfang einer Allee mit zwei Reihen großer Bäume, die vor dem Wind schützten, die Luft war mild; sie war einverstanden und ließ mich zurück. Ich legte mich auf dem Gras nieder, das Gesicht dem dunklen Himmel zugewendet; gewiegt vom Rauschen des Meeres, das ich hinter mir vernahm, ohne es in der Dunkelheit genau sehen zu können, schlummerte ich bald darauf ein.

Bald träumte ich, daß vor mir der Sonnenuntergang den Sand und das Meer weithin erleuchte. Die Dämmerung senkte sich hernieder, und es schien mir, es sei ein Sonnenuntergang wie alle anderen Sonnenuntergänge und eine Dämmerung wie alle anderen Dämmerungen. Aber jemand kam und brachte mir einen Brief, ich wollte ihn lesen und konnte nichts unterscheiden. Erst jetzt bemerkte ich, daß es trotz dieses Eindrucks von intensivem und weitverbreitetem Licht sehr dunkel war. Dieser Sonnenuntergang war äußerst bleich, lichtvoll, aber ohne Helligkeit, und auf dem magisch erleuchteten Sand sammelte sich soviel Finsternis, daß ich nur mit schmerzhafter Anstrengung eine Muschel erkennen konnte. In dieser den Träumen eigenen Dämmerung war es, als wollte eine kranke und entfärbte Sonne hinter einem polaren Strand untergehen. Mein Kummer war plötzlich verflogen; die Entscheidungen meines Vaters, die Gefühle Pias, die Arglist meiner Feinde beherrschten mich zwar noch, aber ohne mich wie vorher zu erdrükken, nur noch wie eine natürliche und gleichgültig gewordene Notwendigkeit. Der Widerspruch in diesem dunklen Strahlen, das Wunder dieser bezaubernden Waffenruhe für meine Mühen flößte mir überhaupt kein Mißtrauen ein, keine Angst, ich fühlte mich eingehüllt, umspült und überströmt von einer wachsenden Sanftheit, deren herrliche Intensität mich schließlich aufweckte. Ich öffnete die Augen. Strahlend und bleich breitete sich mein Traum vor mir aus. Die Mauer, an die ich mich zum Schlafen angelehnt hatte, war hell erleuchtet, und der Schatten des Efeus zeichnete sich darauf in seiner ganzen Länge ebenso deutlich ab wie um vier Uhr nachmittags. Glitzernd bewegte sich das Blätterwerk einer Silberpappel im unspürbaren Wind. Man sah Wellen und weiße Segel auf dem Meer, der Himmel war klar, der Mond war aufgegangen. Auf kurze Augenblicke zogen leichte Wolken vor ihm durch, doch färbten sie sich dann mit blauen Tönen, bleich und tief wie die Gallertmasse einer Qualle oder wie ein Opal-Herz[1]. Dennoch konnten meine Augen die überall glänzende Klarheit nirgends fassen. Sogar über dem Gras, das bis zur Spiegelung erstrahlte, lag beharrlich die Dunkelheit. Die Bäume, ein Graben, alles war völlig schwarz. Plötzlich erwachte wie eine Unruhe weithin ein leises Geräusch, wuchs schnell an, rollte gleichsam über die Bäume hinweg. Es war das Erzittern der Blätter im Wirbel der Brise[2]. Eines nach dem anderen hörte ich alle herniederrauschen wie eine Brandung vor dem weiten Schweigen der ganzen Nacht. Dann nahm auch dieses Geräusch ab und erlosch. In dem engen Grasgelände, das sich vor mir zwischen den beiden Reihen von Eichen hinzog, schien ein Fluß aus Helligkeit zu fließen, zusammengehalten von zwei Ufermauern aus Schatten. Das Mondlicht hob das Pförtnerhaus, die Blätter, ein Segel zwar aus der Nacht hervor, in der sie verschwunden waren, hatte sie aber nicht aufgeweckt. Im Schweigen dieses Schlafes erleuchtete es nur den vagen Schatten ihrer Form, ohne daß man die Umrisse erkennen konnte, die sie für mich am Tage derart wirklich machten, die mich mit der Gewißheit ihrer Gegenwart und mit der Fortdauer ihrer banalen Nachbarschaft bedrückten. An Stelle einer grausam unleugbaren und eintönig gewohnten Wirklichkeit schienen das Haus ohne Tür, das Blätterwerk ohne Stamm, beinahe ohne Blätter, das Segel ohne Schiff der fremdartige, zusammenhangslose und lichtvolle Traum der schlafenden, in Dunkelheit getauchten

Bäume zu sein. Und wirklich hatten die Bäume niemals so tief geschlafen; man fühlte, daß der Mond die Gelegenheit genutzt hatte, um am Himmel und auf dem Meer lautlos dieses große, bleiche und sanfte Fest aufzuziehen. Meine Traurigkeit war verschwunden. Ich hörte meinen Vater mich schelten, Pia sich über mich lustig machen, meine Feinde Ränke schmieden, und nichts von alledem schien mir wirklich. Die einzige Wirklichkeit lag in diesem unwirklichen Licht, und lächelnd wandte ich mich ihm zu. Ich verstand nicht, welche mysteriöse Ähnlichkeit meine Mühsal mit den feierlichen Mysterien verband, die in den Bäumen, am Himmel und auf dem Meer zelebriert wurden, aber ich fühlte, daß ihre Erklärung, ihr Trost, ihre Vergebung ausgesprochen waren und daß es kein Gewicht hatte, wenn mein Verstand in das Geheimnis nicht eingeweiht war, da mein Herz es ja so gut erfaßte. Ich rief meine heilige Mutter, die Nacht, bei ihrem Namen, meine Traurigkeit hatte im Mond ihren unsterblichen Bruder erkannt, der Mond schien über die verklärten Schmerzen der Nacht, und in meinem Herzen, wo sich die Wolken aufgelöst hatten, war die Melancholie aufgegangen.

2

Dann hörte ich Schritte. Assunta kam auf mich zu; weiß hob sich ihr Kopf über einen weiten, dunklen Mantel. Sie sagte leise zu mir: »Ich hatte Angst, daß Sie frieren; mein Bruder war schon zu Bett gegangen; so bin ich zurückgekommen.« Ich trat näher zu ihr hin; ich zitterte, sie nahm mich unter ihren Mantel, und um dessen Saum hochzuheben, legte sie mir den Arm um die Schultern. Wir gingen ein paar Schritte unter den Bäumen, in der tiefen Dunkelheit. Etwas leuchtete vor uns auf, ich konnte nicht mehr zurückweichen und sprang zur Seite, denn ich glaubte, wir stießen gegen einen Stamm, aber das Hindernis verlor sich unter unseren Füßen, wir waren in Mond getreten. Ich zog ihren Kopf näher an meinen heran. Sie lächelte, ich begann zu weinen, ich sah, daß auch sie weinte. Da verstanden wir, daß der Mond weinte und daß seine Traurigkeit und die unsere gleichgestimmt waren. Die ergreifenden und sanften Töne seines Lichts gingen uns zu Herzen. Wie wir, so weinte er, und wie wir es beinahe immer tun, weinte er, ohne zu wissen warum, und er fühlte es so tief, daß er alles in seine sanfte, unwiderstehliche Verzweiflung miteinbezog, die Bäume, die Felder, den Himmel, der sich von neuem im Meer spiegelte, und mein Herz, das endlich klar sah in seinem Herzen[3].

X

QUELLE DER TRÄNEN AUS VERGANGENER LIEBE

Die für den Leser so rührende Rückkehr der Romanciers oder ihrer Helden zu einer vergangenen Liebe ist leider eine durchaus künstliche Sache. Den Gegensatz zwischen dem Unendlichen unserer vergangenen Liebe und dem Absoluten unserer gegenwärtigen Gleichgültigkeit, deren wir uns dank tausend materieller Details bewußt werden – ein im Gespräch aufgetauchter Name, ein in einer Schublade gefundener Brief, die eigentliche Begegnung mit der Person oder, mehr noch, sie sozusagen im nachhinein zu besitzen –, diesen Gegensatz, so schmerzlich in einem Kunstwerk und voll verhaltener Träume, stellen wir im Leben ungerührt fest, genau deshalb, weil unser gegenwärtiger Zustand Gleichgültigkeit und Vergessen ist, weil unsere Geliebte und unsere Liebe uns höchstens noch ästhetisch gefallen und weil mit der Liebe die Unruhe und die Fähigkeit zu leiden verschwunden sind. Die ergreifende Melancholie dieses Gegensatzes beinhaltet demnach nur eine moralische Wahrheit. Sie könnte auch zu einer psychologischen Realität werden, wenn ein Schriftsteller sie an den Anfang der Leidenschaft stellen würde, die er beschreibt, anstatt sie nach deren Ende zu plazieren.

Oft wissen wir tatsächlich, wenn wir zu lieben anfangen, gewitzigt durch unsere Erfahrung und unseren Scharfblick – und trotz des Protestes unseres Herzens, das im Gefühl oder vielmehr in der Illusion von der Ewigkeit seiner Liebe lebt –, daß uns eines Tages diejenige, an die zu denken unser ganzes Leben ist, ebenso gleichgültig sein wird, wie es uns jetzt alle anderen sind... Wir werden ihren Namen hören ohne schmerzliche Wollust, wir werden ihre Schriftzüge sehen, ohne zu erzittern, wir werden unseren Weg nicht ändern, um sie auf der Straße zu erblicken, wir werden sie treffen ohne Erregung, wir werden sie besitzen ohne Taumel. Dann wird uns dieses sichere Vorauswissen trotz des absurden und so mächtigen Vorgefühls, daß wir sie immer lieben werden, zum Weinen bringen; und die Liebe, die Liebe, die noch über uns liegen wird wie ein göttlicher Morgen, unendlich geheimnisvoll und tief, wird vor unserem Schmerz etwas von ihren großen, fremdartigen und so tiefen Horizonten, etwas von ihrer bezaubernden Verzweiflung ausbreiten...

XI

FREUNDSCHAFT

Wohltuend ist es, wenn man Kummer hat, sich in die Wärme seines Bettes zu legen, bis über den Kopf unter die Decke zu kriechen, jede Anstrengung und jeden Wi-

derstand aufzugeben und sich dann völlig gehenzulas-
sen, stöhnend wie die Äste im Herbstwind. Aber es gibt
noch ein besseres Bett, erfüllt von göttlichen Wohlgerü-
chen. Es ist unsere wohltätige, unsere tiefe, unsere uner-
forschliche Freundschaft. Wenn mein Herz traurig und
durchfroren ist, bette ich es fröstelnd darein. Und wenn
ich auch meine Gedanken in unsere warme Zärtlichkeit
einhülle, wenn ich von der Außenwelt nichts mehr
wahrnehme, mich nicht mehr zur Wehr setze, entwaffnet bin und durch das Wunder unserer Zärtlichkeit alsbald neu gestärkt, dann weine ich über meinen Schmerz
und vor Freude darüber, ein Vertrauen zu kennen, in dem
ich ihn bergen kann.

XII

KURZLEBIGE WIRKSAMKEIT DES KUMMERS

Seien wir dankbar gegen alle, die uns Glück geben; sie
sind die bezaubernden Gärtner, dank derer unsere Seelen
in Blüte stehen. Aber seien wir noch dankbarer gegen die
bösartigen oder auch nur gleichgültigen Frauen und die
grausamen Freunde, die uns Kummer zugefügt haben.
Sie haben unser Herz verwüstet, und unkenntliche
Trümmer bedecken es heute; sie haben die Stämme entwurzelt und die zartesten Zweige verstümmelt wie ein
wüster Wind, der aber doch ein paar gute Körnchen säte
für eine ungewisse Ernte.
  Sie haben all das kleine Glück, das uns unser großes
Elend verbarg, zerschlagen, haben aus unserem Herzen
einen zertretenen, melancholischen Innenhof gemacht,
doch haben sie uns dadurch erlaubt, es endlich zu betrachten und zu beurteilen. Die traurigen Stücke bringen uns
ähnlichen Gewinn; deshalb muß man sie viel höher schätzen als die fröhlichen, die unseren Hunger betäuben,

ohne ihn zu stillen: das Brot, das uns nähren soll, ist bitter. Im glücklichen Leben stellen sich die Schicksale unserer Mitmenschen nicht in ihrer Wirklichkeit dar, sei es, daß der Eigennutz sie maskiere, sei es, daß die Begierde sie entstelle. Aber aus der Distanz, die man im Leben durch das Leiden und im Theater durch die Empfindung schmerzlicher Schönheit gewinnt, kann unsere aufmerksame Seele endlich hören, wie die Schicksale der anderen Menschen und unser eigenes ihr das ewige, ungehörte Wort von Pflicht und Wahrheit sagen. Das traurige Werk eines wirklichen Künstlers spricht zu uns mit dem Akzent derjenigen, die gelitten haben und jeden zwingen, der gelitten hat, alles sein zu lassen und zuzuhören.

Ach! was die Empfindung gebracht hat, trägt diese Launenhafte auch wieder hinweg, und mag die Traurigkeit auch höher stehen als die Fröhlichkeit, so ist sie doch nicht dauerhaft, wie die Tugend. Wir haben heute morgen die Tragödie vergessen, die uns gestern abend so sehr erhob, daß wir unser Leben in seiner Gesamtheit und in seiner Wirklichkeit mit hellsichtigem und aufrichtigem Mitleid betrachteten. In einem Jahr werden wir vielleicht über den Verrat einer Frau, den Tod eines Freundes getröstet sein. Wohl hat der Wind inmitten dieser Trümmer von Träumen, dieses Feldes von verwelktem Glück, das gute Körnchen gesät, doch werden die Tränen zu schnell versiegen, als daß es keimen könnte.

(*Nach einer Aufführung von de Curels* L'Invitée[1])

XIII

LOBREDE AUF DIE SCHLECHTE MUSIK

Hasset die schlechte Musik, verachtet sie nicht. Da man sie häufiger spielt oder singt und viel leidenschaftlicher als die gute, hat sie nach und nach den Traum und die

Tränen der Menschen in sich aufgenommen. Deshalb gebührt ihr eure Ehrfurcht. So unbedeutend ihre Stellung in der Geschichte der Kunst ist, so unermeßlich ist sie in der sentimentalen Geschichte der Gesellschaft. Die Achtung (ich sage nicht, die Liebe) für die schlechte Musik ist nicht nur eine Form dessen, was man die Barmherzigkeit des guten Geschmacks oder dessen Skeptizismus nennen könnte, sie drückt auch das Bewußtsein aus von der Bedeutung der sozialen Rolle der Musik. Wie viele in den Augen eines Künstlers wertlose Melodien hat die Menge der jungen, romantischen und verliebten Leute sich nicht zu Vertrauten erwählt. Wie viele »Goldringelein« und »Ah, bleib vom Schlummer lange gewiegt«[1] in Notenheften, deren Blätter Abend für Abend von zu Recht berühmten Händen zitternd gewendet werden; und die schönsten Augen der Welt benetzen sie mit Tränen, um deren melancholischen und lustvollen Tribut sie der reinste Meister beneiden würde – geistvolle und begeisternde Vertraute, die den Kummer veredeln und den Traum überhöhen und im Austausch mit dem glühenden Geheimnis, das man ihnen anvertraut, die berauschende Illusion der Schönheit geben. Wie das Volk, das Bürgertum, die Armee und der Adel die gleichen Briefträger haben, Träger der Trauer, die sie trifft, oder des Glücks, das sie erfüllt, so haben sie auch die gleichen unsichtbaren Liebesboten, die gleichen vielgeliebten Beichtväter. Es sind die Komponisten von schlechter Musik. Irgend so eine ärgerliche alte Leier, der sich jedes wohlgeborene und wohlerzogene Ohr augenblicklich verschließt, hat den Schatz von Tausenden von Seelen empfangen, bewahrt das Geheimnis von Tausenden von Leben; sie war deren lebendige Begeisterung, deren Trost, auf dem Notenpult des Klaviers, immer bereit, aufgeschlagen zu werden, deren träumerische Anmut und deren Ideal. Irgend so eine Arpeggienpassage oder irgend so ein wiederkehrendes Motiv haben in der Seele von mehr als einem Verliebten oder Träumer die Harmonien des Paradieses oder die eigene Stimme der Geliebten zum Klingen gebracht. Ein Heft mit schlechten Romanzen, das von zu häufigem Gebrauch abgenützt ist, sollte uns bewegen wie ein Friedhof oder wie ein Dorf. Was macht es aus, wenn die Häuser keinen Stil haben und die Gräber unter den geschmacklosen Inschriften und Ornamenten verschwinden. Aus diesem Staub kann vor den Augen einer einfühlsamen und achtungsvollen Phantasie, wenn sie für einen Augenblick ihre ästhetische Geringschätzung zum Schweigen bringt, sich der Schwarm der Seelen erheben, im Schnabel den noch grünen Zweig des Traums, der sie die andere Welt erahnen und sie in dieser genießen und weinen ließ.

XIV

BEGEGNUNG AM SEE

Bevor ich gestern zu einem Diner im Bois fuhr, bekam ich einen Brief von *ihr*; ziemlich kühl schrieb sie nach acht Tagen als Antwort auf einen verzweifelten Brief, sie fürchte, mir vor ihrer Abreise nicht mehr Adieu sagen zu können. Und ich, jawohl, ich antwortete ziemlich kühl, daß es so besser sei und daß ich ihr einen schönen Sommer wünsche. Dann habe ich mich angekleidet und bin im offenen Wagen durch den Bois gefahren. Ich war äußerst traurig, aber ruhig. Ich war entschlossen zu vergessen, hatte mich damit abgefunden; es war eine Frage der Zeit.

Als der Wagen in die Allee einbog, die am See vorbeiführt, bemerkte ich ganz hinten auf dem kleinen Weg, der fünfzig Meter von der Allee entfernt den See umläuft, eine einzelne Frau, die langsam ihres Weges ging. Ich konnte sie zuerst nicht deutlich sehen. Sie grüßte mich leichthin mit der Hand, und nun erkannte ich sie trotz der Distanz, die uns trennte. Sie war es! Ich grüßte sie umständlich. Und sie fuhr fort, mich anzusehen, als wäre ihr willkommen gewesen, ich hätte angehalten und sie mitgenommen. Ich tat nichts dergleichen, doch ich spürte bald schon, wie eine fast äußerliche Erregung mich befiel, mich heftig packte. »Habe ich es nicht geahnt«, rief ich aus. »Es gibt einen Grund, den ich nicht kenne und dessentwegen sie immer Gleichgültigkeit vorgetäuscht hat. Sie liebt mich, die teure Seele.« Unendliches Glück und unerschütterliche Gewißheit überkamen mich, es wurde mir schwindlig, und ich brach in Schluchzen aus. Der Wagen näherte sich Armenonville, ich trocknete meine Augen, und vor ihnen zog, als wollte auch er meine Tränen abwischen, der sanfte Gruß ihrer Hand vorüber, und es hefteten sich auf sie ihre sanft fragenden Augen und baten, daß ich sie mitnehme.

Ich kam strahlend zum Diner. Mein Glück breitete sich in freudevoller, dankbarer und herzlicher Liebenswürdigkeit über alle aus, und das Bewußtsein, daß niemand wisse, welche ihnen allen unbekannte Hand, die kleine Hand, die mich gegrüßt hatte, die in mir das große Freudenfeuer entfacht hatte, wie es in seinem Strahlenglanz allen sichtbar war, fügte meinem Glück den Reiz geheimer Lüste hinzu. Man wartete nur noch auf Madame de T..., und sie traf bald darauf ein. Sie ist die unbedeutendste Person, die ich kenne, und obwohl sie eher gut aussieht, die unangenehmste. Aber ich war zu glücklich, um nicht allen ihre Fehler und ihre Häßlichkeiten zu verzeihen, und ging mit einem herzlichen Lächeln auf sie zu.

»Eben noch waren Sie weniger liebenswürdig«, sagte sie.

»Eben noch!« sagte ich erstaunt, »eben noch, aber ich habe Sie doch gar nicht getroffen.«

»Wie! Sie haben mich nicht erkannt? Gewiß, Sie waren weit weg; ich ging am See entlang, Sie fuhren stolz im Wagen vorbei, ich habe Sie mit der Hand gegrüßt und wäre gerne mitgefahren, um nicht zu spät zu kommen.«

»Wie, Sie waren das!« rief ich aus, und verzweifelt wiederholte ich mehrere Male: »Oh! ich bitte Sie um Verzeihung, ich bitte Sie inständig um Verzeihung!«

»Wie unglücklich er aussieht! Ich mache Ihnen mein Kompliment, Charlotte«, sagte die Gastgeberin. »Aber trösten Sie sich doch, Sie sind jetzt ja mit ihr!«

Ich war niedergeschmettert. Mein ganzes Glück war zerstört.

Nun gut, das schlimmste ist, daß es nicht so war, als sei es nicht gewesen. Auch nachdem ich meinen Irrtum erkannt hatte, veränderte das liebende Bild derjenigen, die mich nicht liebte, noch für lange Zeit die Vorstellung, die ich mir von ihr machte. Ich versuchte eine Aussöhnung herbeizuführen, vergaß sie weniger schnell, und oft schloß ich in meiner Qual die Augen, um mich mit der Illusion zu trösten, es seien ihre kleinen Hände gewesen, wie ich es zuerst *gefühlt* hatte, und um ihre kleinen Hände wieder zu sehen, die mich grüßten, die so gut meine Augen getrocknet, die meine Stirn so gut gekühlt hätten, ihre kleinen behandschuhten Hände, die sie mir am See sanft entgegenstreckte als fragile Symbole von Frieden, Liebe und Versöhnung, während ihre traurig fragenden Augen darum zu bitten schienen, daß ich sie mitnehme.

Wie ein blutroter Himmel dem Vorübergehenden ankündigt: dort wütet ein Brand, so verraten oft gewisse
glühende Blicke Leidenschaften, von denen sie lediglich
ein Widerschein sind. Es sind Flammen im Spiegel.
Manchmal aber haben auch gleichgültige und fröhliche
Menschen weite und dunkle Augen wie die Kümmernis,
als wäre ein Filter aufgespannt zwischen ihrer Seele und
ihren Augen und als hätten sie den ganzen lebendigen
Inhalt ihrer Seele in ihre Augen sozusagen »einfließen«
lassen. Nur noch von der Glut des Egoismus erwärmt –
jener sympathischen Glut des Egoismus, die die anderen
ebensosehr anzieht, wie der Brand der Leidenschaft sie
abstößt –, wird ihre Seele von nun an nichts anderes
mehr sein als ein künstlicher Intrigenpalast. Aber ihre
unablässig in Liebe entflammten Augen, die vom Mor-
gentau der Sehnsucht benetzt werden, erglänzen, dahin-
treiben, versinken, ohne zu erlöschen – sie werden die
Welt in Erstaunen versetzen durch ihren tragischen
Flammenglanz. Als Zwillingssterne, unabhängig von
ihrer Seele, Liebessterne, glühende Satelliten einer für
immer erkalteten Welt, werden sie von nun an bis zu
ihrem Tod fortfahren, einen ungewohnten und trügeri-
schen Glanz zu verbreiten, falsche Propheten, meineidi-
ge auch, die mit ihren Liebesflammen versprechen, was
ihr Herz nicht halten wird.

XVI

DER FREMDE

Dominique saß am erloschenen Feuer und wartete auf
seine Gäste. Jeden Abend lud er einen Herrn der großen
Welt ein, bei ihm mit geistvollen Menschen zu soupie-

ren, und da er wohlgeboren, reich und charmant war, ließ man ihn niemals allein. Die Leuchter waren noch nicht entzündet, und trübselig starb der Tag im Raum dahin. Plötzlich hörte er, wie eine Stimme, eine Stimme, fern und vertraut, zu ihm sagte: »Dominique« – und allein schon zu hören, wie sie »Dominique« aussprach, es aussprach so fern und so nah, ließ ihn vor Schrecken erstarren. Nie hatte er diese Stimme vernommen, und doch kannte er sie so gut, kannten seine Gewissensbisse diese Stimme eines Opfers so gut, eines edlen, hinge-schlachteten Opfers. Er forschte, ob er einst ein Verbre-chen begangen habe, aber er konnte sich an keines erinnern. Und doch warf ihm der Tonfall dieser Stimme offensichtlich ein Verbrechen vor, ein Verbrechen, das er ohne Zweifel begangen hatte, ohne sich dessen bewußt zu sein, für das er jedoch verantwortlich war – so bestä-tigten es seine Trauer und seine Angst. – Er hob die Augen und sah vor sich einen Fremden, ernst und ver-traut, der etwas Vages und zugleich Ergreifendes an sich hatte. Dominique begrüßte mit einigen respektvollen Worten seine melancholische und unbestreitbare Autori-tät.

»Dominique, sollte ich der einzige sein, den du nie zum Souper einlädst? Du hast ein Unrecht gegen mich gutzumachen, ein altes Unrecht. Danach werde ich dich lehren, auf die anderen zu verzichten, die nicht mehr kommen werden, wenn du alt bist.«

»Ich lade dich zum Souper ein«, antwortete Domini-que mit liebevollem Ernst, wie er ihn an sich nicht kannte.

»Danke«, sagte der Fremde.

Keine Krone schmückte den Stein seines Siegelrings, und seine Worte hatte der Geist nicht mit glitzern-der Schärfe überzogen. Doch die Dankbarkeit seines brüderlichen und kraftvollen Blicks weckte in Dominique ein unbekanntes, berauschendes Gefühl von Glück.

»Wenn du mich aber bei dir behalten willst, mußt du deine anderen Gäste wegschicken.«

Dominique hörte sie an die Tür klopfen. Die Leuchter waren nicht entzündet, es herrschte tiefe Nacht.

»Ich kann sie nicht wegschicken«, antwortete Dominique, »*ich kann nicht allein sein.*«

»Wahrhaftig, mit mir wärst du allein«, sagte traurig der Fremde. »Und doch solltest du mich bei dir behalten. Du hast mir ein Unrecht zugefügt, ein altes Unrecht, das du gutmachen solltest. Ich liebe dich mehr als sie alle und würde dich lehren, auf sie zu verzichten, sie, die nicht mehr kommen werden, wenn du alt bist.«

»Ich kann nicht«, sagte Dominique.

Und er fühlte, daß er eben ein edles Glück geopfert hatte auf Anordnung einer gebieterischen und vulgären Gewohnheit, die nicht einmal mehr Freuden zu verteilen hatte als Preis für seine Gehorsamkeit.

»Entscheide dich schnell«, fuhr der Fremde flehend und hoheitsvoll fort.

Dominique ging zur Tür, um die Gäste einzulassen, und fragte gleichzeitig den Fremden, ohne zu wagen sich umzusehen:

»Wer bist du denn?«

Und der Fremde, der Fremde, der schon zu entschwinden begann, sagte:

»Die Gewohnheit, der du mich heute von neuem opferst, wird morgen noch stärker sein, durch das Blut aus der Wunde, die du mir schlägst, um sie zu nähren. Durch deinen erneuten Gehorsam noch gebieterischer geworden, wird sie dich mit jedem Tag mehr von mir abwenden, wird dich zwingen, mir größere Schmerzen zu bereiten. Bald wirst du mich getötet haben. Du wirst mich nie mehr sehen. Und doch schuldetest du mir mehr als den anderen, die dich bald einmal im Stich lassen werden. Ich bin in dir, und doch bin ich für immer fern von dir, schon bin ich beinahe nicht mehr. Ich bin deine Seele, ich bin du selbst.«

Die Gäste waren eingetreten. Man begab sich in den Speiseraum, und Dominique wollte sein Gespräch mit dem entschwundenen Besucher erzählen, aber angesichts der allgemeinen Langeweile und angesichts der sichtlichen Mühe, die es den Hausherrn kostete, sich an einen fast verblichenen Traum zu erinnern, unterbrach ihn Girolamo zur Zufriedenheit aller und selbst Dominiques und zog folgenden Schluß:

»Man soll nie allein bleiben; Einsamkeit gebiert Melancholie.«

Daraufhin begann man wieder zu trinken; Dominique plauderte ausgelassen, aber ohne Freude, und doch geschmeichelt durch die brillante Tafelrunde.

XVII
TRAUM

Deine Tränen flossen für mich, meine Lippe hat deine Tränen getrunken.
ANATOLE FRANCE[1]

Es kostet mich überhaupt keine Mühe, mich daran zu erinnern, welches am vergangenen Samstag (vor vier Tagen) meine Meinung über Madame Dorothy B... war. Der Zufall wollte es, daß gerade an jenem Tag von ihr gesprochen wurde, und ich war aufrichtig, wenn ich sagte, ich fände sie ohne Reiz und ohne Geist. Ich glaube, sie ist zweiundzwanzig oder dreiundzwanzig Jahre alt. Ich kenne sie im übrigen kaum, und wenn ich an sie dachte, tauchte keine Erinnerung auf, die meine Aufmerksamkeit belebt hätte, und vor meinen Augen standen lediglich die Buchstaben ihres Namens.

Ich ging letzten Samstag ziemlich früh schlafen. Aber gegen zwei Uhr wurde der Wind so stark, daß ich aufstehen mußte, um einen schlecht befestigten Fensterladen zu schließen, der mich aufgeweckt hatte. Ich betrachtete rückblickend den kurzen Schlaf, den ich eben getan hatte, und freute mich darüber, daß er stärkend, ohne Beschwerden und ohne Träume gewesen war. Kaum war ich wieder im Bett, schlief ich auch wieder ein. Nach einer schwer abzuschätzenden Weile aber wachte ich allmählich wieder auf, oder vielmehr, ich erwachte allmählich in der Welt der Träume, deren Formen zuerst, wie in der wirklichen Welt bei einem gewöhnlichen Erwachen, verschwommen waren, sich dann aber deutlicher abzeichneten. Ich ruhte mich aus auf dem Strand von Trouville, der gleichzeitig eine Hängematte war in einem Garten, den ich nicht kannte, und eine Frau blickte mich mit unbeirrbarer Sanftheit an. Es war Madame Dorothy B... Ich war ebensowenig überrascht, wie ich es am Morgen bin, wenn ich beim Erwachen mein Zimmer wiedererkenne. Aber auch der überirdische Zauber meiner Gefährtin und die Ekstase einer zugleich wollüstigen und geistigen Anbetung, in die mich ihre Gegenwart versetzte, überraschten mich nicht in besonderem Maße. Wir schauten uns an und verstanden uns; und es erfüllte sich ein großes Wunder von Glück und Herrlichkeit, das wir mit vollem Bewußtsein erfaßten, an dem sie teilnahm und für das ich ihr unendlich dankbar war. Aber sie sagte:

»Du bist von Sinnen, dich bei mir zu bedanken, hättest du nicht das gleiche für mich getan?«

Und das Gefühl (es war übrigens eine vollkommene Gewißheit), daß ich das gleiche für sie getan hätte, steigerte meine Freude bis zur Verzückung als offenkundiges Symbol der allerengsten Verbindung. Sie machte mit dem Finger ein geheimnisvolles Zeichen und lächelte. Und als wäre ich gleichzeitig in ihr und in mir gewesen, wußte ich, das hieß: All deine Feinde, all deine Übel, all deine Klagen, all deine Schwächen, was bedeuten sie noch? Und ohne daß ich ein Wort gesagt hätte, hörte sie mich antworten, sie sei mühelos über alles siegreich geblieben, habe alles vernichtet, habe meine Leiden lustvoll in ihren Zauberbann gezogen. Und sie trat näher heran, liebkoste mit den Händen meinen Hals, drehte langsam die Spitzen meines Schnurrbarts hinauf. Dann sagte sie: »Gehen wir jetzt zu den anderen, treten wir ins Leben ein!« Eine übermenschliche Freude erfüllte mich, und ich fühlte die Kraft in mir, dieses ganze mögliche Glück zu verwirklichen. Sie wollte mir eine Blume geben, zog zwischen ihren Brüsten eine noch geschlossene Rose hervor, gelb und zartrosa, steckte sie mir ins Knopfloch. Plötzlich spürte ich ein neues Lustgefühl, das meinen Rausch noch steigerte. Es war die Rose, die ich atmete, die in meinem Knopfloch steckte und begonnen hatte, ihren Liebesduft zu verströmen. Ich sah, daß angesichts meiner Freude Dorothy von einer Erregung ergriffen wurde, die ich nicht verstehen konnte. Genau in dem Augenblick, in dem ihre Augen (durch das geheimnisvolle Bewußtsein, das ich von ihrer eigenen Individualität hatte, war ich dessen ganz gewiß) den leichten Krampf verspürten, der um eine Sekunde dem Augenblick vorausgeht, in dem man zu weinen beginnt, waren es meine Augen, die sich mit Tränen füllten, mit ihren Tränen, könnte ich sagen. Sie kam näher, hob ihren zurückgebogenen Kopf bis zur Höhe meiner Wange, so daß ich dessen geheimnisvolle Anmut und fesselnde Lebendigkeit betrachten konnte, ließ die Zunge aus dem frischen, lächelnden Mund hervorschnellen und fing alle meine Tränen am Rand der Augen auf. Dann tranken ihre Lippen sie hinweg, mit einem leisen Geräusch, das ich wie einen unbekannten Kuß vernahm, mich tiefer erregend, als wenn er mich direkt berührt hätte. Ich wachte mit einem Schlage auf, erkannte mein Zimmer, und wie in einem nahen Gewitter der Donnerschlag unmittelbar dem Blitz folgt, verband sich mit der schwindelerregenden Erinnerung an Glück, eher als daß sie dieser gefolgt wäre, die niederschmetternde Gewißheit von dessen Lüge und Unmöglichkeit. Trotz aller Einwände der Vernunft aber hatte Dorothy B... aufgehört, für mich die Frau zu sein, die sie noch tags zuvor gewesen war. Die schwache Spur, die die paar flüchtigen Kontakte mit ihr in meiner Erinnerung zurückgelassen hatten, war beinahe ganz verwischt, wie nach einer gewaltigen Flutwelle, die hinter sich unbekannte Überreste zurückgelassen hatte. Ich empfand ein unermeßliches und schon von vornherein enttäuschtes Verlangen, sie wiederzusehen, und das tiefe Bedürfnis, verbunden mit klugem Mißtrauen, ihr zu schreiben. Wurde ihr Name im Gespräch genannt, erzitterte ich, obwohl er die Erinnerung wachrief an das unbedeutende Bild, das ihn vor jener Nacht begleitet hätte, und während sie mir gleichgültig war wie irgendeine banale Dame der Gesellschaft, zog sie mich unwiderstehlicher an als die geliebtesten Freundinnen oder das berauschendste Geschick. Ich hätte nicht einen Schritt getan, um sie zu sehen, und für die andere »Sie« hätte ich mein Leben gegeben. Jede Stunde verwischt die Erinnerung an den Traum ein wenig, den diese Erzählung schon allzusehr entstellt. Ich sehe ihn immer weniger deutlich, wie ein Buch, das man an seinem Tisch weiterzulesen sich vornimmt, wenn der sinkende Tag nicht mehr genügend hell ist und es Nacht wird. Um ihn noch ein wenig sehen zu können, muß ich einen Augenblick aufhören, an ihn zu denken, wie man die Augen schließen muß, bevor man noch einige Buchstaben in dem mit Schatten erfüllten Buch liest. Verwischt wie er ist, läßt er in mir noch eine große Erregung zurück, die Schaumspur seines Kielwassers oder die Wonne seines Duftes. Aber auch diese Erregung wird sich auflösen, und ich werde Madame B... völlig ruhig gegenübertreten können. Was hätte es übrigens für einen Sinn, ihr diese Dinge zu erzählen, an denen sie unbeteiligt geblieben ist.

Ach! die Liebe ist über mich hinweggegangen wie dieser Traum, mit einer ebenso geheimnisvollen, verklärenden Gewalt. So können denn Sie, die Sie diejenige kennen, die ich liebe, und nicht in meinem Traum waren, mich nicht verstehen; versuchen Sie nicht, mir Ratschläge zu erteilen.

XVIII

GENREBILDER DER ERINNERUNG

Wir haben gewisse Erinnerungen, die so etwas wie die holländische Malerei unseres Gedächtnisses sind, Genrebilder, in denen die Personen oft von bescheidenem Stande sind, mit den ganz einfachen Szenen aus dem Leben, ohne feierliche Ereignisse, manchmal überhaupt ohne Ereignisse, in einer keineswegs besonderen Umgebung und ohne Größe. Ihr Reiz liegt in der Natürlichkeit der Figuren und der Einfachheit der Szene; in der Entfernung zwischen der Szene und uns liegt ein sanftes Licht und erfüllt sie mit Schönheit.

Mein Leben beim Regiment ist voll von Szenen dieser Art; ich habe sie, ohne besonders lebhafte Freude und ohne großen Kummer, einfach gelebt, und ich erinnere mich an sie mit sanftem Wohlgefallen. Der ländliche Charakter der Umgebung, die Einfachheit einiger meiner bäuerlichen Kameraden, deren Körper schöner, beweglicher geblieben war, der Geist origineller, das Herz spontaner und der Charakter natürlicher als bei den jungen Leuten, die ich vorher gekannt hatte und nachher kennenlernte, die Ruhe eines Lebens, in dem die Beschäftigungen strenger geregelt sind und die Phantasie sich freier entfalten kann als in irgendeinem anderen, in dem das Vergnügen uns um so beharrlicher begleitet, als wir keine Zeit haben, es zu fliehen, indem wir ihm nachjagen, dies alles trägt dazu bei, aus jener Epoche meines Lebens so etwas wie eine von Lücken zwar unterbrochene Folge von kleinen Bildern zu machen, voll glücklichen Lebens und voller Zauber, durchdrungen von der sanften Traurigkeit und der Poesie der Zeit.

XIX
MEERWIND AUF DEM LAND

> *Ich werde dir jungen Mohn bringen, mit purpurner Blüte.*
>
> THEOKRIT, *Der Zyklop*[1]

Im Garten, im kleinen Gehölz, über Land ist der Wind mit wilder und unnützer Wut daran, die Böen von Sonne auseinanderzutreiben, sie zu verfolgen, indem er die Zweige des Unterholzes, wo sie sich festgesetzt hatten, rasend bewegt bis hin zum glitzernden Dickicht, wo sie jetzt durch und durch bebend erzittern. Die Bäume, die trocknende Wäsche, der Schweif des Pfaus, der sein Rad schlägt, zeichnen in der durchsichtigen Luft blaue, außerordentlich scharfe Schatten, die in alle Richtungen getrieben werden, die aber wie ein schlecht geworfener Papierdrache nicht aufsteigen wollen. Dieses Durcheinander von Wind und Licht macht die Ähnlichkeit aus zwischen diesem Winkel der Champagne und einer Gegend am Meer. Wenn wir oben ankommen auf jenem

Weg, der, ausgebrannt vor Licht und atemlos vor Wind, gegen einen kahlen Himmel aufsteigt, werden wir dann nicht das Meer erblicken, weiß vor Sonne und Schaum? Wie jeden Morgen waren Sie mit Blumen in der Hand gekommen und mit den sanften Federn, die der Flug einer Ringeltaube, einer Schwalbe oder eines Hähers in die Allee hatte fallen lassen. Die Federn zittern an meinem Hut, der Mohn in meinem Knopfloch verliert die Blätter, kehren wir schnell zurück.

Das Haus stöhnt im Wind wie ein Schiff, man hört, wie unsichtbare Segel sich blähen, wie unsichtbare Fahnen draußen klatschen. Bergen Sie diesen Strauß frischer Rosen in Ihrem Schoß und lassen Sie mein Herz weinen, umschlossen von Ihren Händen.

XX

DIE PERLEN

Ich bin am frühen Morgen heimgekehrt und habe mich fröstelnd ins Bett gelegt, zitternd in einem melancholischen Wahn und eiskalt. Vorhin noch, in deinem Zimmer, trennte mich alles von dir, deine Freunde von gestern, deine Pläne von morgen – ebenso viele Feinde, ebenso viele Verschwörungen gegen mich –, deine Gedanken der Stunde – ebenso viele vage und unbetretbare Orte. Jetzt, da ich fern bin von dir, scheint mir, diese unvollkommene Anwesenheit, flüchtige und von den Küssen nur allzu schnell weggezogene Maske ewiger Abwesenheit, würde genügen, um mir dein wahres Gesicht zu zeigen und um die Wünsche meiner Liebe zu erfüllen. Ich mußte weggehen, traurig und eiskalt fern von dir sein! Aber durch welchen plötzlichen Zauber beginnen die vertrauten Träume unseres Glücks wieder aufzusteigen, dichter Rauch über einer hell brennenden

Flamme, freudevoll und ohne Unterbrechung aufzusteigen in meinem Kopf? In meiner unter der Decke aufgewärmten Hand ist der Geruch der Rosenzigaretten erwacht, die du mir zu rauchen gegeben hattest. Mit langen Zügen atme ich, den Mund an meine Hand gepreßt, den Duft, der in der Wärme der Erinnerung dichte Wolken von Zärtlichkeit, von Glück und von *dir* verströmt. Ah! meine kleine Vielgeliebte, jetzt, da ich dich so gut entbehren kann, da ich freudevoll in der Erinnerung an dich dahinschwimme – die in diesem Augenblick mein Zimmer erfüllt –, ohne daß ich gegen deinen unüberwindlichen Körper ankämpfen müßte, sage ich es dir auf absurde, sage ich es dir auf unverbrüchliche Weise: ich kann dich nicht entbehren. Nur deine Anwesenheit gibt meinem Leben jene feine, melancholische und warme Tönung, wie den Perlen, die die Nacht auf deinem Körper verbringen. Wie sie lebe und nehme ich die traurigen Nuancen meiner Stimmung von deiner Wärme, und wie sie würde ich sterben, wenn du mich nicht auf dir behalten würdest.

XXI

DIE GESTADE DES VERGESSENS

»Man behauptet, der Tod verschönere seine Opfer und stelle ihre Tugenden auf übertriebene Weise dar, im allgemeinen aber ist es viel eher das Leben, das ihnen unrecht getan hat. Der Tod, dieser pietätvolle und untadelige Zeuge, lehrt uns, im Geist der Wahrheit und der Barmherzigkeit, daß in jedem Menschen meist mehr Gutes als Schlechtes ist[1].« Was Michelet hier vom Tod sagt, trifft vielleicht noch mehr auf jenen Tod zu, der einer großen unglücklichen Liebe folgt. Das Wesen, das uns so sehr hat leiden lassen und uns jetzt nichts mehr bedeutet – genügt es, wie der Volksmund zu sagen, es sei »tot« für uns? Die Toten beweinen wir, wir lieben sie noch, wir unterliegen noch lange dem unwiderstehlichen Reiz des Zaubers, der sie überlebt und der uns oft zu den Gräbern zurückführt. Das Wesen aber, das uns alles hat empfinden lassen und dessen Wesenheit uns gesättigt hat, kann jetzt im Gegenteil nicht einmal mehr den Schatten eines Schmerzes oder einer Freude über uns dahinziehen lassen. Es ist mehr als tot für uns. Nachdem wir es für das Kostbarste der Welt gehalten haben, nachdem wir es verflucht haben, es verachtet haben, sind wir jetzt außerstande, über es zu urteilen; kaum nimmt sein Gesicht noch deutliche Züge an vor den Augen unserer Erinnerung, die es bis zur Erschöpfung fixiert haben. Aber das Urteil über das geliebte Wesen, dieses so oft geänderte Urteil, das bald mit seiner Hellsicht unser blindes Herz quälte, bald auch sich selbst die Augen verschloß, um diesem grausamen Zwiespalt ein Ende zu setzen, muß eine letzte Wendung vollziehen. Wie jene Landschaften, die man erst von den Gipfeln aus entdeckt, erscheint uns von den Höhen der Vergebung aus diejenige in ihrem wirklichen Wert, die für uns mehr als tot war, nachdem sie unser eigenes Leben gewesen war. Wir wußten nur, daß sie unsere Liebe nicht erwiderte, wir verstehen jetzt, daß sie für uns wirkliche Freundschaft empfand. Nicht die Erinnerung verschönert sie, die Liebe tat ihr unrecht. Dem, der alles will und dem alles, wenn er es erhalten würde, nicht genügte, scheint ein wenig zu bekommen, nur eine absurde Grausamkeit zu sein. Jetzt verstehen wir, daß es ein großzügiges Geschenk war von der, die sich weder durch unsere Verzweiflung noch durch unsere Ironie, noch durch unsere fortdauernde Tyrannei entmutigen ließ. Sie blieb immer sanftmütig. Mehrere Äußerungen, die uns heute zugetragen werden, scheinen uns von einer nachsichtigen

Genauigkeit voller Anmut zu sein, Äußerungen von ihr, die wir unfähig glaubten, uns zu verstehen, weil sie uns doch nicht liebte. Wir hingegen haben von ihr mit so viel ungerechtem Egoismus und so viel Strenge gesprochen. Sind wir ihr nicht zutiefst verpflichtet? Wenn sich auch diese große Flutwelle der Liebe für immer zurückgezogen hat, so können wir doch, wenn wir in uns umhergehen, fremdartige und zauberhafte Muscheln einsammeln und, halten wir sie ans Ohr, weithin das Rauschen von früher vernehmen, mit melancholischer Lust und ohne noch darunter zu leiden. Dann denken wir mit Rührung an die, die zu unserem Unglück mehr geliebt wurde, als daß sie liebte. Sie ist nicht länger »mehr als tot« für uns. Sie ist eine Tote, deren man liebevoll gedenkt. Die Gerechtigkeit will, daß wir die Vorstellung, die wir von ihr hatten, berichtigen. Und durch die allmächtige Tugend der Gerechtigkeit kann sie im Geist auferstehen, um vor diesem letzten Gericht zu erscheinen und das Urteil zu hören, das wir fern von ihr über sie fällen, voll Ruhe, die Augen voll Tränen.

XXII
LEIBHAFTIGE GEGENWART

Wir haben uns geliebt in einem verlorenen Dorf des Engadins, dessen Name von doppelt süßem Klang war: der Traum deutscher Laute erstarb in der Wollust italienischer Silben. Unweit bespülten drei Seen von nie gesehenem Grün Tannenwälder. Gletscher und Bergspitzen schlossen den Horizont. Abends vervielfachte sich in der Tiefe der hintereinanderliegenden Ebenen die Sanftheit der Lichttöne. Werden wir je die Spaziergänge am See von Sils-Maria vergessen, als der Nachmittag endete, um sechs Uhr? Die Lärchen, von so schwarzer Klarheit, wenn sie sich vom blendenden Schnee abheben, streckten dem blaßblauen, beinahe malvenfarbenen Wasser ihre in zartem Grün leuchtenden Äste entgegen. Eines Abends war uns die Stunde besonders gnädig gesinnt; die sinkende Sonne ließ im Verlauf weniger Augenblicke das Wasser alle Farbtöne und unsere Seele alle Wonnen durchlaufen. Plötzlich zuckten wir zusammen, denn wir hatten einen kleinen rosa Schmetterling[1] erblickt, dann zwei, dann fünf, die die Blumen unseres Ufers verließen und über den See dahinflatterten. Bald schienen sie nur noch ungreifbarer, davongetragener Staub aus Rosa zu sein, der über den See glitt; dann erreichten sie die Blumen des anderen Ufers, kamen zurück, und behutsam begannen sie von neuem die abenteuerliche Überquerung, bisweilen hielten sie inne, gleichsam von einer Versuchung ergriffen über diesem jetzt wie eine große welkende Blume köstlich getönten See. Das war zuviel, und unsere Augen füllten sich mit Tränen. Wenn sie den See überquerten, flogen diese kleinen Schmetterlinge wieder und wieder über unsere Seele hin – über unsere Seele, die sich angesichts solcher Schönheit vor Erregung spannte und bereit war zu vibrieren –, sie flogen wieder und wieder wie ein lustvoller Bogen dahin. Die leichte Bewegung ihres Flugs streifte das Wasser nicht, doch liebkoste sie unsere Augen, unsere Herzen, und bei jedem Erzittern ihrer kleinen rosa Flügel war uns, als müßten wir vergehen. Als wir sahen, wie sie vom anderen Ufer zurückkehrten, und sie uns so offenbarten, daß sie spielten und sich frei über den Wassern bewegten, ertönte für uns eine köstliche Harmonie; sie aber kehrten behutsam zurück, auf unzähligen kapriziösen Umwegen, die die ursprüngliche Harmonie abwandelten und eine Melodie von bezaubernder Phantasie entwarfen. Unsere zum Klingen gebrachte Seele lauschte dem lautlosen Flug, einer Musik aus Zauber und Freiheit, und all die sanften, doch intensiven Harmonien des Sees, der Wälder, des Himmels und unseres eigenen Lebens begleiteten sie mit einer magischen Sanftheit, die uns in Tränen auflöste.

In jenem Jahr hatten wir uns nicht gesprochen, und ich hatte dich sogar aus den Augen verloren. Aber wie sehr haben wir uns dann im Engadin geliebt! Nie konnte ich genug von dir bekommen, nie ließ ich dich allein zu Hause. Du begleitetest mich auf meinen Spaziergängen, aßest an meinem Tisch, schliefst in meinem Bett, träumtest in meiner Seele. Eines Tages – ist es möglich, daß ein sicherer Instinkt als geheimnisvoller Bote dich nicht benachrichtigt hat von diesen Kindereien, in die du so sehr miteinbezogen warst, die du miterlebt hast, ja, wirklich miterlebt, so sehr hattest du in mir eine leibhaftige Gegenwart, eine Realpräsenz – eines Tages (wir hatten beide Italien noch nie gesehen) waren wir von dem, was uns von Alp Grüm gesagt wurde, wie geblendet: »Von dort sieht man bis nach Italien.« Wir brachen nach Alp Grüm auf und stellten uns vor, im Schauspiel, das sich zu Füßen des Berges ausbreiten werde, müsse dort, wo Italien beginnt, die wirkliche und harte Landschaft mit einem Male aufhören, und es müsse in traumhafter Tiefe ein völlig blaues Tal sich öffnen. Unterwegs bedachten wir, daß eine Grenze den Boden nicht verändert und daß auch dann, wenn er sich veränderte, dies zu unmerklich geschähe, als daß wir es einfach so, mit einem Blick, feststellen könnten. Ein wenig enttäuscht lachten wir dennoch darüber, daß wir eben noch so kindisch gewesen waren.

Als wir aber auf dem Gipfel angelangt waren, standen wir wie geblendet. Unsere kindliche Vorstellung lag verwirklicht vor uns. Uns zur Seite schimmerten Gletscher. Zu unseren Füßen durchzogen reißende Bergbäche eine wilde Engadiner Landschaft von dunklem Grün. Dann

ein geheimnisvoll anmutender Hügelzug; und dahinter
malvenfarbene Hänge, die sich bald öffneten, bald wieder schlossen, vor einer wahrhaft blauen Gegend, einer
schimmernden Straße auf Italien zu. Die Namen waren
nicht mehr die gleichen; sie standen alsbald mit der
neuen Lieblichkeit in Einklang. Man zeigte uns den Lago
di Poschiavo, den Pizzo di Verona, die Val Viola. Danach
kamen wir in eine außerordentlich wilde und verlassene
Gegend, wo die Trostlosigkeit der Natur und die Gewißheit, dort für alle unerreichbar zu sein, und auch
unsichtbar, unbesiegbar, die Lust, sich dort zu lieben, bis
zur Ekstase gesteigert hätte. Da aber empfand ich wahrlich zutiefst die Traurigkeit darüber, daß du nicht in
deiner materiellen Gestalt bei mir warst, anders als im
Gewand meiner Sehnsucht, in der Wirklichkeit meines
Verlangens. Ich stieg ein wenig hinab bis zu der immer
noch hochgelegenen Stelle, zu der die Touristen kommen, um die Aussicht zu bewundern. In einer abgelege-
nen Hütte gibt es ein Buch, in das sie ihre Namen
eintragen. Ich trug meinen ein und daneben eine Buch-
stabenkombination, die eine Anspielung auf deinen war;
denn es war mir jetzt unmöglich, mir nicht einen materiellen Beweis zu geben von der Wirklichkeit deiner
geistigen Nähe. Als ich etwas von dir in dieses Buch
setzte, war es mir, als befreite ich mich um ebensoviel
von dem erdrückenden Gewicht, mit dem du meine
Seele ersticktest. Und außerdem hatte ich die grenzenlose Hoffnung, dich eines Tages dorthin zu führen, um
diese Zeile zu lesen; dann würdest du mit mir noch weiter hinaufsteigen und mich für all diese Traurigkeit ent-
schädigen. Ohne daß ich dir ein Wort davon hätte sagen
müssen, würdest du alles verstanden haben, oder vielmehr, du würdest dich an alles erinnert haben; und du
würdest dich beim Aufstieg mir überlassen, würdest
dich ein wenig auf mich stützen, um mich besser spüren

zu lassen, daß du diesmal wirklich da bist; und ich würde zwischen deinen Lippen, die einen leichten Geruch deiner orientalischen Zigaretten bewahren, gänzliches Vergessen finden. Wir würden sehr laut unsinnige Worte sagen, weil es herrlich ist zu rufen, ohne daß weitherum jemand uns hören kann; nur kurzes Gras würde im leichten Bergwind erzittern. Der Aufstieg würde deinen Schritt verlangsamen, du würdest schwerer atmen, und mein Gesicht käme näher, um deinen Atem zu spüren: wir wären von Sinnen. Wir würden auch dorthin gehen, wo ein weißer See neben einem schwarzen See liegt, sanft wie eine weiße Perle neben einer schwarzen Perle. Wie hätten wir uns geliebt in einem verlorenen Dorf des Engadins! Wir hätten nur Bergführer sich uns nähern lassen, jene so großen Männer, deren Augen etwas anderes widerspiegeln als die Augen anderer Menschen und auch wie aus einem anderen »Wasser« sind. Aber ich kümmere mich nicht mehr um dich. Die Sattheit hat sich vor der Besitznahme eingefunden. Selbst die platonische Liebe kennt ihre Sättigungen. Ich möchte dich nicht mehr in diese Gegend führen, an die du mich, ohne sie zu verstehen und sogar ohne sie zu kennen, mit einer derart rührenden Genauigkeit erinnerst. Dein Anblick besitzt für mich nur noch einen Zauber, nämlich mir plötzlich die fremdartig sanften deutschen und italienischen Namen in Erinnerung zu rufen: Sils-Maria, Silva Plana, Crestalta, Samaden, Celerina, Julier, Val Viola.

XXIII
SONNENUNTERGANG IM INNEREN DER SEELE

Wie die Natur hat auch die Intelligenz ihre Schauspiele. Niemals haben die Sonnenaufgänge und niemals haben die Mondnächte, die mich so oft bis zu Tränen der Verzückung getrieben haben, jenes weite, melancholische Flammenmeer an leidenschaftlicher Rührung übertroffen, das während der Spaziergänge am Ende des Tages in unserer Seele die Farbtöne ebenso vieler Fluten abstuft, wie auf dem Meer unter den Strahlen der sinkenden Sonne aufscheinen. Dann beschleunigen wir unseren Schritt in der Nacht. Mehr noch als ein Reiter, den der immer schnellere Gang eines heißgeliebten Tieres betäubt und erregt, geben wir uns bebend vor Vertrauen und Freude unseren stürmischen Gedanken hin; und je mehr wir sie beherrschen und lenken, desto gewisser fühlen wir, ihnen immer unwiderstehlicher anzugehören. Wir durcheilen das dunkle Gelände, und wir grüßen die nachterfüllten Eichen mit gefühlvoller Erregung, als das feierliche Feld, als die epischen Zeugen der Kraft, die uns mitreißt und berauscht. Wenn wir die Augen zum Himmel erheben, können wir nicht ohne Begeisterung im Zwischenraum der vom Abschied der Sonne noch erregten Wolken den geheimnisvollen Widerschein unserer Gedanken erkennen: immer schneller dringen wir ins das Gelände ein, und der Hund, der uns folgt, das Pferd, das uns trägt, oder der Freund, der geschwiegen hat, manchmal auch, wenn kein Lebewesen mit uns ist, nur die Blume im Knopfloch oder der Stock, der sich fröhlich in unseren fiebrigen Händen dreht, empfangen in Blicken und Tränen den melancholischen Tribut unserer Verzückung.

XXIV

WIE IM MONDLICHT

Die Nacht war gekommen, ich ging auf mein Zimmer, beklommen bei dem Gedanken, jetzt im Dunkeln bleiben zu müssen und den Himmel, die Felder und das

Meer nicht mehr unter der Sonne erstrahlen zu sehen. Aber als ich die Tür öffnete, fand ich das Zimmer erleuchtet wie bei Sonnenuntergang. Durch das Fenster hindurch sah ich das Haus, die Felder, den Himmel und das Meer, oder genauer, es schien mir, daß ich sie im Traum »wiedersehe«. Das sanfte Licht des Mondes erinnerte mich an sie, viel mehr, als daß es sie mir zeigte; es hatte einen bleichen Glanz über ihre Umrisse gelegt, doch löste es die Dunkelheit nicht auf, die wie tiefes Vergessen ihre Formen umhüllte. Und ich habe Stunden damit verbracht, im Hof die stumme, verschwommene, verzauberte und bleichgetönte Erinnerung an die Dinge zu betrachten, die mir tagsüber Freude oder Schmerz bereitet hatten mit ihren Schreien, ihren Stimmen oder ihrem Rauschen.

Die Liebe ist erloschen, ich habe Angst auf der Schwelle des Vergessens; doch dann, besänftigt, etwas bleich, ganz nahe und doch fern, schon verschwommen, zeigen sich mir wie im Mondlicht all mein vergangenes Glück und all mein gestillter Kummer, die mich schweigend betrachten. Ihr Schweigen rührt mich, während ihre Ferne und ihr undeutlicher, bleicher Schein mich mit Traurigkeit und Poesie berauschen. Und ich kann meine Augen nicht abwenden von diesem Mondschein im Inneren meiner Seele[1].

XXV

KRITIK DER HOFFNUNG IM LICHT DER LIEBE

Kaum ist uns eine kommende Stunde zur Gegenwart geworden, als sie sich ihrer Reize entledigt, um sie wiederzufinden, das ist wahr, wenn wir sie hinter uns gelassen haben, auf den Wegen der Erinnerung, vorausgesetzt, unsere Seele ist weit genug, um tiefe Perspektiven zu erschließen. So verströmt das poetische Dorf, zu dem wir den Trab unserer ungeduldigen Hoffnungen und unserer müden Stuten lenkten, wenn man den Hügel überschritten hat, von neuem seine verschleierten Harmonien, deren vage Versprechen seine vulgären Straßen, seine am Horizont so verbundenen und verschmolzenen, dann aber so disparaten Häuser und der zuerst es verhüllende, dann aber aufgelöste blaue Dunst so schlecht gehalten haben. Aber wie der Alchimist jeden seiner Mißerfolge einer zufälligen und jedesmal verschiedenen Ursache zuschreibt, beschuldigen wir, ohne auch nur von fern im eigentlichen Wesen der Gegenwart eine unheilbare Unvollkommenheit zu vermuten, die Tücke der besonderen Umstände, die Bürden irgendeiner beneideten Stellung, den schlechten Charakter irgendeiner begehrten Geliebten, die schlechte Verfassung unserer Gesundheit an einem Tag, der ein Freudentag hätte sein sollen, das schlechte Wetter oder die schlechten Gasthäuser, während einer Reise unser Glück vergiftet zu haben. In der Gewißheit, die Ursachen, die uns jeden Genuß zerstören, ausschalten zu können, appellieren wir deshalb unaufhörlich mit einem manchmal schmollenden, aber nie durch einen verwirklichten, das heißt verwirkten Traum enttäuschten Vertrauen an eine geträumte Zukunft.

Aber gewisse nachdenkliche und kummervolle Menschen, die heller noch als die anderen im Licht der Hoffnung erstrahlen, entdecken ach! nur allzu bald, daß dieses nicht aus den erwarteten Stunden, sondern aus unseren Herzen quillt, die überfließen von Strahlen, wie die Natur sie nicht kennt und die sie in Strömen in ihr verbreiten, ohne dabei ein Herdfeuer entfachen zu können. Sie fühlen nicht mehr die Kraft in sich zu begehren, was, wie sie wissen, nicht begehrenswert ist, Träumen nachzujagen, die in ihrem Herzen welken werden, wenn sie sie außerhalb ihrer selbst pflücken wollen. Diese melancholische Veranlagung tritt in der Liebe besonders deutlich und mit besonderer Berechtigung zutage. Die Vorstellung schärft auf erstaunliche Weise ihre Enttäuschungen, indem sie wieder und wieder über unsere Hoffnungen dahingeht. Die unglückliche Liebe macht es uns unmöglich, das Glück zu erfahren, hindert uns aber noch daran, dessen Nichtigkeit aufzudecken. Aber welche philosophische Unterweisung, welcher altersweise Ratschlag, welche ehrgeizige Enttäuschung könnte an Melancholie die Freuden der glücklichen Liebe übertreffen! Sie lieben mich, meine liebe Kleine; wie konnten Sie so grausam sein, es mir zu sagen? Das also soll jenes glühende Glück der geteilten Liebe sein, das mich nur schon in Gedanken schwindeln und mit den Zähnen klappern ließ!

Ich löse Ihre Blumen, lüfte Ihr Haar, reiße Ihren Schmuck weg, erreiche Ihr Fleisch; meine Küsse bedecken und überspielen Ihren Körper, wie das steigende Meer den Sand; aber Sie selbst entziehen sich mir und mit Ihnen das Glück. Ich muß Sie verlassen und kehre heim, allein und trauriger als zuvor. Und wie ich dieses letzte Mißgeschick anklage, kehre ich auf immer zu Ihnen zurück; es war meine letzte Illusion; ich habe sie zerstört und bin auf immer unglücklich.

Ich weiß nicht, woher ich den Mut genommen habe, Ihnen dies zu sagen; was ich eben erbarmungslos fortgeworfen habe, ist das Glück meines ganzen Lebens oder wenigstens dessen Trost, denn Ihre Augen, deren glückliche Zuversicht mich manchmal noch berauschte, werden nichts anderes mehr widerspiegeln als die trübselige Ernüchterung, die Ihnen Ihr Scharfblick und Ihre Enttäuschungen schon angekündigt hatten. Da jetzt das Geheimnis, das wir uns gegenseitig verschwiegen, ausgesprochen ist, gibt es für uns kein Glück mehr. Es bleiben uns nicht einmal mehr die selbstlosen Freuden der Hoffnung. Die Hoffnung ist ein Glaubensakt. Wir haben ihrer Leichtgläubigkeit die Augen geöffnet: nun ist sie tot. Nachdem wir darauf verzichtet haben zu genießen, entzieht sich uns der Rausch zu hoffen. Hoffen ohne Hoffnung, was so weise wäre, ist unmöglich.

Aber kommen Sie näher zu mir heran, meine liebe kleine Freundin. Trocknen Sie Ihre Augen, um besser zu sehen; ich weiß nicht, ob es die Tränen sind, die mir den Blick verschleiern, doch ich glaube, dort hinten, weit hinter uns, große Feuer aufflammen zu sehen. Oh! meine liebe kleine Freundin, wie liebe ich Sie! Geben Sie mir die Hand, und gehen wir, ohne uns ihnen zu sehr zu nähern, auf diese schönen Feuer zu ... Ich denke, es ist die nachsichtige und mächtige *Erinnerung,* die uns wohlgesinnt ist und die dabei ist, viel Gutes für uns zu tun, meine Liebe.

XXVI
UNTERHOLZ

Wir haben nichts zu befürchten, aber viel zu lernen von dem kräftigen und friedliebenden Volk der Bäume, das ohne Unterlaß für uns stärkende Essenzen und lindernde Balsame erzeugt und in deren anmutsvoller Gesellschaft wir so viele frische, stille und abgeschiedene Stunden verbringen. An jenen heißen Nachmittagen, an denen das Licht durch sein eigenes Übermaß sich unserem Blick entzieht, wollen wir zu einem dieser »Gründe« hinabsteigen, wie man sie in der Normandie findet, wo hohe und dichte Buchen geschmeidig in die Höhe ragen und mit ihrem Blattwerk, gleich einem lichten und doch widerstandsfähigen Uferwall, dieses Lichtmeer fernhalten oder doch nur einige Tropfen von ihm durchlassen, die im schwarzen Schweigen des Unterholzes melodisch erklingen. Anders als am Meer, in den Ebenen, auf den Bergen, empfindet unser Geist nicht die Lust, sich über die Welt auszubreiten, sondern das Glück, von ihr getrennt zu sein; und ringsum eingeengt von festverwurzelten Stämmen, schwingt er sich wie die Bäume in die Höhe. Auf dem Rücken ausgestreckt, den Kopf auf dürres Laub gebettet, können wir aus dem Schoß einer tiefen Ruhe heraus der freudevollen Beweglichkeit unseres Geistes folgen, der, ohne das Blätterwerk erzittern zu lassen, emporsteigt bis zu den höchsten Zweigen, wo er sich am sanften Himmelsufer neben einem singenden Vogel niederläßt. Hier und dort ruht ein wenig Sonnenlicht zu Füßen der Bäume, die immer mal wieder die äußersten Blätter ihrer Zweige träumerisch darin eintauchen und vergolden. Alles andere schweigt, entspannt und regungslos, in einem dunklen Glück. Himmelhoch aufragend in der weiten Opfergebärde ihres Geästs und doch ruhig und still, laden uns die Bäume in dieser seltsamen und natürlichen Haltung und mit anmutsvollem Rauschen ein, teilzuhaben an ihrem so alten und so jungen Leben, so verschieden von unserem, dessen verborgene und unerschöpfliche Quelle es zu sein scheint.

Ein leichter Wind stört für einen Augenblick ihre schimmernde und dunkle Regungslosigkeit, die Bäume erzittern leise, wiegen das Licht auf ihren Wipfeln und bewegen den Schatten zu ihren Füßen.

Petit-Abbeville (Dieppe), August 1895[1]

DIE KASTANIENBÄUME

Unter den unermeßlichen Kastanienbäumen verweilte
ich besonders gern, wenn der Herbst sie gelb werden
ließ. Wie viele Stunden habe ich doch in diesen geheimnisvollen und grünlichen Grotten damit verbracht, die
rauschenden, frische- und schattenspendenden Kaska-
den aus bleichem Gold zu betrachten! Ich beneidete die
Rotkehlchen und die Eichhörnchen um ihre leichten und
tiefen Laubbehausungen im Geäst, in diesen uralten hän-
genden Gärten, die jeder Frühling seit zwei Jahrhunder-
ten mit weißen und duftenden Blüten überdeckt. Unmerklich geneigt, beugten sich die Äste aus der Höhe
vornehm zur Erde hinab, als wären sie andere, mit dem
Kopf nach unten in die Stämme eingepflanzte Bäume.
Der blaßgelbe Ton der verbleibenden Blätter ließ das
Gezweige, das sich in seiner Kahlheit ohnehin schon
fester und schwärzer abzeichnete, noch deutlicher hervortreten, und es schien so, rings um den Stamm herum,
ein großartiger Kamm zu sein, der das sanft hingegos-
sene blonde Haar zurückhielt.

Réveillon, Oktober 1895

DAS MEER

Das Meer wird immer diejenigen faszinieren, die sich,
bevor sie noch den ersten Kummer erlebten, vom Leben
angewidert und vom Mysterium angezogen fühlen, als
Vorahnung, daß die Wirklichkeit sie nicht werde befriedigen können. Sie, die der Ruhe bedürfen, bevor sie
noch jemals Mühsal erfahren haben, das Meer wird sie
trösten, wird sie in dunkle Erregung versetzen. Es trägt

nicht wie die Erde die Spuren der Werke der Menschen und des menschlichen Lebens. Nichts hat in ihm Bestand, alles durchzieht es nur flüchtig, und wie schnell verschwindet doch die Schaumspur der Schiffe, die es durchkreuzen! Daher rührt jene große Reinheit des Meeres, die den Dingen der Erde fehlt. Und dieses jungfräuliche Wasser ist viel, viel zarter als die hart gewordene Erde, die sich nur mit einer Hacke aufbrechen läßt. Schon die Schritte eines Kindes im Wasser ziehen mit hellem Geräusch eine tiefe Furche, und seine homogene Tönung bricht sich für einen Augenblick; dann verschwinden alle Spuren, und das Meer ist wieder ruhig geworden wie an den ersten Tagen der Welt. Derjenige, der der Wege der Erde überdrüssig ist oder voraussieht, bevor er sie noch beschritten hat, wie rauh und gewöhnlich sie sind, wird der Versuchung der bleichen Bahnen des Meeres nicht widerstehen, die gefährlicher sind und sanfter, ungewiß und öde. Alles ist dort geheimnisvoller, bis hin zu den großen Schatten, die manchmal friedlich über die kahlen Gefilde des Meeres treiben, wo es keine Häuser gibt noch schattenspendendes Laub, und die die Wolken dorthin werfen, diese himmlischen Weiler, dieses vage Geäst.

Das Meer hat den Zauber der Dinge, die auch nachts nicht schweigen, die unserem unruhigen Leben erlauben zu schlafen, die versprechen, daß nicht alles zu nichts werden wird, wie die Nachtlampe der kleinen Kinder, die sich weniger allein fühlen, wenn sie leuchtet. Es ist nicht wie die Erde vom Himmel geschieden, ist immer im Einklang mit seinen Farben, erregt antwortet es schon seinen zartesten Tönen. Es erstrahlt unter der Sonne, und jeden Abend scheint es mit ihr zu sterben. Und wenn sie verschwunden ist, fährt es fort, ihr nachzutrauern, etwas von ihrer lichtvollen Erinnerung zu bewahren, vor dem Angesicht der eintönig finsteren Erde. Es ist der Augenblick seiner melancholischen und so sanften Spiegelungen, daß man bei ihrem Anblick spürt, wie das Herz schmilzt. Wenn es fast völlig Nacht geworden ist und der Himmel finster über der in Schwärze getauchten Erde steht, leuchtet es noch schwach, man weiß nicht durch welches Mysterium, durch welche Reliquie des Tages, die in seinen Fluten begraben liegt.

Es erfrischt unsere Einbildungskraft, denn es läßt uns nicht an das Leben der Menschen denken, und es erfreut unsere Seele, denn es ist wie sie unendliches und ohnmächtiges Streben, sich aufschwingende und immer wieder gebrochen herniedersinkende Kraft, ewige und sanfte Klage. So bezaubert es uns wie die Musik, die nicht wie die Sprache die Spur der Dinge trägt, uns nichts von den Menschen sagt, aber die Bewegungen unserer Seele nachahmt. Wenn unser Herz sich in diesen Wellen aufschwingt und mit ihnen zurückfällt, dann vergißt es seine eigene Schwäche und tröstet sich in der innigen Harmonie zwischen seiner Traurigkeit und der des Meeres, die sein Geschick mit dem der Dinge vereint.

September 1892

XXIX

MARINE

Die Wörter, deren Sinn mir verlorengegangen ist, vielleicht sollte ich sie mir zuerst wieder sagen lassen von all jenen Dingen, die seit so langer Zeit einen Weg in mein Inneres kennen, einen Weg, der seit vielen Jahren aufgegeben ist, aber der wieder eingeschlagen werden kann und der – darauf vertraue ich – nicht für immer verschlossen bleibt. Man müßte in die Normandie zurückkehren, sich um nichts kümmern, einfach zum Meer hingehen. Oder ich würde vielmehr die Wege durchs waldige Gelände einschlagen, von wo aus man das Meer von Zeit zu Zeit erblickt und wo die Brise die Gerüche von Salz, feuchten Blättern und Milch vermischt. Ich würde von all diesen Dingen aus früher Kindheit nichts verlangen. Sie verhalten sich großzügig gegenüber dem Kind, das sie haben auf die Welt kommen sehen; von sich aus würden sie ihm die verlorenen Dinge wieder beibringen. Alles und vor allem sein Geruch würde mir das Meer ankündigen, aber noch hätte ich es nicht gesehen. Ich würde es nur undeutlich hören. Ich würde einem mir von früher her wohlvertrauten Weg zwischen Weißdornhecken folgen, voller Rührung und auch in der bangen Erwartung, durch eine plötzliche Lücke in der Hecke mit einem Mal die unsichtbare und doch anwesende Freundin zu erblicken, die sich immer beklagende Irre, die alte, melancholische Königin: das Meer. Mit einem Mal würde ich es sehen; es wäre an einem jener im gleißenden Sonnenlicht dahindösenden Tage, an denen es den Himmel widerspiegelt, der blau ist wie es selbst, nur blasser. Weiße Segel wären wie Schmetterlinge auf das regungslose Wasser gesetzt, ohne Verlangen nach weiterer Bewegung, wie ohnmächtig vor Hitze. Oder das Meer wäre im Gegenteil bewegt, gelb unter der Sonne wie ein großes, schlammiges Feld, mit Erhebungen, die aus so großer Entfernung wie erstarrt anmuteten, gekrönt von blendend-weißem Schnee.

XXX
SEGEL IM HAFEN

Am Hafen, der wie eine Fahrbahn aus Wasser schmal und lang zwischen den nur wenig erhöhten Quaimauern liegt, wo die abendlichen Lichter glitzern, blieben die

Passanten stehen, um die dort versammelten Schiffe zu betrachten, als wären es vornehme Fremde, am Vorabend angekommen und bereit, wieder aufzubrechen. Gleichgültig gegen die Neugier, die sie bei einer Menge erweckten, deren Niedrigkeit sie zu verachten oder einfach deren Sprache sie nicht zu sprechen schienen, bewahrten sie in der feuchten Herberge, in der sie sich für eine Nacht aufhalten sollten, ihren schweigenden und regungslosen Schwung. Das feste Gefüge des Vorderstevens sprach nicht weniger von den weiten Reisen, die ihnen noch bevorstanden, als seine Schäden von der Beschwerlichkeit, die sie bereits erduldeten auf diesen gleitenden Bahnen, alt wie die Welt und neu wie die Fahrt, von der sie gezogen werden und die sie nicht überleben. Zerbrechlich und widerstandsfähig waren sie in wehmütigem Stolz dem Ozean zugewendet, den sie beherrschen und auf dem sie sich zu verlieren scheinen. Der erstaunliche und kunstvoll verwickelte Aufbau des Takelwerks spiegelte sich im Wasser wie eine klare und klar vorausschauende Intelligenz ihren Blick auf das Schicksal heftet, das sie früher oder später zerschlagen wird. Eben erst wurden sie herausgezogen aus dem schrecklichen und schönen Leben, in das sie morgen wieder eintauchen würden; und noch bewegten sich ihre Segel weich im Wind, der sie gebläht hatte, der Bugspriet neigte sich schräg über das Wasser, wie gestern noch ihre Haltung, und vom Bug zum Heck schien die Biegung ihres Rumpfs die geheimnisvolle und geschmeidige Grazie ihrer furchenden Fahrt zu bewahren.

DAS ENDE DER EIFERSUCHT

*Gib uns das Gute, ob wir darum bitten
oder ob wir nicht darum bitten, und halte
das Böse von uns fern, selbst wenn wir dich
darum bitten sollten. – Dieses Gebet
scheint mir schön und sicher. Falls du
daran etwas auszusetzen hast, ver-
schweige es nicht.*

PLATON[1]

»Mein Bäumchen, mein Eselchen, meine Mutter, mein
Bruder, mein Land, mein kleiner Gott, mein kleiner
Fremder, mein kleiner Lotus, mein Müschelchen, mein
Lieber, mein Pflänzchen, geh nun, ich will mich anklei-
den, und wir werden uns um acht wiedersehen, Rue de la
Baume. Ich bitte dich, komm nicht später als Viertel
nach acht, denn ich bin sehr hungrig.«

Sie wollte die Tür ihres Zimmers hinter Honoré
schließen, doch er sagte noch: »Hals!« und schon hielt sie
ihm ihren Hals hin, mit einer Folgsamkeit, einer übertriebenen Eilfertigkeit, die ihn laut auflachen ließ:

»Selbst wenn du nicht möchtest«, sagte er, »gibt es
zwischen deinem Hals und meinem Mund, zwischen
deinen Ohren und meinem Schnurrbart, zwischen deinen Händen und meinen Händen kleine, ganz besondere
Freundschaften. Ich bin sicher, sie hörten nicht auf,
wenn wir uns nicht mehr liebten, ebensowenig wie ich,
seit ich mich mit meiner Cousine Paule überworfen

habe, meinen Lakai daran hindern kann, Abend für Abend zu ihrer Kammerzofe zu gehen, um mit ihr zu plaudern. Mein Mund geht ganz von selbst und ohne meine Einwilligung auf deinen Hals zu.«

Sie standen jetzt auf einen Schritt einander gegenüber. Plötzlich trafen sich ihre Blicke, und ein jeder versuchte in den Augen des anderen den Gedanken festzuhalten, daß sie sich liebten; so verharrte sie eine Sekunde aufrecht, dann ließ sie sich auf einen Stuhl fallen, nach Atem ringend, als sei sie gelaufen. Und fast gleichzeitig sagten sie sich mit ernsthafter Überschwenglichkeit, indem sie die Lippen deutlich bewegten, wie zum Küssen:

»Mein Liebling!«

Sie wiederholte in mürrischem und traurigem Ton, wobei sie den Kopf schüttelte:

»Ja, mein Liebling.«

Sie wußte, daß er dieser kleinen Kopfbewegung nicht widerstehen konnte; stürmisch schloß er sie in seine Arme, küßte sie und sagte langsam: »Du Böse, du!« und er tat es so zart, daß sich ihre Augen mit Tränen füllten.

Es schlug halb acht. Er ging.

Auf dem Heimweg wiederholte Honoré für sich: »Meine Mutter, mein Bruder, mein Land« – er hielt inne – »ja, mein Land!... mein Müschelchen, mein Bäumchen«, und er konnte sich nicht enthalten zu lachen, als er diese Wörter aussprach, die sie sich so schnell zu ihrem Gebrauch gebildet hatten, diese kleinen Wörter, die leer scheinen mögen und die sie mit unendlichem Sinn erfüllten. Ohne einen Gedanken darauf zu verwenden, sich einfach dem erfinderischen und fruchtbaren Genius ihrer Liebe anvertrauend, hatten sie sich nach und nach von ihm mit einer Sprache beschenkt gesehen – nicht anders wie ein Volk –, mit Waffen, mit Spielen und mit Gesetzen.

Während er sich zum Diner ankleidete, blieben seine Gedanken die ganze Zeit mühelos auf den Augenblick gerichtet, in dem sie sich wiedersehen würden, so wie ein Akrobat das noch entfernte Trapez schon berührt, auf das er zufliegt, oder wie eine musikalische Phrase den Akkord einzuholen scheint, der sie auflösen wird und der sie zu sich hinzieht, über die ganze Entfernung, die sie von ihm trennt, durch die eigentliche Kraft des Verlangens, das sie verspricht und herbeiruft. In dieser Weise beflügelt, durchmaß Honoré seit einem Jahr das Leben; vom Morgen an eilte er jener Nachmittagsstunde entgegen, in der er sie sehen würde. Und seine Tage bestanden in Wirklichkeit nicht aus zwölf oder vierzehn Stunden, sondern aus vier oder fünf halben Stunden, aus ihrer Erwartung und aus ihrer Erinnerung.

Honoré war schon seit einigen Minuten bei der Princesse d'Alériouvre angekommen, als Madame Seaune eintrat. Sie sagte der Dame des Hauses guten Tag, ebenso den verschiedenen Gästen, und sie schien Honoré nicht so sehr guten Abend zu sagen, als seine Hand zu ergreifen, wie sie es mitten in einem Gespräch hätte tun können. Wäre ihre Beziehung bekannt gewesen, hätte man vermuten können, sie seien zusammen gekommen und sie habe einige Augenblicke vor der Tür gewartet, um nicht gleichzeitig mit ihm einzutreten. Aber sie hätten sich zwei Tage lang nicht sehen können (was ihnen seit einem Jahr noch kein einziges Mal widerfahren war) und dennoch nicht jene freudige Überraschung empfunden, sich wiederzusehen, die jedem freundschaftlichen Gruß zugrunde liegt; denn unfähig, fünf Minuten lang nicht aneinander zu denken, konnten sie einander nie begegnen, da sie sich ja nie voneinander trennten.

Jedesmal wenn sie während des Diners miteinander sprachen, zeigten sie mehr Lebhaftigkeit und Sanftheit, als eine Freundin und ein Freund es tun, aber auch eine vornehme und natürliche Achtung, wie Verliebte sie nicht kennen. So schienen sie jenen Göttern vergleichbar, die, wie die Sage erzählt, verkleidet unter den Menschen wohnten, oder schienen zwei Engel zu sein, deren geschwisterliche Vertrautheit die Freude steigert, die Achtung aber nicht verringert, die ihnen der gemeinsame Adel ihrer Herkunft und ihres geheimnisvollen Blutes verleiht. Während der Duft der Iris und der Rosen, die in ihrer welken Pracht den Tisch beherrschten, kräftig durch den Raum drang, erfüllte sich alles nach und nach mit dem Duft der Zärtlichkeit, den Honoré und Françoise ganz selbstverständlich verströmten. In gewissen Augenblicken duftete sie mit einer Heftigkeit, die köstlicher war als die sonstige Sanftheit, einer Heftigkeit, die zu mäßigen ihnen die Natur ebensowenig erlaubt hatte wie dem Heliotrop in der Sonne oder, im Regen, dem blühenden Flieder.

Auf diese Weise schien ihre Zärtlichkeit, da sie doch nicht geheim war, um so geheimnisvoller. Jeder konnte sich ihr nähern wie jenen undurchdringlichen und unverwehrten Armbändern am Handgelenk einer Verliebten, die in unbekannten und doch sichtbaren Schriftzeichen den Namen dessen tragen, der sie leben und sterben läßt, und die deren Sinn den neugierigen und enttäuschten Augen fortwährend darzubieten scheinen, die ihn nicht erfassen können.

Wie lange wohl werde ich sie noch lieben? fragte sich Honoré, als er vom Tisch aufstand. Er erinnerte sich, wie viele Leidenschaften, die er in ihrem Anfang für unsterblich gehalten hatte, von kurzer Dauer gewesen waren, und die Gewißheit, auch diese würde eines Tages zu Ende gehen, verfinsterte seine Zärtlichkeit.

Da erinnerte er sich, daß er gerade an diesem Morgen, als er in der Messe war, im Augenblick, als der Priester das Evangelium las und sagte: »Jesus reckte seine Hand aus über sie und sprach: Siehe da, dies Geschöpf ist mein Bruder, es ist auch meine Mutter und jeder meiner Familie«[2], daß er da einen Augenblick lang seine ganze Seele zu Gott erhob, bebend, aber doch weit empor, wie eine Palme, und gebetet hatte: Mein Gott! Mein Gott! Gib mir die Gnade, sie immer zu lieben. Mein Gott, das ist die einzige Gnade, um die ich dich bitte, laß es geschehen, mein Gott, der du es geschehen lassen kannst, daß ich sie immer liebe!

Jetzt, in einer dieser ganz körperlichen Stunden, in denen die Seele hinter dem verdauenden Magen verschwindet, hinter der Haut, die sich des Genusses einer eben erfolgten Waschung und von frischer Wäsche erfreut, hinter dem rauchenden Mund, hinter dem Auge, das sich am Anblick nackter Schultern und von Lichtern weidet, wiederholte er mit lauerem Sinn sein Gebet, denn er zweifelte an einem Wunder, das das psychologische Gesetz seiner Unbeständigkeit durchbrechen würde, das ebenso schwer aufzuheben war wie die physikalischen Gesetze der Schwere oder des Todes.

Sie sah seinen besorgten Blick, erhob sich, ging zu ihm hin, ohne daß er es bemerkt hätte, da sie ziemlich weit von den anderen entfernt waren, und sagte mit jenem schleppenden, weinerlichen Ton, jenem Kleinkinderton, der ihn immer zum Lachen brachte, und als hätte er ihr eben etwas gesagt:

»Was?«

Er begann zu lachen und sagte:

»Noch ein Wort, und ich küsse dich, hörst du, ich küsse dich vor aller Augen!«

Zuerst lachte sie, dann machte sie wieder ihr trauriges und unzufriedenes Kindergesicht und sagte, um ihn zu belustigen:

»Ja, ja, sehr gut, du dachtest überhaupt nicht an mich!«

Er blickte sie lachend an und antwortete:

»Wie gut, wie sehr gut du lügen kannst!« und in sanftem Ton fügte er hinzu: »Du Böse, du! Du Böse, du!«

Sie verließ ihn und begab sich zu den anderen, um sich mit ihnen zu unterhalten. Honoré dachte: Wenn ich spüre, daß mein Herz sich von ihr löst, werde ich versuchen, es so sanft zurückzuhalten, daß sie es überhaupt nicht spürt. Ich werde immer gleich zärtlich, gleich achtungsvoll sein. Ich werde ihr die neue Liebe, die in meinem Herzen meine Liebe zu ihr ersetzt hat, ebenso sorgfältig verbergen, wie ich ihr heute die Freuden verberge, die mein Körper, und nur er allein, dann und wann ohne sie kostet. (Er warf einen Blick auf die Princesse d'Alériouvre.) Und er würde zulassen, daß sich ihrerseits ihr Leben nach und nach anderswo festbinden würde, durch andere Bande. Er würde nicht eifersüchtig sein, würde selbst diejenigen bezeichnen, die ihm fähig schienen, ihr eine angemessene und glorreiche Huldigung darzubringen. Je mehr er sich in Françoise eine andere Frau vorstellte, die er nicht mehr lieben, deren geistige Reize er aber mit Bedacht auskosten würde, um so edler und leichter schien ihm die Aufteilung. Die Worte von duldsamer und sanfter Freundschaft, schöner Barmherzigkeit – nämlich dem Würdigsten das beste, was man hat, zu geben – strömten in weichem Fluß seinen entspannten Lippen zu.

In diesem Augenblick verabschiedete sich Françoise, die bemerkt hatte, daß es zehn Uhr war, und brach auf. Honoré begleitete sie bis zu ihrem Wagen, küßte sie unvorsichtigerweise im Dunkeln und ging zurück.

Drei Stunden später ging Honoré mit Monsieur de Buivres, dessen Rückkehr aus Tongking[3] an diesem Abend gefeiert worden war, zu Fuß heim. Honoré fragte ihn über die Princesse d'Alériouvre aus, die, ungefähr zur gleichen Zeit Witwe geworden, sehr viel schöner war als Françoise. Honoré war nicht in sie verliebt, aber er hätte sie sehr gern einmal besessen, wäre er sicher gewesen, dies tun zu können, ohne daß es Françoise erführe und sich darüber grämte.

»Man weiß überhaupt nichts über sie«, sagte Monsieur de Buivres, »oder wenigstens wußte man überhaupt nichts, als ich wegfuhr, denn seit ich zurück bin, habe ich noch niemanden getroffen.«

»Alles in allem gab es heute abend keine leichten Eroberungen«, schloß Honoré.

»Nein, nicht der Rede wert«, antwortete Monsieur de Buivres; und da Honoré vor seiner Haustür angekommen war, schien das Gespräch hier ein Ende zu nehmen, als Monsieur de Buivres hinzufügte:

»Ausgenommen Madame Seaune, mit der man Sie doch gewiß bekannt gemacht hat, da Sie schon beim Diner dabei waren. Wenn Ihnen der Sinn nach ihr steht, ist es ganz leicht. Aber mir, mir würde sie nicht zusagen!«

»Aber was Sie mir da sagen, habe ich noch nie gehört«, sagte Honoré.

»Sie sind jung«, antwortete Buivres, »sehen Sie mal, da war heute abend einer, der es heftig mit ihr getrieben hat, das ist nicht zu bestreiten, glaube ich, es ist dieser kleine François de Gouvres da. Er sagt, sie habe ein Temperament! Aber sie ist, scheint's, nicht gut gebaut. Er wollte nicht weitermachen. Ich wette, daß nicht später als in diesem Augenblick sie sich irgendwo amüsiert. Haben Sie bemerkt, wie sie die Gesellschaft immer frühzeitig verläßt?«

»Seit sie Witwe ist, wohnt sie aber doch im gleichen Haus wie ihr Bruder, und sie würde es nicht riskieren, daß der Concierge erzählt, sie komme spät in der Nacht nach Hause.«

»Aber, mein Kleiner, von zehn Uhr bis ein Uhr morgens hat man Zeit für allerhand Dinge! Und dann, was wissen wir schon? Aber ein Uhr, das ist es bald, ich darf Sie nicht davon abhalten, schlafen zu gehen.«

Er selbst zog die Klingel; nach einer Weile öffnete sich das Tor; Buivres streckte Honoré die Hand hin, dieser sagte ihm mechanisch Adieu, trat ein und verspürte gleichzeitig ein unsinniges Verlangen, wieder hinauszugehen, aber das Tor war schwer hinter ihm zugefallen und außer seinem Kerzenleuchter, der ihn ungeduldig flackernd am Fuß der Treppe erwartete, brannte kein einziges Licht mehr. Er wagte nicht, den Concierge noch einmal zu wecken, um sich öffnen zu lassen, und stieg in seine Wohnung hinauf.

II

Unsere Taten sind unsere guten und bösen Engel, die Schicksalsschatten, die an unserer Seite gehen.
BEAUMONT UND FLETCHER[4]

Das Leben hatte sich für Honoré gänzlich verändert seit dem Tag, an dem Monsieur de Buivres ihm, unter so vielen anderen, gewisse Dinge gesagt hatte – jenen ähnlich, die Honoré selbst so viele Male gleichgültig mitangehört oder ausgesprochen hatte – und die er nun ohne Unterlaß fortfuhr zu hören, am Tag, wenn er allein war, und während der ganzen Nacht. Er hatte gleich danach einige Fragen an Françoise gestellt, die ihn zu sehr liebte und zu sehr unter seinem Kummer litt, als daß sie daran gedacht hätte, sich beleidigt zu fühlen; sie hatte ihm geschworen, daß sie ihn nie betrogen habe und daß sie ihn nie betrügen würde.

Wenn er bei ihr war, wenn er ihre kleinen Hände hielt, zu denen er sagte, indem er die Verse Verlaines wiederholte:

Ihr schönen kleinen Hände, die ihr meine Augen
schließen werdet[5],

wenn er sie sagen hörte: »Mein Bruder, mein Land, mein Geliebter«, und ihre Stimme in seinem Herzen unendlich weiterklang, sanft wie die Glocken der Kindheit, dann glaubte er ihr; und wenn er sich auch nicht mehr glücklich fühlte wie früher, schien es ihm doch zumindest nicht unmöglich, daß sein genesendes Herz eines Tages das Glück wiederfinden könnte. Wenn er aber fern von Françoise war, manchmal auch wenn er bei ihr war und ihre Augen glänzen sah in Feuern, die vielleicht, wie er sich alsbald vorstellte, schon zuvor entzündet worden waren – wer weiß, vielleicht gestern, wie sie es auch morgen sein würden –, entzündet von einem anderen; wenn er dem lediglich körperlichen Begehren nach einer anderen Frau nachgegeben hatte und sich erinnerte, wie oft er ihm schon nachgegeben hatte und Françoise hatte belügen können, ohne daß er aufgehört hätte, sie zu lieben, fand er es nicht mehr widersinnig anzunehmen, daß auch sie ihn belog, daß, um ihn zu belügen, es nicht einmal nötig war, ihn nicht mehr zu lieben, und daß sie sich, bevor sie ihn kannte, mit der gleichen Glut, die ihn jetzt versengte, auf andere geworfen hatte – und die ihm schrecklicher schien, als die Glut ihm süß schien, die er in ihr entfachte, denn er sah sie mit den Augen der Vorstellung, die alles vergrößert.

Dann versuchte er, ihr zu sagen, daß er sie betrogen habe; er versuchte es nicht aus Rache oder aus dem Bedürfnis heraus, sie wie ihn leiden zu lassen, sondern damit sie ihm als Gegenleistung auch die Wahrheit sagen würde, besonders auch, um die Lüge nicht mehr in sich spüren zu müssen, um die Fehltritte seiner Sinnlichkeit zu sühnen, und tatsächlich schien es ihm manchmal, er projiziere seine eigene Lüge und seine eigene Sinnlichkeit auf Françoise, um ein Objekt für seine Eifersucht zu erschaffen.

Es war an einem Abend, während eines Spazierganges auf den Champs-Elysées, daß er ihr zu sagen versuchte, sie betrogen zu haben. Er erschrak, als er sie bleich werden, kraftlos auf eine Bank fallen sah, aber noch weit mehr, als sie ohne Zorn, aber mit Sanftheit, in aufrichtiger und verzweifelter Niedergeschlagenheit die Hand zurückstieß, die er ihr näherte. Während zweier Tage glaubte er, er habe sie verloren oder vielmehr, er habe sie wiedergefunden. Aber der unwillkürliche, offenkundige und traurige Beweis, den sie ihm damit von ihrer Liebe gegeben hatte, genügte Honoré nicht. Hätte er auch die unmögliche Gewißheit erlangt, daß sie immer nur ihm angehört habe, der unbekannte Schmerz, den sein Herz an jenem Abend kennengelernt hatte, als Monsieur de Buivres ihn bis zu seiner Haustür begleitete, nicht ein gleichgearteter Schmerz oder die Erinnerung an diesen Schmerz, sondern dieser Schmerz selbst, hätte dennoch nicht aufgehört, ihm weh zu tun, auch wenn man ihm bewiesen hätte, er sei ohne Grund. So zittern wir noch im Erwachen bei der Erinnerung an den Mörder, den wir bereits als Illusion eines Traums erkannt haben; so schmerzt die Amputierten während ihres ganzen Lebens das Bein, das sie nicht mehr haben.

Vergeblich hatte er tagsüber einen Lauf unternommen, hatte sich beim Reiten, beim Zweiradfahren, beim Fechten ermüdet, vergeblich hatte er Françoise getroffen, hatte er sie nach Hause begleitet und, am Abend, von ihrer Stirn, ihren Augen mit seinen Händen das Vertrauen, den Frieden, eine honigsüße Sanftheit aufgefangen, um im Besitz dieser duftenden Wegzehrung noch beruhigt nach Hause zu kehren; kaum war er zurück, begann er unruhig zu werden, legte sich schnell zu Bett, damit er einschlafe, bevor sein Glück verderbe, das im ganzen Balsam dieser noch kaum eine Stunde alten, frischen Zärtlichkeit vorsichtig eingebettet durch die Nacht hindurch bis zum Morgen dauern sollte, unversehrt und glorreich wie ein Fürst Ägyptens; doch er spürte, daß die Worte Buivres' oder eines der unzähligen Bilder, die er sich seither ausgedacht hatte, nun vor seinem Geist erscheinen würden und dann an Schlaf nicht mehr zu denken wäre. Noch war es nicht erschienen, dieses Bild, aber er spürte, daß es da war, bereit aufzutauchen, und er sträubte sich dagegen, zündete seine Kerze wieder an, begann zu lesen, mühte sich ab, mit dem Sinn der Sätze, die er las, ohne Unterlaß und ohne eine leere Stelle zu dulden, sein Hirn zu füllen, damit das schreckliche Bild nicht einen Augenblick und auch nicht den kleinsten Platz fände, um sich einzuschleichen.

Aber plötzlich war es da, es war eingedrungen, und er konnte es jetzt nicht mehr verjagen; die Pforte seiner Wachsamkeit, die er mit all seinen Kräften und bis zur Erschöpfung zugehalten hatte, hatte sich überraschend geöffnet; sie hatte sich wieder geschlossen, und er würde nun die ganze Nacht in dieser schrecklichen Gesellschaft verbringen. Nun stand es fest; es war nichts mehr zu machen, in dieser Nacht, wie in den anderen Nächten, würde er keine Minute lang schlafen können; also gut, er ging zur Bromflasche hinüber, nahm drei Löffel davon, und in der Gewißheit, daß er jetzt gleich schlafen würde, erschreckt sogar beim Gedanken, daß er jetzt nichts anderes mehr tun könne als schlafen, was auch immer geschähe, begann er wieder an Françoise zu denken, mit Schrecken, mit Verzweiflung, mit Haß. Unter Ausnützung der Tatsache, daß seine Beziehung mit ihr nicht bekannt war, wollte er Wetten abschließen auf ihre Tugend gegenüber den Männern, diese auf sie loshetzen, wollte schauen, ob sie nachgäbe, versuchen, etwas zu entdecken, alles zu erfahren, sich in einem Zimmer zu verstecken (er erinnerte sich, als er jünger war, dies zu seiner Belustigung gemacht zu haben) und alles zu sehen. Er würde nicht mit der Wimper zucken, erstens der anderen wegen, denn er hätte sie ja mit scherzender Miene dazu aufgefordert – welch ein Skandal sonst! welch eine Wut! –, dann aber besonders ihretwegen, um zu sehen, ob tags darauf, wenn er sie fragen würde: »Du hast mich nie betrogen?«, sie ihm antworten würde: »Niemals«, mit jenem selben, liebevollen Ausdruck. Vielleicht würde sie alles gestehen und wäre tatsächlich nur seiner Arglist erlegen. Und dann wäre das die rettende Operation gewesen, nach der seine Liebe von der Krankheit geheilt wäre, die ihn tötete, ihn, wie den Baum die Krankheit eines Parasiten tötet (er brauchte sich nur im Spiegel zu betrachten, im schwachen Licht seiner Nachtkerze, um dessen gewiß zu sein). Oder doch nicht; denn das Bild würde immer wiederkehren, um wie vieles stärker als diejenigen seiner Phantasie; mit welch unermeßlicher Kraft und welchen Schlägen auf sein armes Haupt, versuchte er gar nicht erst sich auszudenken.

Dann, plötzlich, dachte er an sie, an ihre Sanftmut, an ihre Zärtlichkeit, an ihre Reinheit, und er hätte weinen mögen über die Schmach, die er eine Sekunde lang gedacht hatte ihr anzutun. Allein der Gedanke, das den Gefährten seiner Ausschweifungen vorzuschlagen!

Bald spürte er den allgemeinen Schauder, die Schwäche, die dem Bromschlaf um einige Minuten vorausgeht. Plötzlich, als er zwischen seinem letzten Gedanken und diesem hier nichts bemerkte, keinen Traum, keine Empfindung, sagte er sich: Wie, ich habe noch nicht geschlafen? Aber angesichts des hellichten Tages begriff er, daß der Bromschlaf ihn während mehr als sechs Stunden gefangengehalten hatte, ohne daß er ihn genossen hätte.

Er wartete, bis das Stechen in seinem Kopf etwas nachgelassen hatte, erhob sich dann und versuchte vergeblich, mit kaltem Wasser und mit einem Fußmarsch etwas Farbe – damit Françoise ihn nicht allzu häßlich fände – auf sein bleiches Gesicht, unter seine abgespannten Augen zurückzuführen. Von zu Hause aus ging er in die Kirche, und dort bat er Gott, gebeugt und ermattet, mit allen letzten, verzweifelten Kräften seines geschwächten Körpers, der sich wiederaufrichten und verjüngen wollte, seines kranken und alternden Herzens, das gesund werden wollte, seines ohne Unterlaß gejagten und keuchenden Geistes, der den Frieden suchte, bat er Gott, den er vor kaum zwei Monaten gebeten hatte, ihm die Gnade zu geben, Françoise immer zu lieben, bat er Gott jetzt mit der gleichen Kraft, immer mit der Kraft jener Liebe, die einst, weil sie wußte, sterben zu müssen, zu leben bat und jetzt, weil sie vom Leben erschreckt war, zu sterben flehte, bat er ihn, ihm die Gnade zu geben, Françoise nicht mehr zu lieben, sie nicht mehr allzu lange zu lieben, sie nicht für immer zu lieben, es geschehen zu lassen, daß er sie sich endlich in den Armen eines anderen vorstellen könne, ohne von Schmerz ergriffen zu werden, denn er konnte sie sich nur noch in den Armen eines anderen vorstellen. Und vielleicht würde er sie sich nicht mehr so vorstellen, wenn er sie sich ohne Schmerz vorstellen könnte.

Dann erinnerte er sich, wie sehr er gefürchtet hatte, sie nicht immer zu lieben, wie tief er damals seinem Gedächtnis, auf daß nichts sie auslöschen könne, ihre immer seinen Lippen dargebotenen Wangen, ihre Stirn, ihre kleinen Hände, ihre ernsten Augen, ihre angebeteten Züge einprägte. Doch plötzlich sah er, wie sie aus ihrer so sanften Ruhe vom Verlangen nach einem anderen aufgeweckt wurden; da wollte er nicht länger an sie denken, doch sah er nur um so hartnäckiger ihre dargebotenen Wangen, ihre Stirn, ihre kleinen Hände – oh! ihre kleinen Hände, auch sie! – ihre ernsten Augen, ihre verhaßten Züge.

Obwohl es ihm anfangs schrecklich war, einen solchen Weg zu beschreiten, wich er von diesem Tag an keinen Schritt mehr von Françoise, er spionierte ihr Leben aus, begleitete sie bei ihren Besuchen, folgte ihr bei ihren Besorgungen, wartete eine Stunde vor den Türen der Geschäfte. Wenn er hätte glauben können, sie dadurch tatsächlich daran zu hindern, ihn zu betrügen, hätte er ohne Zweifel darauf verzichtet, aus Angst, sie würde ihn deshalb verabscheuen; aber sie ließ ihn gewähren mit so großer Freude über seine ständige Gegenwart, daß diese Freude ihn nach und nach gewann und ihn allmählich mit einem Vertrauen, einer Gewißheit erfüllte, wie sie ihm kein tatsächlicher Beweis hätte geben können, wie jene Halluzinanten, die es manchmal zu heilen gelingt, indem man sie mit der Hand den Stuhl oder die Person berühren läßt, die den Platz einnehmen, an dem sie ein Phantom zu sehen glaubten, und man so das Phantom aus der wirklichen Welt durch die Wirklichkeit selbst vertreibt, die ihm keinen Platz mehr läßt.

Indem er so alle Stunden von Françoises Tagen auskundschaftete und in seinem Geist mit bekannten Verrichtungen ausfüllte, versuchte Honoré, jene leeren Stellen und dunklen Winkel aufzuheben, wo sich die bösen Geister der Eifersucht und des Zweifels in den Hinterhalt legten, um jeden Abend über ihn herzufallen. Er begann wieder seinen Schlaf zu finden, seine Schmerzzustände wurden seltener, und wenn er sie dann zu sich rief, beruhigten ihn einige Augenblicke ihrer Gegenwart für die ganze Nacht.

III

> *Wir müssen uns der Seele anvertrauen bis zum Ende; denn so schöne und so magisch bewegende Dinge wie die Bande der Liebe können nur durch Dinge verdrängt und ersetzt werden, die schöner sind und auf einer höheren Stufe stehen.*
>
> EMERSON[6]

Der Salon von Madame Seaune, geborene Princesse de Galaise-Orlandes, von der wir im ersten Teil dieser Erzählung unter deren Vornamen Françoise gesprochen haben, ist noch heute einer der gesuchtesten Salons von Paris. In einer Gesellschaft, in der der Titel einer Duchesse sie von so vielen anderen nicht unterschieden hätte, sticht ihr bürgerlicher Name heraus wie der Schönheitsfleck in einem Gesicht, und als Ersatz für den durch ihre Heirat mit Monsieur Seaune verlorenen Titel hat sie das Ansehen erworben, freiwillig auf eine Würde verzichtet zu haben, jenes Ansehen, das den weißen Pfauen, den schwarzen Schwänen, den weißen Veilchen und den Königinnen in Gefangenschaft für eine wohlgeborene Phantasie Adel verleiht.

Madame Seaune hat in diesem und im letzten Jahr häufig Gäste empfangen, aber während der drei vorangehenden Jahre war ihr Salon geschlossen, das heißt während jener Jahre, die dem Tod von Honoré de Tenvres folgten.

Honorés Freunde, die sich freuten, ihn nach und nach sein gutes Aussehen und seine frühere Fröhlichkeit wiedergewinnen zu sehen, trafen ihn jetzt zu jeder Stunde mit Madame Seaune und schrieben seine Wiederbelebung dieser Beziehung zu, die sie neueren Datums glaubten.

Es waren kaum zwei Monate seit Honorés völliger Wiederherstellung vergangen, als der Unfall in der Avenue du Bois-de-Boulogne geschah, bei dem ihm von einem scheugewordenen Pferd beide Beine zerquetscht wurden.

Der Unfall ereignete sich am ersten Dienstag im Mai; die Bauchfellentzündung trat am Sonntag in Erscheinung. Honoré empfing die Sterbesakramente am Montag, und an diesem selben Montag um sechs Uhr verschied er. Doch vom Dienstag, dem Tag des Unfalls, bis zum Sonntag glaubte er als einziger, daß er verloren sei.

Als am Dienstag gegen sechs Uhr die ersten Verbände angelegt worden waren, bat er, alleingelassen zu werden und daß man ihm die Visitenkarten aller Personen bringe, die schon gekommen waren, um sich nach seinem Befinden zu erkundigen.

Noch an jenem Vormittag, es war höchstens acht Stunden her, war er die Avenue du Bois-de-Boulogne hinuntergegangen. In der wind- und sonnendurchtränkten Luft hatte er tiefe Freude geatmet, Zug um Zug; in der Tiefe der Blicke, die seiner vorübereilenden Schönheit folgten, hatte er sie wiedererkannt – bald verlor man ihn auf den Umwegen seiner launischen Heiterkeit aus den Augen, bald holte man ihn mühelos wieder ein oder überholte ihn leicht zwischen den galoppierenden und dampfenden Pferden –; in seinem frischen, hungrigen, von der milden Luft benetzten Mund hatte er sie gekostet, jene gleiche tiefe Freude, die an jenem Morgen das Leben verschönerte, das Leben der Sonne, des Schattens, des Himmels, der Steine, des Ostwinds und der Bäume, die in ihrer funkelnden Unbeweglichkeit majestätisch schienen wie aufgerichtete Männer und ruhig wie schlafende Frauen.

In einem bestimmten Augenblick hatte er nach der Uhr gesehen, war umgekehrt und dann... dann war es geschehen. In einer Sekunde hatte ihm das Pferd, das er nicht gesehen hatte, beide Beine zerquetscht. Es schien ihm, daß diese Sekunde keineswegs gerade so hätte sein müssen. In dieser gleichen Sekunde hätte er ein bißchen weiter oder ein bißchen weniger weit sein können, oder das Pferd hätte ausweichen können, oder wenn es geregnet hätte, wäre er früher nach Hause zurückgekehrt, oder wenn er nicht nach der Uhr gesehen hätte, wäre er nicht umgekehrt und wäre bis zum Wasserfall weitergegangen. Und doch war das, was so gut hätte nicht sein können, daß er einen Augenblick lang so tun konnte, als wäre es ein Traum, das war etwas Wirkliches, das gehörte jetzt zu seinem Leben, ohne daß sein ganzer Wille etwas daran hätte ändern können. Er hatte zwei zerquetschte Beine und einen zerdrückten Unterleib. Oh! der Unfall an sich war nicht so außergewöhnlich; er erinnerte sich, daß man vor kaum acht Tagen während eines Diners bei Doktor S... von C... gesprochen hatte, der auf die gleiche Weise von einem scheugewordenen Pferd verletzt worden war. Als man sich nach seinem Befinden erkundigte, hatte der Doktor gesagt: »Es steht schlecht um ihn.« Honoré war in ihn gedrungen, hatte nach der Art der Verletzung gefragt, und der Doktor hatte mit wichtiger, pedantischer und melancholischer Miene geantwortet: »Es ist doch nicht die Verletzung allein; es kommt alles zusammen; seine Söhne machen ihm Schwierigkeiten; er ist nicht mehr in den gleichen Verhältnissen wie früher; die Angriffe in den Zeitungen haben ihm einen Schlag versetzt. Ich würde mich gerne täuschen, aber er ist in einem traurigen Zustand.« Da sich der Doktor seinerseits im Gegenteil in einem ausgezeichneten Zustand fühlte, gesünder, intelligenter und angesehener als je zuvor, da Honoré wußte, daß Françoise ihn immer mehr liebte, daß die Gesellschaft ihre Beziehung akzeptiert hatte und sich nicht weniger vor ihrem Glück als vor Françoises Charaktergröße verneigte; da schließlich die Frau von Doktor S... es sich selbst und ihren Kindern aus hygienischen Gründen ebenso verbot, an traurige Begebenheiten zu denken, wie an Begräbnissen teilzunehmen, und sie nun beim Gedanken an das erbärmliche Ende und die Verlassenheit von C... in Erregung geriet, wiederholte nach den Worten des Doktors ein jeder zum letzten Mal: »Der arme C..., es steht schlecht um ihn«, stürzte ein letztes Glas Champagner hinunter und spürte am Vergnügen, das er dabei empfand, daß »es um ihn ausgezeichnet stand«.

Aber jetzt war alles ganz anders. Wenn er sich jetzt vom Gedanken an sein Unglück überwältigt fühlte, so wie früher oft vom Gedanken an das Unglück anderer, konnte Honoré nun nicht mehr wie früher in sich selbst einen Halt finden. Er fühlte, wie unter seinen Füßen jener Boden des guten Befindens zurückwich, auf dem unsere höchsten Entschlüsse und unsere zartesten Freuden gedeihen, gleich wie in der schwarzen und feuchten Erde die Eichen und die Veilchen wurzeln; und er stolperte bei jedem Schritt in sich selbst. Als man bei jenem Diner, an das er zurückdachte, von C... sprach, hatte der Doktor gesagt: »Schon vor dem Unfall und seit den Angriffen in den Zeitungen fand ich, wenn ich C... begegnete, er habe ein gelbes Gesicht, tiefliegende Augen, ein jämmerlicher Anblick!« Und der Herr Doktor hatte seine Hand, deren Geschicklichkeit und Schönheit berühmt waren, über sein rosiges und volles Gesicht sowie entlang seinem feinen und wohlgepflegten Bart streichen lassen, und ein jeder hatte sich mit Vergnügen sein eigenes gutes Aussehen vorgestellt, so wie ein Hauseigentümer stehenbleibt, um voller Befriedigung seinen noch jungen, friedliebenden und reichen Mieter zu betrachten. Wenn Honoré sich jetzt im Spiegel betrachtete, erschrak er über sein »gelbes Gesicht«, über seinen »jämmerlichen Anblick«. Und alsbald erschreckte ihn der Gedanke, der Herr Doktor würde über ihn mit denselben Worten und derselben Gleichgültigkeit sprechen. Sogar jene, die voller Mitleid zu ihm kämen, würden sich nur allzubald von ihm abwenden wie von einem für sie gefährlichen Gegenstand; sie würden schließlich den Protesten ihrer guten Gesundheit und ihres Verlangens, glücklich zu sein und zu leben, stattgeben. Dann wandten sich seine Gedanken wieder Françoise zu, er beugte seine Schultern, senkte unwillkürlich sein Haupt, als stände Gottes Gebot dort vor ihm aufgerichtet, und begriff mit unendlicher und ergebener Traurigkeit, daß er auf sie verzichten mußte. Mit der Resignation eines Kranken empfand er in seinem grenzenlosen Kummer die Demut seines in kindlicher Schwachheit niedergebeugten Körpers, und es überkam ihn das Mitleid mit sich selbst, so wie immer in seinem Leben, wenn er sich mit Rührung als ganz kleines Kind erblickt hatte, und es war ihm ums Weinen.

Er hörte es an der Tür klopfen. Man brachte die Visitenkarten, die er verlangt hatte. Er wußte zwar, daß man kommen würde, um sich nach seinem Befinden zu erkundigen, denn er wußte ja, daß sein Unfall ernsthaft war, aber trotzdem hatte er nicht erwartet, daß es so viele Karten sein würden, und er war erschrocken zu sehen, daß so viele Leute gekommen waren, die ihn so wenig kannten und die sich nur aus Anlaß seiner Hochzeit oder seiner Beerdigung bemüht hätten. Es waren Karten in Hülle und Fülle, und der Concierge trug sie vorsichtig, damit sie nicht herunterfallen, auf einem großen Tablett, über dessen Rand sie hinausragten. Doch plötzlich, als er sie alle vor sich hatte, erschienen ihm diese Karten, erschien ihm diese Fülle als etwas winzig Kleines, etwas wahrhaft lächerlich Kleines, viel, viel kleiner als der Stuhl oder der Kamin. Und er war noch mehr erschrocken darüber, daß das nur so wenig war, und er fühlte sich so allein, daß er, um sich abzulenken, fieberhaft begann, die Namen zu lesen; eine Karte, zwei Karten, drei Karten, ah! er zuckte zusammen und schaute noch einmal hin: »Comte François de Gouvres«. Er hätte indessen doch erwarten müssen, daß Monsieur de Gouvres kommen würde, um sich nach seinem Befinden zu erkundigen, aber er hatte seit langer Zeit nicht mehr an ihn gedacht, und alsbald kam ihm Buivres' Satz wieder in den Sinn: *»Da war heute abend einer, der es mächtig mit ihr getrieben haben muß, nämlich François de Gouvres; – er sagt, sie habe ein Temperament; aber sie ist scheint's schrecklich gebaut, und er wollte nicht weitermachen«,* und als er spürte, wie der ganze alte Schmerz in einem Augenblick vom Grund seines Bewußtseins an die Oberfläche stieg, da sagte er zu sich: Jetzt freue ich mich, wenn ich verloren bin. Nicht sterben, hier festgenagelt sein und jahrelang die ganze Zeit, in der sie nicht bei mir ist, während eines Teils des Tages, die ganze Nacht hindurch sie bei einem anderen sehen! Und jetzt wäre es nicht mehr krankhaft, sie so zu sehen, es wäre sicher. Wie könnte sie mich noch lieben? Einen Amputierten? Plötzlich hielt er inne: Und wenn ich sterbe, nach mir?

Sie war dreißig Jahre alt; mit einem Satz übersprang er die mehr oder weniger lange Zeit, während der sie sich erinnern, ihm treu sein würde. Aber es würde eine Zeit kommen... Er sagt, *sie habe ein Temperament*... Ich will leben, ich will leben und ich will gehen können, ich will ihr überallhin folgen, ich will schön sein, ich will, daß sie mich liebt!

In diesem Augenblick, als er seinen pfeifenden Atem

vernahm, bekam er Angst, er verspürte Schmerzen in der Seite, seine Brust schien sich seinem Rücken genähert zu haben, er atmete nicht, wie er wollte, er versuchte, Luft zu holen, und er konnte nicht. Jede Sekunde spürte er, daß er atmete und doch nicht genug atmete. Der Arzt kam. Honoré hatte lediglich einen leichten Anfall von nervösem Asthma[7]. Als der Arzt wieder fort war, wurde er noch trauriger; er hätte es vorgezogen, daß es ernsthafter gewesen wäre und man ihn beklagt hätte. Denn er spürte genau, daß, wenn nicht dies, so doch etwas anderes ernsthaft war und daß er zugrunde ging. Jetzt rief er sich alle physischen Schmerzen seines Lebens in Erinnerung, er begann zu jammern; nie hatten ihn die, die ihn am meisten liebten, beklagt, unter dem Vorwand, er sei nervös. Wenn er sich während der schrecklichen Monate, die er nach dem Heimweg mit Buivres verbracht hatte, um sieben Uhr ankleidete, nachdem er die ganze Nacht umhergegangen war, sagte ihm sein Bruder, der in den Nächten nach einem zu üppigen Mahl vielleicht eine Viertelstunde lang wachlag:

»Du hörst zuviel in dich hinein; auch ich schlafe manchmal eine Nacht lang nicht. Und dann meint man, man schlafe nicht, aber man schläft doch immer ein wenig.«

Es stimmt, daß er zuviel in sich hineinhörte; auf dem Grund seines Lebens hörte er immer den Tod, der ihn nie ganz verlassen hatte und der sein Leben, ohne es gänzlich zu zerstören, bald hier, bald dort unterhöhlte. Nun nahm sein Asthma zu; er bekam keine Luft, seine ganze Brust hob sich in der schmerzlichen Anstrengung zu atmen. Und er spürte, wie der Schleier, der uns das Leben (den Tod in uns) verbirgt, sich lüftete, und er sah, wie schrecklich es ist zu atmen, zu leben.

Dann sah er sich wieder in die Zeit versetzt, in der sie getröstet sein würde, und dann, wer würde es sein? Und seine Eifersucht steigerte sich in der Ungewißheit des

Ereignisses und in dessen Notwendigkeit zur Raserei. Er hätte es verhindern können, wenn er am Leben geblieben wäre; er konnte nicht am Leben bleiben, und dann? Sie würde sagen, sie gehe ins Kloster, und sich, wenn er gestorben wäre, anders besinnen. Nein! Er wollte lieber nicht doppelt betrogen werden, wollte wissen. – Wer? – Gouvres, Alériouvre, Buivres, Breyves[8]? Er sah sie alle vor sich, preßte seine Zähne zusammen und spürte dabei die wilde Auflehnung, die seine Gesichtszüge in diesem Augenblick mit Empörung erfüllen mußten. Er beruhigte sich selbst. Nein, so wird es nicht sein, kein Lebemann, es muß ein Mann sein, der sie wirklich liebt. Warum will ich nicht, daß es ein Lebemann ist? Ich bin von Sinnen, mich das zu fragen, es ist so einfach. Weil ich sie um ihrer selbst willen liebe, weil ich will, daß sie glücklich ist. – Nein, so ist es nicht; es ist so, weil ich nicht will, daß man ihre Sinne erregt, daß man ihr mehr Lust gibt, als ich ihr gegeben habe, daß man ihr überhaupt Lust gibt. Meinetwegen kann man ihr Glück geben, ich habe nichts dagegen, wenn man ihr Liebe gibt, aber ich will nicht, daß man ihr Lust gibt. Ich bin eifersüchtig auf die Lust des anderen, eifersüchtig auf ihre Lust. Auf ihre Liebe werde ich nicht eifersüchtig sein. Sie muß heiraten, eine gute Wahl treffen... Und trotzdem wird es traurig sein.

Da kam ihm ein Kleinkinderwunsch in den Sinn, ein Wunsch des kleinen Kindes, das er mit sieben Jahren war, als er um acht Uhr zu Bett ging. Wenn seine Mutter, anstatt bis um Mitternacht in ihrem Zimmer zu bleiben, das neben demjenigen Honorés lag, und sich dann dort schlafen zu legen, gegen elf Uhr ausgehen und sich bis dahin ankleiden mußte, flehte er sie an, sich vor dem Abendessen anzukleiden und fortzugehen, gleichviel wohin, denn er konnte den Gedanken nicht ertragen, daß man im Haus, während er versuchte einzuschlafen,

für eine Soiree sich vorbereitete, vorbereitete auszuge-
hen. Und um ihm eine Freude zu machen und um ihn zu
beruhigen, kam seine Mutter um acht Uhr in großer
Toilette und dekolletiert, ihm gute Nacht sagen, und
begab sich dann zu einer Freundin, um den Beginn des
Balls abzuwarten. Nur so konnte er an jenen für ihn so
traurigen Tagen, an denen seine Mutter auf einen Ball
ging, bekümmert zwar, aber ruhig einschlafen.

Jetzt kam die gleiche Bitte, die er an seine Mutter
gerichtet hatte, die gleiche Bitte kam ihm nun an Françoise gerichtet auf die Lippen. Er hätte sie bitten wollen,
sofort zu heiraten, daß sie bereit sei, damit er endlich für
immer einschlafen könne, untröstlich zwar, doch friedlich und nicht beunruhigt im Hinblick auf das, was
geschehen würde, wenn er eingeschlafen sei.

An den folgenden Tagen versuchte er mit Françoise zu
sprechen, die ihn, wie auch der Arzt, nicht verloren
glaubte und Honorés Vorschlag mit sanfter, aber un-
beugsamer Energie zurückwies.

Sie hatten so sehr die Gewohnheit, sich die Wahrheit
zu sagen, daß jeder auch die Wahrheit sagte, die dem
anderen weh tun konnte, als hätten sie im tiefsten Grund
eines jeden, im Grund ihres nervösen und empfindsamen Wesens, dessen Empfindlichkeit man schonen
mußte, die Gegenwart eines Gottes verspürt, eines höheren Gottes, der all diesen nur für Kinder guten Behut-
samkeiten gleichgültig gegenüberstand, der die Wahrheit forderte und diese Forderung auch erfüllte. Und
gegenüber dem Gott im Grunde von Françoise hatte
Honoré, und gegenüber dem Gott im Grunde von Honoré hatte Françoise immer Verpflichtungen empfunden, hinter denen der Wunsch, sich keinen Kummer zu
bereiten, sich nicht zu verletzen, hinter denen die aufrichtigsten Lügen der Zärtlichkeit und des Mitleids
zurücktraten.

So fühlte Honoré sehr wohl, als Françoise ihm sagte, er werde leben, daß sie es glaubte, und er überredete sich nach und nach selbst, es zu glauben:

Wenn ich schon sterben muß, werde ich, wenn ich gestorben bin, wenigstens nicht mehr eifersüchtig sein; aber bis ich gestorben sein werde? Solange mein Körper lebt, ja! Aber da ich ja nur auf die Lust eifersüchtig bin, da nur mein Körper eifersüchtig ist, da das, worauf ich eifersüchtig bin, nicht ihr Herz ist, nicht ihr Glück, das derjenige machen soll, der dazu am fähigsten ist, deshalb werde ich, wenn mein Körper dahinschwindet, wenn einst die Seele ihn besiegt, wenn ich mich nach und nach von den irdischen Dingen löse, wie schon einmal an einem Abend, als ich sehr krank war, und wenn ich dann nicht mehr den Körper rasend begehre, die Seele aber um so mehr liebe, deshalb werde ich dann nicht mehr eifersüchtig sein. Dann werde ich wirklich lieben. Ich kann nicht recht erfassen, was das sein wird, jetzt, da mein Körper noch voller Leben und Aufruhr ist, aber ich kann es mir ein wenig vorstellen, dank jener Stunden, da ich – meine Hand in Françoises Hand – in einer unendlichen und begierdelosen Zärtlichkeit die Besänftigung meiner Schmerzen und meiner Eifersucht fand. Gewiß werde ich Kummer haben, wenn ich sie verlasse, aber solchen Kummer, wie er mich früher mir selbst näher brachte, wie ihn ein Engel in mir trösten kam, jenen Kummer, der mir den geheimnisvollen Freund in den Tagen des Unglücks, meine Seele, enthüllt hat, jenen ruhigen Kummer, dank dem ich mich schöner fühlen werde, um vor Gott zu treten, und nicht die schreckliche Krankheit, die mir so lange Zeit weh getan hat, ohne mein Herz zu erheben, wie ein physischer Schmerz, der sticht, der herabsetzt und der beeinträchtigt. Ich werde davon zusammen mit meinem Körper, zusammen mit dem Verlangen nach ihrem Körper befreit werden. – Ja, aber bis dahin, was soll aus mir werden, wenn ich schwächer und unfähiger denn je, dem Wahn zu widerstehen, hinfällig mit meinen zwei zerquetschten Beinen, zu ihr hin eilen möchte, um zu sehen, daß sie nicht dort ist, wo ich geträumt habe, und hier liegenbleiben werde, ohne mich bewegen zu können, verhöhnt von allen, die *es mit ihr treiben* können, so lange sie wollen, vor meinen Augen, den Augen eines Krüppels, den sie nicht mehr fürchten?

In der Nacht von Sonntag auf Montag träumte ihm, er ersticke, fühlte er ein ungeheures Gewicht auf seiner Brust. Er bat um Gnade, hatte keine Kraft mehr, dieses ganze Gewicht wegzuschieben; das Gefühl, all dies liege schon seit sehr langer Zeit auf ihm, war ihm unerklärlich, er konnte es keine Sekunde länger ertragen, er erstickte. Plötzlich fühlte er sich wie durch ein Wunder befreit von dieser ganzen Last, die sich entfernte, entfernte, nachdem sie ihn für immer erlöst hatte. Und er sagte zu sich: Ich bin gestorben!

Und über sich sah er all das aufsteigen, was so lange, bis zum Ersticken, auf ihm gelastet hatte; er glaubte zuerst, es sei das Bild Gouvres', dann sein Argwohn, dann sein Verlangen, dann das frühere Warten vom Morgen an, als er den Augenblick herbeisehnte, in dem er Françoise sehen würde, dann die Gedanken an Françoise. Es nahm jede Minute eine andere Form an, wie eine Wolke, es wurde größer, unaufhörlich größer, und jetzt wußte er sich nicht mehr zu erklären, wie diese Sache, von der er begriff, daß sie unermeßlich wie die Welt war, auf ihm hatte liegen können, auf seinem kleinen, schwachen Menschenkörper, auf seinem armseligen Herzen eines energielosen Menschen, und wie er von ihr nicht erdrückt worden war. Und er begriff auch, daß er von ihr erdrückt worden war und das Leben eines Erdrückten geführt hatte. Und diese unermeßliche Sache, die ihn mit der ganzen Kraft der Welt niedergedrückt hatte, er begriff, daß das seine Liebe war.

Dann sagte er sich noch einmal: Leben eines Erdrückten! und er erinnerte sich, daß er im Augenblick, als das Pferd ihn umgeworfen hatte, sich gesagt hatte: Gleich werde ich erdrückt werden. Er erinnerte sich an seinen Spaziergang, daß er an jenem Morgen mit Françoise zum Dejeuner verabredet war, und dann kam ihm über diesen Umweg der Gedanke an seine Liebe wieder. Und er sagte zu sich: War es meine Liebe, die mich niederdrückte? Was könnte es sein, wenn es nicht meine Liebe war? Mein Charakter, vielleicht? Ich? Oder sogar das Leben? Dann dachte er: Nein, wenn ich sterbe, werde ich nicht von meiner Liebe befreit werden, sondern von meinen fleischlichen Begierden, von meiner fleischlichen Lust, von meiner Eifersucht. Dann sagte er: »Mein Gott, laß diese Stunde kommen, laß sie schnell kommen, mein Gott, damit ich die vollkommene Liebe erkenne.«

Am Sonntagabend war die Bauchfellentzündung in Erscheinung getreten, am Montag morgen gegen zehn Uhr wurde er vom Fieber ergriffen, verlangte nach Françoise, rief sie herbei, mit glühenden Augen: »Ich will, daß auch deine Augen glänzen, ich will dir Lust geben, wie ich es nie getan habe ... ich will es dir ... ich will dir damit weh tun.« Dann erbleichte er plötzlich vor Wut. »Ich sehe genau, warum du nicht willst, ich weiß genau, was du dir heute morgen hast machen lassen, und wo und von wem, und ich weiß, daß er mich wollte holen lassen, hinter die Tür setzen, damit ich euch sähe, ohne mich auf euch stürzen zu können, da ich meine Beine nicht mehr habe, ohne euch hindern zu können, denn ihr hättet noch mehr Lust empfunden, wenn ihr mich währenddessen dort gesehen hättet; er kennt alles so genau, was es braucht, um dir Lust zu geben, aber ich werde ihn vorher umbringen, zuvor werde ich dich umbringen, und davor noch werde ich mich umbringen. Schau! Ich habe mich umgebracht!« Und kraftlos sank er aufs Kissen zurück.

Er beruhigte sich allmählich, fuhr aber fort zu suchen, wen sie nach seinem Tod heiraten könnte, doch waren es immer die Bilder, die er fernhalten wollte, jenes von François de Gouvres, jenes von Buivres, jene, die ihn quälten, die wieder und wieder vor ihm aufstiegen.

Mittags hatte er die Sterbesakramente empfangen. Der Arzt hatte gesagt, er werde den Nachmittag nicht überleben. Er verlor äußerst schnell seine Kräfte, konnte keine Nahrung mehr zu sich nehmen, hörte fast nichts mehr. Sein Kopf blieb unversehrt, und ohne etwas zu sagen, um Françoise in ihrer Niedergeschlagenheit nicht weh zu tun, dachte er an sie, wenn er nichts mehr sein würde, wenn er nichts mehr von ihr wissen würde, wenn sie ihn nicht mehr würde lieben können.

Die Namen, die er noch am Morgen mechanisch vor sich hin gesagt hatte, die Namen derer, die sie vielleicht besitzen würden, begannen wieder, durch seinen Kopf zu ziehen, während seine Augen einer Fliege folgten, die sich seinem Finger näherte, als wollte sie ihn berühren, dann davonflog und zurückkam, doch ohne ihn zu berühren; und wie der Name von François de Gouvres wieder aufstieg und seine für einen Augenblick eingeschlafene Aufmerksamkeit wiederbelebte, sagte er sich, daß er sie vielleicht tatsächlich besitzen würde, und gleichzeitig dachte er: Ob wohl die Fliege das Bettuch berühren wird? Nein, noch nicht; da riß er sich plötzlich aus seiner Träumerei: Wie? Eines der beiden Dinge scheint mir nicht wichtiger als das andere? Wird Gouvres Françoise besitzen, wird die Fliege das Bettuch berühren? Oh, der Besitz Françoises ist ein bißchen wichtiger! Aber die Genauigkeit, mit der er den Unterschied zwischen diesen beiden Ereignissen erfaßte, zeigte ihm, daß ihn das eine nicht viel mehr berührte als das andere. Und er sagte zu sich: Wie, ist mir das derart gleichgültig? Wie traurig! Dann merkte er, daß er »Wie traurig!« nur aus Gewohnheit sagte und daß er, da er sich völlig verändert hatte, nicht mehr traurig war, sich verändert zu haben. Ein schwaches Lächeln löste seine Lippen. Nun sehe ich, sagte er zu sich, meine reine Liebe zu Françoise. Ich bin nicht mehr eifersüchtig, denn ich bin dem Tod ganz nahe; aber das hat keine Bedeutung, da es sein mußte, damit ich endlich die wahre Liebe zu Françoise empfinde.

Doch dann, als er die Augen hob, bemerkte er Françoise inmitten der Diener, des Arztes, zweier alter Verwandten, die alle hier bei ihm beteten. Und er merkte, daß die von jeglichem Egoismus, von jeglicher Sinnlichkeit freie Liebe, die er sanft, weit und göttlich in sich bergen wollte, die alten Verwandten, die Diener, selbst den Arzt in gleichem Maß umfing wie Françoise und daß er keine andere Liebe mehr für sie empfand als jene Liebe, die er für alle Geschöpfe hegte, mit denen ihn seine Seele – in ihrer Verwandtschaft mit deren Seelen – jetzt verband. Doch kam ihm deswegen kein kummervoller Gedanke, so sehr war in ihm die ausschließliche Liebe zu ihr, war selbst die Idee einer Vorliebe für sie nun ausgelöscht.

In Tränen aufgelöst flüsterte sie am Fuße des Bettes die schönsten Worte von früher: »Mein Land, mein Bruder.« Er aber hatte weder den Willen noch die Kraft, ihre Vorstellung zu zerstören; er lächelte und dachte, daß sein »Land« nicht mehr in ihr war, aber im Himmel und auf der ganzen Erde. Er wiederholte in seinem Herzen: Meine Brüder. Und wenn er sie häufiger als die anderen anblickte, so geschah dies nur aus Mitleid gegenüber dem Tränenstrom, der sich vor seinen Augen ergoß, seinen Augen, die sich bald schließen würden und schon nicht mehr weinten. Aber er liebte sie nicht mehr und nicht anders als den Arzt, als die alten Verwandten, als die Diener. Und dies war das Ende seiner Eifersucht.

ERZÄHLUNGEN UND SKIZZEN
AUS DEN JAHREN 1892-1896

TEIL I
VON PROUST VERÖFFENTLICHTE TEXTE

TEIL 2
TEXTE AUS DEM NACHLASS

VON PROUST VERÖFFENTLICHTE TEXTE

PORTRÄT VON MADAME ★ ★ ★

Nicole vereinigt italienische Grazie mit dem Geheimnis der Frauen des Nordens. Sie hat deren blondes Haar, deren helle Augen, hell wie die Transparenz des Himmels in einem See, deren aufrechte Haltung. Doch atmet sie den Zauber kunstvoller und wie in toskanischer Sonne gereifter Weichheit, in jener Sonne, die die Blicke der Frauen zerfließen läßt, die ihre Arme dehnt, ihre Mundwinkel hebt, ihrem Gang Rhythmus gibt, bis himmlische Sehnsucht ihre ganze Schönheit durchdringt. Und nicht umsonst haben die Reize zweier Klimate und zweier Rassen sich miteinander verbunden, um Nicoles Liebreiz zu komponieren; sie ist tatsächlich die vollendete Kurtisane, wenn man damit lediglich sagen will, daß bei ihr die Kunst zu gefallen einen wahrhaft einzigartigen Grad erreicht hat, aus Begabung und Bemühung, natürlich und raffiniert zugleich. So ist die kleinste Blume an ihrer Brust oder in ihrer Hand, das banalste Kompliment aus ihrem Mund, die gewöhnlichste Handlung – wie das Geben des Arms, um sich zu Tisch geleiten zu lassen –, wenn sie sie ausführt, von einer Grazie erfüllt, die ebenso bewegt wie eine künstlerische Erregung. Alle Dinge besänftigen sich um sie her zu einer herrlichen, in den Falten ihres Kleides zusammengefaßten Harmonie. Doch Nicole kümmert sich nicht um das Kunstvergnügen, das sie bereitet, und kaum weiß sie, auf wen sie den Blick, der solche Glückseligkeit zu versprechen scheint, hat fallen lassen, vermutlich aus keinem anderen Grund, als daß sein Fall entzückend war. Sie kümmert sich nur um das Gute, liebt es genug, um es zu tun, liebt es zu sehr, um sich damit zufriedenzugeben, es zu tun; doch versucht sie nicht zu verstehen, was – in diesem Tun – sie tut. Man kann nicht sagen, sie sei in ihrer Großherzigkeit pedantisch, denn diese entspricht zu sehr ihrem wahren Geschmack. Sagen wir eher, daß sie darin Gelehrsamkeit besitzt, eine bezaubernde Gelehrsamkeit, die ihrem Geist und ihrem Mund nur die liebenswerten Namen der Tugenden eingibt. Ihr Zauber wird dadurch noch sanfter, wie durchdrungen von heiligem Wohlgeruch. Es ist selten, daß man bewundern kann, was man liebt. Um so köstlicher ist es, in der weichen und reichen Schönheit Nicoles, in ihrer *lactea ubertas*[1], in ihrer ganzen lieblichen Person, die Verlockungen, die Fruchtbarkeit eines großen Herzens zu begreifen.

VOR DER NACHT

»Obwohl ich noch recht bei Kräften bin, so wissen Sie doch« (sagte sie mit inniger Sanftheit, so wie man durch die Betonung die allzu harten Dinge abschwächt, die man jemandem sagen muß, den man liebt), »so wissen Sie doch, daß ich von einem zum anderen Tag sterben kann – wenn auch ebensogut noch einige Monate leben. Deshalb kann ich nicht länger zögern, Ihnen etwas zu enthüllen, das mir auf dem Gewissen lastet; Sie werden nachher verstehen, wie peinlich es mir gewesen ist, es Ihnen zu sagen.« Ihre Pupillen – symbolische blaue Blumen – entfärbten sich, als verblühten sie. Ich glaubte, sie würde zu weinen beginnen, doch nichts dergleichen geschah. »Ich bin sehr traurig darüber, die Hoffnung, nach meinem Tod von meinem besten Freund weiterhin hochgeschätzt zu werden, freiwillig zu zerstören, das Erinnerungsbild zu trüben und zu zerbrechen, das er von mir bewahrt hätte und nach dem ich mir oft, um es schöner und harmonischer zu sehen, mein eigenes Leben vorstelle. Aber die Sorge um eine ästhetische Regelung« (sie lächelte, als sie jenes Beiwort mit der leichten ironischen Übertreibung aussprach, mit der sie solche, in ihrer Konversation äußerst seltenen Ausdrücke begleitete) »kann das gebieterische Bedürfnis nach Wahrheit, das mich zu sprechen zwingt, nicht unterdrücken. Hören Sie zu, Leslie, ich muß es Ihnen sagen. Zuvor aber geben Sie mir meinen Mantel. Es ist ein wenig kalt auf dieser Terrasse, und der Arzt hat mir verboten, unnötigerweise aufzustehen.« Ich gab ihr ihren Mantel. Die Sonne war untergegangen, und malvenfarbig schien das Meer durch die Apfelbäume hindurch. Leicht wie blasse, welke Kränze und beharrlich wie Klagen schwebten kleine Wolken, blau und rosa, am Horizont. Eine Reihe von Pappeln versank melancholisch im Dunkeln, doch kirchenrosa schimmerten noch ihre resignierenden Häupter; ohne ihre Stämme zu erreichen, färbten die letzten Strahlen das Geäst und befestigten an diesen Schattengeländern Girlanden aus Licht. Die Brise vermischte die drei Gerüche von Meer, feuchten Blättern und Milch. Nie hatten die Gefilde der Normandie mit größerer Wollust die Schwermut des Abends besänftigt, doch ich nahm sie kaum wahr, so sehr hatten mich die geheimnisvollen Worte meiner Freundin beunruhigt.

»Ich habe Sie sehr geliebt, aber ich habe Ihnen wenig gegeben, mein armer Freund.« – »Verzeihen Sie mir, Françoise, wenn ich unter Mißachtung der Regeln dieser literarischen Gattung ein *Bekenntnis* unterbreche, das ich schweigend hätte anhören müssen«, rief ich aus, indem ich zu scherzen versuchte, um sie zu beruhigen, in Wirklichkeit aber zu Tode betrübt. »Was bedeutet das, Sie haben mir wenig gegeben? Sie haben mir um so mehr gegeben, je weniger ich von Ihnen verlangt habe, und in Wahrheit sehr viel mehr, als wenn die Sinne irgendeinen Anteil an unserer zärtlichen Freundschaft gehabt hätten. Überirdisch wie eine Madonna, sanft wie eine Amme, habe ich Sie angebetet und haben Sie mich gewiegt. Ich liebte Sie mit einer Zuneigung, deren raffinierte Sinnlichkeit durch keine Hoffnung auf fleischliche Lust getrübt wurde. Schenkten Sie mir dafür nicht eine unvergleichliche Freundschaft, einen köstlichen Tee, eine auf natürliche Weise ausgeschmückte Konversation und wie viele Büschel frischer Rosen? Sie allein wußten, mit Ihren mütterlichen und ausdrucksvollen Händen meine fieberheiße Stirn zu erfrischen, Honig zwischen meine welken Lippen zu träufeln, edle Bilder in mein Leben zu tragen. Teure Freundin, ich will dieses absurde Bekenntnis nicht anhören. Reichen Sie mir Ihre Hände, daß ich sie küsse: es ist kalt; gehen wir hinein und sprechen wir von anderem.«

»Leslie, Sie müssen mir dennoch zuhören, mein armer Kleiner. Es muß sein. Haben Sie sich nie gefragt, ob ich, die ich seit meinem zwanzigsten Jahr Witwe bin, ob ich immer...«

»Ich bin davon überzeugt, aber dies geht mich nichts an. Sie sind ein allen anderen derart überlegenes Geschöpf, daß eine Schwäche von Ihnen einen Charakter von Vornehmheit und Schönheit besäße, der den guten Taten der anderen abgeht. Sie haben gehandelt, wie Sie es für gut hielten, und ich bin sicher, daß Sie immer nur feine und reine Dinge getan haben.« – »Reine!... Leslie, Ihr Vertrauen betrübt mich wie ein vorweggenommener Vorwurf. Hören Sie zu... ich weiß nicht, wie ich es Ihnen sagen soll. Es ist viel schlimmer, als wenn ich zum Beispiel Sie geliebt hätte, oder sogar einen anderen, ja, wirklich, irgendeinen anderen.« Ich wurde weiß wie ein Leintuch, weiß – ach Gott! – wie sie, und zitternd vor Angst, sie würde es bemerken, versuchte ich zu lachen und wiederholte, ohne genau zu wissen, was ich sagte: »Haha! irgendein anderer, wie sonderbar Sie sind!« – »Ich sagte viel schlimmer, Leslie, ich kann es nicht entscheiden in dieser doch lichtvollen Stunde. Am Abend sieht man die Dinge mit mehr Ruhe, nur dies sehe ich nicht klar, und es liegen unermeßliche Schatten auf meinem Leben. Aber wenn ich in der Tiefe meines Gewissens glaube, daß es nicht schlimmer war, warum sollte ich mich dann schämen, es Ihnen zu sagen?« – »War es schlimmer?« Ich verstand nicht; doch es ergriff mich eine schreckliche Erregung, die ich nicht verbergen konnte, und ich begann vor Angst zu zittern wie in einem Alptraum. Ich wagte nicht, auf die Allee zu blicken, die sich jetzt voller Nacht und Schrecken vor uns öffnete, ich wagte auch nicht, die Augen zu schließen. Ihre Stimme, die, von immer tieferer Traurigkeit gebrochen, ganz leise geworden war, erhob sich plötzlich wieder, und sie sagte mir in natürlichem Ton und mit hellem Klang: »Erinnern Sie sich, als meine arme Freundin Dorothy mit einer Sängerin überrascht wurde, deren Namen ich vergessen habe« (ich freute mich über diese Ablenkung, die, wie ich hoffte, uns endgültig von der Erzählung ihrer Leiden entfernte), »wie Sie mir damals erklärten, daß wir sie nicht verachten dürften. Ich erinnere mich an Ihre Worte: Weshalb sollten wir uns über Gepflogenheiten empören, die Sokrates (es handelte sich um Männer, aber ist das nicht das gleiche?) bei seinen Lieblingsfreunden fröhlich bejahte, er, der eher den Schierlingsbecher trank, als eine Ungerechtigkeit zu begehen? Wenn die fruchtbare, zur Fortpflanzung der Gattung bestimmte Liebe, vornehm wie eine Pflicht gegenüber der Familie, der Gesellschaft, der Menschheit, über der ausschließlich wollüstigen Liebe steht, so gibt es dagegen keinen Rangunterschied zwischen den unfruchtbaren Liebesbeziehungen, und es ist nicht weniger moralisch – oder besser: nicht unmoralischer, wenn eine Frau eher bei einer anderen Frau Erfüllung findet als bei einem Wesen des anderen Geschlechts. Der Grund dieser Liebe liegt in einer Störung, die allzu ausschließlich nervös bedingt ist, als daß sie moralischer Natur sein könnte. Weil die meisten Menschen die als rot bezeichneten Dinge rot sehen, kann man nicht sagen, daß jene, die sie violett sehen, sich irren. Wenn man außerdem, fügten Sie hinzu, die Wollust so sehr veredelt, daß sie ästhetisch wird, ist nicht einzusehen, warum eine wirklich künstlerische Frau, da ja weibliche und männliche Körper gleich schön sein können, nicht eine andere Frau lieben sollte. Bei den wirklich künstlerischen Naturen wird die körperliche Anziehung oder Abstoßung durch die Betrachtung des Schönen verändert. Die meisten Menschen wenden sich angeekelt von der Qualle ab. Empfänglich für die Feinheit ihrer Farben las Michelet[1] sie lustvoll auf. Trotz meines Widerwillens gegenüber Austern (sagten Sie mir noch) sind sie mir, nachdem ich über ihre Wanderungen im Meer nachgedacht hatte, die ihr Geschmack für mich jetzt heraufbeschwört, besonders wenn ich fern vom Meer bin, zu einem anregenden Festmahl geworden. So wachsen unsere physische Anlagen: Lust an Berührungen, Lust am Essen, Sinnenlust, dort weiter, wo unser Schönheitssinn Wurzeln geschlagen hat. Glauben Sie nicht, daß solche Argumente einer von vornherein für diese Art von Liebe empfänglichen Frau helfen könnten, sich über ihre vage Neugierde Rechenschaft abzulegen, um so eher, als schon gewisse Statuetten zum Beispiel von Rodin – künstlerisch – über ihre Widerstände triumphiert hätten; daß diese Argumente sie vor sich selbst entschuldigen, ihr Gewissen beruhigen würden – und daß dies ein großes Unglück sein könnte?« Ich weiß nicht, wie es mir möglich war, in diesem Moment nicht aufzuschreien: wie ein plötzlicher Blitz erschien mir die Bedeutung ihres Bekenntnisses und gleichzeitig das Bewußtsein meiner schrecklichen Verantwortung. Unter der Wirkung einer jener höheren Eingebungen, die unvermutet unsere Maske ergreifen und aus dem Stegreif unsere Rolle spielen, wenn wir allzuweit von uns selbst entfernt, allzu unfähig sind, unseren Part im Leben durchzuhalten, sagte ich jedoch ganz ruhig: »Ich versichere Ihnen, daß ich keinerlei Gewissensbisse hätte, denn ich empfinde wirklich keinerlei Gefühle von Verachtung und nicht einmal von Mitleid mit diesen Frauen.« Mit unendlich sanfter Dankbarkeit sagte sie geheimnisvoll zu mir: »Sie sind großzügig.« Etwas leise und schnell, mit gelangweilter Miene, wie man materielle Einzelheiten zwar ausspricht, doch eigentlich verachtet, fügte sie hinzu: »Wissen Sie, trotz euer aller Geheimnistuerei habe ich sehr wohl bemerkt, daß ihr fieberhaft nachforscht, wer die Kugel abgefeuert hat, die nicht extrahiert werden konnte und die meine Krankheit ausgelöst hat. Ich hoffte immer, man würde sie nicht entdecken, diese Kugel. Nun gut, da der Arzt jetzt sicher zu sein scheint, und ihr Unschuldige verdächtigen könntet, gestehe ich. Doch ich ziehe vor, Ihnen die Wahrheit zu sagen.« Sanft wie sie angefangen hatte, von ihrem nahen Tod zu reden, um den Schmerz, den ihre Worte verursachen würden, durch den Ton ihres Redens zu lindern, fügte sie hinzu: »Ich selbst habe, in einem der verzweifelten Augenblicke, die allen wirklich lebendigen Menschen natürlich sind... Hand an mich gelegt.« Ich wollte zu ihr hingehen, um sie zu küssen, aber sosehr ich mich auch zu beherrschen suchte: als ich ihr nahe war, schnürte mir eine unwiderstehliche Kraft die Kehle zu, die Augen füllten sich mir mit Tränen, und ich begann zu schluchzen. Und sie, zuerst trocknete sie meine Augen, lächelte ein wenig, tröstete mich sanft wie früher mit tausend Freundlichkeiten. Aber aus ihrem tiefsten Grund quoll ein grenzenloses Mitleid mit sich selbst und mit mir hervor, stieg in ihre Augen und floß in heißen Tränen hernieder. Wir weinten gemeinsam. Zusammenklang einer traurigen und weiten Harmonie. Unser vereintes Mitleid hatte nun etwas Größeres als uns zum Gegenstand, und wir weinten darüber aus freiem Antrieb und nach freier Lust. Ich versuchte, von ihren Händen ihre bejammernswerten Tränen wegzutrinken. Doch unablässig flossen neue Tränen, in denen sie sich erkalten ließ. Ihre Hand wurde ganz starr wie die bleichen Blätter im Becken der Springbrunnen. Und nie hatten wir so viel Leid und so viel Glück gehabt.

ERINNERUNG

Für Monsieur Winter

Ich verbrachte letztes Jahr einige Zeit im Grand Hôtel von T..., das am äußersten Ende des Strandes liegt und aufs Meer hinausschaut. Die faden Ausdünstungen der Küchen und der Abwässer, die luxuriöse Banalität der Wandbehänge, die allein Abwechslung brachte in die gräuliche Nacktheit der Wände und die diese *Exil*-Dekoration vervollständigten, hatten meine Seele in einen Zustand von beinahe krankhafter Niedergeschlagenheit versetzt, als mich an einem Tag mit starkem Wind, der zum Sturm zu werden drohte, einen Gang durchschreitend, um in mein Zimmer zurückzukehren, ein herrlicher und seltener Duft unvermittelt innehalten ließ. Es war mir unmöglich, ihn zu analysieren, aber er war auf so komplexe und reiche Art blumig, daß ganze Felder, florentinische Felder nahm ich an, ihren Schmuck hatten hergeben müssen, um einige Tropfen davon zu bilden. Ich empfand solche Wonne, daß ich während einer sehr geraumen Weile stehenblieb, ohne mich zu entfernen; durch eine Tür, die kaum einen Spalt weit geöffnet war und durch die allein das Parfum hatte herausgelangen können, gewahrte ich ein Zimmer, das mir – so wenig ich auch sah – den Eindruck einer äußerst erlesenen Persönlichkeit machte. Wie hatte nur ein Gast, mitten in diesem widerwärtigen Hotel, eine so reine Kapelle voller Heiligkeit, ein so wunderbares Boudoir voller Raffinesse, einen so abgeschiedenen Turm aus Elfenbein und Parfum errichten können? Ein Geräusch von Schritten, unsichtbar vom Gang aus, und gewiß auch eine beinahe religiöse Scheu hielten mich zurück, die Tür weiter zu öffnen. Plötzlich stieß der wütende Wind von außen ein schlecht verschlossenes Gangfenster auf, drang in breiten und schnellen Wellen wie ein salziger Strom ins Innere und verdünnte, ohne ihn aufzulösen, den konzentrierten Blumenduft. Nie werde ich die feine Beharrlichkeit vergessen, mit der der ursprüngliche Duft dem Aroma dieses weiten Windes seine Tönung verlieh. Der Durchzug hatte die Tür geschlossen, und ich ging hinunter. Aber durch einen Zufall, der mich in höchstem Maße verdroß, konnte man mir, als ich mich beim Hoteldirektor über die Bewohner von Zimmer 47 erkundigte (denn diese auserwählten Geschöpfe hatten eine Nummer wie die anderen), lediglich Namen angeben, die offensichtlich Pseudonyme waren. Nur einmal hörte ich eine bebende und ernste, feierliche und sanfte Männerstimme »Veilet« (violett) rufen und eine Frauenstimme von übernatürlichem Zauber »Clarence« antworten. Trotz dieser beiden englischen Vornamen schienen sie, nach den Aussagen des Hotelpersonals, gewöhnlich französisch zu sprechen – und ohne fremdländischen Akzent. Sie nahmen ihre Mahlzeiten in einem besonderen

Raum ein, und ich konnte sie nicht sehen. Ein einziges Mal sah ich – in fliehenden Linien von solcher geistiger Ausdruckskraft, von solch einzigartiger Vornehmheit, daß sie für mich eine der höchsten Offenbarungen von Schönheit bleiben – eine großgewachsene Frau verschwinden, das Gesicht abgewandt, die Gestalt unfaßbar in einem langen Mantel aus brauner und rosaroter Wolle. Als ich einige Tage später eine ziemlich weit von dem geheimnisvollen Korridor entfernte Treppe hinaufstieg, nahm ich einen schwachen, herrlichen Duft wahr, gewiß den gleichen wie das erste Mal. Ich lenkte meine Schritte zu dem Korridor, und schon kurz bevor ich auf der Höhe des Zimmers angelangt war, betäubte mich die Heftigkeit der Parfums, die donnerten wie Orgeln mit einer Intensität, die von Minute zu Minute meßbar anwuchs. Das ausgeräumte Zimmer erschien durch die weit offenstehende Tür wie ausgeweidet. Gut zwanzig kleine Phiolen lagen zerbrochen auf dem Fußboden, und feuchte Flecken beschmutzten das Parkett. »Sie sind heute morgen abgereist«, sagte mir der Angestellte, der den Fußboden reinigte, »und damit sich niemand ihrer Düfte bedienen könne, haben sie die Flakons zerbrochen; denn diese ließen sich in ihren Koffern, die mit hier gekauften Dingen gefüllt waren, nicht mehr unterbringen. Eine schöne Bescherung!« Ich stürzte mich auf einen Flakon, der noch einige letzte Tropfen enthielt. Ohne Wissen der geheimnisvollen Reisenden parfümieren sie noch heute mein Zimmer.

In meinem banalen Leben wurde ich eines Tages von Düften erregt, die eine bislang so fade Welt ausströmte. Es waren die verwirrenden Vorboten der Liebe. Plötzlich war sie selbst da, mit ihren Rosen und ihren Flöten, und sie formte, tapezierte, verschloß und parfümierte alles um sich herum. Sogar den weitesten Gedankenströmen hat sie sich beigemischt, und diese haben sie, ohne sie abzuschwächen, ins Unendliche getragen. Aber über sie selbst, was habe ich über sie erfahren? habe ich in irgendeinem Punkt ihr Geheimnis erhellt und habe ich von ihr etwas anderes gekannt als das Parfum ihrer Traurigkeit und den Duft ihrer Parfums? Dann ist sie weggegangen, und die Parfums, zerbrochene Flakons, strömten mit reinerer Intensität aus. Heute noch durchdringt ein abgeschwächter Tropfen mit seinem Duft mein Leben.

DER GLEICHGÜLTIGE

*Man genest wie man sich tröstet: das Herz
hat nicht das Vermögen, immer zu weinen
und immer zu lieben.*
LA BRUYÈRE, *Die Charaktere,* Kap. IV,
Vom Herzen

I

Madeleine de Gouvres hatte eben Madame Lawrences
Loge betreten. General de Buivres fragte:

»Welche Herren begleiten Sie heute abend? Avranches, Lepré?...«

»Avranches, ja«, antwortete Madame Lawrence.
»Lepré – habe ich nicht gewagt.«

Sie fügte hinzu und wies dabei auf Madeleine:

»Sie ist so anspruchsvoll, und da das fast bedeutet
hätte, sie eine neue Bekanntschaft machen zu lassen...«

Madeleine protestierte. Sie war Monsieur Lepré mehrere Male begegnet, fand ihn reizend; er hatte einmal
sogar bei ihr zu Mittag gespeist.

»Wie auch immer«, schloß Madame Lawrence, »Sie
brauchen nichts zu bedauern, er ist sehr nett, doch ohne
alles Bemerkenswerte, und schon gar nichts für die verwöhnteste Frau von Paris. Ich verstehe sehr gut, daß die
innigen Freundschaften, die Sie haben, Sie anspruchsvoll
machen.«

Lepré sei sehr nett, doch sehr unbedeutend, dies war
die Ansicht aller. Madeleine fühlte, daß dies nicht ganz
die ihre war, und wunderte sich; doch da ihr Leprés

Abwesenheit wiederum nicht heftige Enttäuschung bereitete, reichte ihre Sympathie auch nicht aus, sie zu beunruhigen. Im Zuschauerraum hatten sich ihr die Köpfe zugewandt; schon kamen Freunde, sie zu begrüßen und ihr Komplimente zu machen. Das war ihr nichts Neues, und doch fühlte sie mit der dunklen Hellsicht eines Jockeys während des Rennens oder eines Schauspielers während der Aufführung, daß sie an diesem Abend leichter und reicher als sonst triumphiere. Ohne ein Schmuckstück, das Mieder aus gelbem Tüll mit Cattleyablüten[1] übersät, auch in das schwarze Haar hatte sie einige Cattleyablüten gesteckt, die über diesem Schattenrund bleiche Lichtgirlanden in der Schwebe hielten. Frisch wie ihre Blumen und wie sie nachdenklich erinnerte sie durch den polynesischen Liebreiz ihrer Frisur an die Mahenu von Pierre Loti und Reynaldo Hahn[2]. Bald mischte sich in die glückliche Gleichgültigkeit, mit der sie ihre in den bewundernd staunenden Augen mit verläßlicher Genauigkeit sich spiegelnde Anmut dieses Abends betrachtete, das Bedauern, daß Lepré sie so nicht gesehen habe.

»Wie sehr sie die Blumen liebt«, rief Madame Lawrence aus, indem sie ihr Mieder betrachtete.

Sie liebte sie tatsächlich, in jenem gewöhnlichen Sinn, daß sie wußte, in welchem Maße sie schön sind und in welchem Maße sie schön machen. Sie liebte ihre Schönheit, ihre Heiterkeit, ihre Traurigkeit auch, doch äußerlich, als eine der Ausdrucksweisen ihrer Schönheit. Waren sie nicht mehr frisch, warf sie sie fort wie ein verblichenes Kleid. – Plötzlich, während der ersten Pause, bemerkte Madeleine Lepré im Parkett, einige Augenblicke danach verabschiedeten sich General de Buivres, der Herzog und die Herzogin d'Alériouvres und ließen sie mit Madame Lawrence allein. Madeleine sah, daß Lepré sich die Loge öffnen ließ:

»Madame Lawrence«, sagte sie, »erlauben Sie mir, Monsieur Lepré zu bitten hierzubleiben, da er im Parkett allein ist?«

»Aber um so lieber, meine Liebe, als ich doch gleich gehen muß; Sie wissen, daß Sie mir gestattet haben zu gehen. Robert fühlt sich nicht recht wohl. – Wollen Sie, daß ich ihn bitte?«

»Nein, ich möchte es lieber selbst tun.«

So lange die Pause dauerte, ließ Madeleine die ganze Zeit Lepré mit Madame Lawrence plaudern. Indem sie sich über die Brüstung beugte und den Zuschauerraum betrachtete, tat Madeleine beinah so, als kümmere sie sich nicht um sie, in der Gewißheit, seine Gegenwart besser genießen zu können, wenn sie erst mit ihm allein sein würde.

Madame Lawrence ging hinaus, um sich den Mantel anzuziehen.

»Ich lade Sie ein, während des nächsten Aktes bei mir zu bleiben«, sagte Madeleine mit gleichgültiger Liebenswürdigkeit.

»Sie sind sehr freundlich, Madame, doch ich kann nicht, ich muß fort.«

»Aber ich werde ganz allein sein«, sagte Madeleine in einem drängenden Ton; dann plötzlich, indem sie sich fast unbewußt aller Regeln der Koketterie befleißigen wollte, die in jenem berühmten »Wenn ich dich nicht liebe, so liebst du mich« enthalten sind, nahm sie das Gesagte wieder zurück:

»Aber Sie haben ganz recht, und wenn Sie erwartet werden, verspäten Sie sich nicht. Adieu, Monsieur.«

Sie suchte durch das Liebevolle ihres Lächelns die Härte auszugleichen, die ihr in dieser Verabschiedung enthalten zu sein schien. Doch diese Härte war lediglich durch den heftigen Wunsch bedingt, ihn bei sich zu behalten, durch die Bitterkeit ihrer Enttäuschung. An jeden anderen gerichtet, wäre dieser Rat zu gehen freundlich gewesen.

Madame Lawrence kam wieder herein:

»Nun gut, er geht; so bleibe ich bei Ihnen, damit Sie nicht allein sind. Haben Sie einander herzlich Lebewohl gesagt?«

»Lebewohl?«

»Ich glaube, er bricht doch Ende der Woche zu seiner langen Reise nach Italien, Griechenland und Kleinasien auf.«

Ein Kind, das seit seiner Geburt atmet, ohne je darauf geachtet zu haben, weiß nicht, wie wesentlich für sein Leben die Luft ist, die seine Brust auf so sanfte Weise hebt, daß es dies nicht einmal bemerkt. Erstickt es etwa unversehens während eines Fieberanfalls, in einem Schüttelkrampf? In der verzweifelten Anstrengung seines ganzen Seins kämpft es um das Leben, um die verlorengegangene Ruhe, die es nur mit der Luft wiederfinden wird, von der es nicht wußte, daß sie untrennbar von ihr sei.

So begriff Madeleine in dem Augenblick, in dem sie von dieser Abreise Leprés hörte, die sie nicht bedacht hatte, was in sie eingegangen war, nun als sie all das fühlte, was sich von ihr losriß. Und mit einer schmerzvollen und sanften Bedrückung sah sie Madame Lawrence an, ohne ihr mehr zu zürnen, als der arme beklommene Kranke dem Asthma zürnt, das ihn erstickt, und der durch die mit Tränen erfüllten Augen hindurch diejenigen anlächelt, die ihn bedauern, ohne ihm helfen zu können. Plötzlich erhob sie sich:

»Kommen Sie, liebe Freundin, ich will nicht, daß Sie sich meinetwegen verspäten.«

Während sie ihren Mantel anzog, bemerkte sie Lepré, und in der Angst, ihn gehen lassen zu müssen, ohne ihn wiederzusehen, eilte sie hinunter.

»Ich bin ganz untröstlich, daß Monsieur Lepré, vor allem, da er abreist, vermuten konnte, er habe mir mißfallen.«

»Aber das hat er doch gar nicht gesagt«, antwortete Madame Lawrence.

»Aber doch, da Sie es vermuteten, vermutet er es auch.«

»Aber im Gegenteil.«

»Aber wenn ich es Ihnen doch sage«, erwiderte Madeleine unfreundlich. Und da sie Lepré eingeholt hatten:

»Monsieur Lepré, ich erwarte Sie Donnerstag um acht Uhr zum Essen.«

»Am Donnerstag habe ich keine Zeit, Madame.«

»Freitag also?«

»Auch da habe ich keine Zeit.«

»Samstag?«

»Samstag, das geht.«

»Aber Sie vergessen, meine Liebe, daß Sie am Samstag bei der Prinzessin d'Avranches zu Abend speisen.«

»Es tut mir leid, ich werde absagen.«

»Oh! Madame, das will ich nicht«, sagte Lepré.

»Ich will es«, rief Madeleine außer sich. »Ich werde in gar keinem Fall zu Fanny gehen. Ich habe nie die Absicht gehabt, dorthin zu gehen.«

Als Madeleine nach Hause zurückkehrte, sich langsam auszog, erinnerte sie sich der Begebenheiten des Abends. Und als sie zu jenem Augenblick kam, da Lepré sich geweigert hatte, während des letzten Aktes bei ihr zu bleiben, errötete sie vor Demütigung. Die elementarste Koketterie und die strengste Würde befahlen ihr, danach äußerste Kühle ihm gegenüber zu wahren. Statt dessen diese dreimalige Einladung auf der Treppe! Unwillig hob sie stolz den Kopf und sah sich auf dem Grund des Spiegels so schön, daß sie nicht mehr daran zweifelte, er würde sie lieben. Beunruhigt und zutiefst

betrübt nur noch durch seine nahe Abreise, stellte sie sich
seine Zärtlichkeit vor, die er ihr, sie wußte nicht warum,
hatte verbergen wollen. Er würde sie ihr gestehen, vielleicht in einem Brief, sogleich, und gewiß seine Abreise
verschieben, würde mit ihr abreisen... Wie?... daran
sollte sie nicht denken. Doch sie sah sein schönes verlieb-
tes Gesicht sich dem ihren nähern und um Vergebung
bitten. »Böser!« sagte sie. – Doch vielleicht liebte er sie
auch noch gar nicht; er würde abreisen, ohne die Zeit zu
haben, sich von ihr hinreißen zu lassen... Zutiefst betrübt senkte sie den Kopf, und ihre Blicke fielen auf die
noch viel matteren der verwelkten Blumen ihres Mieders, die unter ihren bleichgewordenen Wimpern bereit
schienen zu weinen. Der Gedanke, wie kurz doch der ihr
unbewußte Traum gedauert hatte, wie kurz doch ihr
Glück dauern würde, wenn es sich je verwirklichte, verband sich für sie mit der Traurigkeit dieser Blumen, die,
bevor sie starben, ermatteten auf dem Herzen, das sie
hatten schlagen fühlen in seiner ersten Liebe, in seiner
ersten Demütigung und in seinem ersten Kummer.

Am folgenden Tag wollte sie keine anderen mehr in
ihrem Zimmer, das für gewöhnlich erfüllt war und erstrahlte von der Glorie frischer Rosen.

Als Madame Lawrence in das Zimmer trat, blieb sie
vor den Vasen stehen, wo die Cattleyen nun endgültig
starben und in den Augen derer, die nicht liebten, ihrer
Schönheit beraubt waren.

»Wie, meine Liebe, Sie, die Sie so sehr die Blumen
liebten?«

Es ist mir, als liebte ich sie erst heute, hätte Madeleine
beinahe geantwortet; sie hielt ein, verärgert bei dem Gedanken, sich erklären zu müssen, und fühlte, daß es
Wirklichkeiten gibt, die man jenen nicht begreifbar machen kann, die sie nicht schon in sich tragen.

Sie begnügte sich, freundlich auf den Vorwurf zu

lächeln. Das Gefühl, daß niemand von diesem neuen Leben wußte und vielleicht selbst Lepré nicht, fügte ihr eine sonderbare und peinigende Lust des Stolzes zu. Briefe wurden gebracht; da sie keinen von Lepré darunter fand, spürte sie einen Anflug von Enttäuschung. Als sie nun den Abstand maß zwischen der Unsinnigkeit einer Enttäuschung, wenn es nicht die geringste Nahrung für eine Hoffnung gegeben hatte, und der sehr wirklichen und sehr grausamen Heftigkeit dieser Enttäuschung, begriff sie, daß sie aufgehört hatte, einzig vom Leben der Ereignisse und Tatsachen zu leben. Das Gespinst der Täuschungen hatte begonnen, sich für eine nicht absehbare Dauer vor ihren Augen auszubreiten. Dahindurch nur noch würde sie die Dinge sehen, und mehr als alle vielleicht jene, die sie hätte kennen und erleben lernen wollen, so wirklich und auf dieselbe Weise wie Lepré, jene, die mit ihm zu tun hatten.

Eine Hoffnung allerdings blieb ihr, daß er gelogen hatte, daß seine Gleichgültigkeit gespielt war: sie wußte durch die Einhelligkeit der Meinungen, daß sie eine der hübschesten Frauen von Paris war, daß der Ruf ihrer Intelligenz, ihrer Klugheit, ihrer Eleganz, ihre vornehme gesellschaftliche Stellung ihrer Schönheit Ansehen verliehen. Lepré wiederum wurde als intelligenter, künstlerischer, sehr sanfter Mann gesehen und als liebevoller Sohn, doch er war wenig umworben, hatte niemals Erfolg bei den Frauen gehabt; die Aufmerksamkeit, die sie ihm schenkte, mußte ihn wie etwas Unwahrscheinliches und Unerhofftes anmuten. Sie erschrak und hoffte...

Obwohl Madeleine binnen eines Augenblicks alle Interessen und alle Zuneigungen ihres Lebens dem Gedanken an Lepré untergeordnet hatte, glaubte sie darum nicht minder, und ihr Urteil wurde vom Urteil aller bestärkt, daß er, ohne unangenehm zu sein, den bemerkenswerten Männern doch unterlegen war, die, seit den vier Jahren, die der Marquis de Gouvres tot war, mehrmals täglich kamen, sie in ihrem Witwenstand zu trösten, und die liebste Zierde ihres Lebens waren.

Sie fühlte sehr wohl, daß die unerklärbare Zuneigung, die ihn für sie zu einem einzigartigen Wesen machte, ihn dennoch nicht den anderen gleichsetzte. Die Gründe ihrer Liebe lagen in ihr, und wenn sie ein wenig auch in ihm lagen, so weder in seiner geistigen Überlegenheit noch in seiner physischen Überlegenheit. Eben weil sie ihn liebte, war ihr kein Gesicht, kein Lächeln, kein Betragen so angenehm wie seines, und nicht, weil sein Gesicht, sein Lächeln, sein Betragen angenehmer waren als andere, liebte sie ihn. Sie kannte schönere, anmutigere Männer, und wußte es.

So war es auch, als Lepré am Samstag um ein Viertel nach acht Madeleines Salon betrat, ohne daß er etwas davon ahnte, sowohl die leidenschaftlichste Freundin als auch die scharfsichtigste Gegnerin, der er sich näherte. War ihre Schönheit gerüstet, ihn zu besiegen, war es ihr Verstand nicht weniger, ihn zu richten; sie war bereit, das Vergnügen, ihn mittelmäßig und auf lächerliche Weise der Liebe, die sie für ihn empfand, unangemessen zu finden, wie eine bittere Blume zu pflücken. Dies geschah nicht aus Vorsicht! sie fühlte sehr wohl, daß sie immer wieder in dem Zaubernetz gefangen sein würde und daß die Maschen, die ihre allzu scharfe Vernunft während Leprés Gegenwart zerstören würde, kaum wäre er fort, von ihrer geschäftigen Vorstellungskraft wieder instand gesetzt würden.

Und wahrhaftig, als er eintrat, wurde sie plötzlich ruhig; als sie ihm die Hand gab, schien es, als entzöge sie ihm alle Macht. Er war nicht mehr der alleinige und absolute Gewaltherrscher ihrer Träume, sondern nichts weiter als ein angenehmer Besucher. Sie plauderten; dann schwanden all ihre Vorurteile. In seiner zarten Güte, in der kühnen Schärfe seines Verstandes fand sie Gründe, die, wenn sie auch nicht ganz und gar ihre Liebe rechtfertigten, sie doch erklärten, ein wenig zumindest, und weil sie ihr zeigten, daß es in ihrer Liebe etwas gab, was mit der Wirklichkeit übereinstimmte, ließ sie die Wurzeln ihrer Liebe tiefer in diese Wirklichkeit sinken, sie stärkeres Leben aus ihr ziehen. Sie stellte auch fest, daß er viel schöner war, als sie geglaubt hatte, mit einem Gesicht, zart und edel wie ein Louis-Treize-Porträt.

Alle Erinnerungen an die Kunst[3], die sich auf die Porträts jener Epoche bezogen, verbanden sich von nun an mit dem Bild ihrer Liebe, gaben ihr eine neue Existenz, indem sie sie eingehen ließ in das Gefüge ihres künstlerischen Schönheitsempfindens. Aus Amsterdam ließ sie die Photographie des Porträts eines jungen Mannes kommen, der ihm ähnlich sah.

Einige Tage später begegnete sie ihm. Seine Mutter war ernsthaft erkrankt, seine Reise hatte sich verzögert. Madeleine erzählte ihm, auf ihrem Tisch stehe nun ein Porträt, das sie an ihn erinnere. Er zeigte sich gerührt, doch kalt. Sie litt tief darunter, tröstete sich aber bei dem Gedanken, daß er die Aufmerksamkeit, wenn sie ihn nicht erfreute, zumindest begriffen hatte. Einen Flegel zu lieben, dem dies nicht einmal auffiele, wäre noch grausamer gewesen. Daraufhin wollte sie, da sie ihm im Innern seine Gleichgültigkeit vorwarf, jene Männer wiedersehen, die in sie verliebt waren, mit denen sie gleichgültig und kokett gewesen war, um an ihnen jenes erfinderische und sanfte Mitleid zu üben, das zumindest sie von ihm hätte empfangen wollen. Doch als sie ihnen begegnete, hatten sie alle den entsetzlichen Fehler, nicht er zu sein, und ihr Anblick reizte sie nur. Sie schrieb ihm, er ließ vier Tage vergehen, ohne zu antworten, dann traf ein Brief ein, den jede andere als freundlich empfunden hätte, sie aber ließ er verzweifeln. Er sagte:

»Meiner Mutter geht es besser, ich werde in drei Wochen abreisen; bis dahin ist mein Leben recht ausgefüllt, doch ich werde versuchen, Ihnen noch meine Aufwartung zu machen.«

War es Eifersucht auf alles, was »sein Leben ausfüllte« und sie selbst daran hinderte, in es einzudringen, Kummer über seine Abreise und darüber, daß er von nun an nur noch einmal kommen werde, oder mehr noch Kummer darüber, daß er nicht das Bedürfnis verspürte, zehnmal täglich zu ihr zu kommen, bevor er abreiste: sie konnte nicht zu Hause bleiben, nahm eilig einen Hut und ging zu Fuß fort, ging schnell durch die Straßen, die zu ihm führten, in der widersinnigen Hoffnung, er werde ihr, durch ein Wunder, mit dem sie rechnete, an der Biegung eines Platzes strahlend vor Zärtlichkeit erscheinen und ihr in einem Blick alles erklären. Plötzlich bemerkte sie ihn, der heiter plaudernd mit Freunden ging. Da aber schämte sie sich, glaubte, er werde erraten, daß sie auf der Suche nach ihm war, und betrat unvermittelt einen Laden. An den folgenden Tagen suchte sie ihn nicht mehr, mied die Gegenden, wo sie ihn treffen könnte, bewahrte diese letzte Koketterie ihm gegenüber, diese letzte Würde vor sich selbst.

Eines Morgens hatte sie sich allein in den Tuilerien[4] auf die Terrasse du Bord de l'Eau gesetzt. Sie ließ ihren Kummer treiben, ließ ihn sich ausdehnen, sich ungezwungener erholen am freien Horizont, ließ ihn Blumen pflücken, hervorbrechen mit den Stockrosen, den Springbrunnen und den Säulen, dann hinter den Dragonern hergaloppieren, die das Quartier d'Orsay verließen, willenlos umhertreiben auf der Seine und im bleichen Himmel mit den Schwalben schweben. Es war der fünfte Tag seit dem freundlichen Brief, der sie zutiefst betrübt hatte. Plötzlich bemerkte sie Leprés dicken weißen Pudel, den er jeden Morgen allein hinausließ. Sie hatte einen Scherz gemacht, hatte Lepré gesagt, eines Tages werde er ihm noch gestohlen. Das Tier erkannte sie und näherte sich. Das wahnwitzige Bedürfnis, Lepré wiederzusehen, das sie seit fünf Tagen zurückdrängte, überflutete sie nun ganz und gar. Sie nahm das Tier in ihre Arme und umschlang es, von Schluchzen geschüttelt, lang mit all ihren Kräften, dann löste sie einen Veilchenstrauß, den sie am Mieder trug, befestigte ihn an seinem Halsband und ließ das Tier laufen.

Doch ruhig geworden durch diese Krise, besänftigt auch, sich wohler fühlend, spürte sie den Kummer nach und nach vergehen, mit dem körperlichen Wohlbefinden ein wenig Heiterkeit und Hoffnung zurückkehren und daß sie am Leben und am Glück hing. Lepré würde nun in siebzehn Tagen abreisen, sie schrieb ihm, am folgenden Tag zum Essen zu kommen, und entschuldigte sich, ihm noch nicht geantwortet zu haben, und verbrachte einen recht friedlichen Nachmittag. Am Abend speiste sie in der Stadt; an diesem Essen sollten zahlreiche Künstler und Sportler teilnehmen, Männer, die Lepré kannten. Sie wollte wissen, ob er eine Geliebte habe, irgendeine Bindung, die ihn hinderte, sich ihr zu nähern, die sein außergewöhnliches Verhalten erklärte. Sie würde sehr leiden, wenn sie es erführe, zumindest aber würde sie Gewißheit haben, und vielleicht könnte sie hoffen, daß ihre Schönheit nach einiger Zeit doch den

Sieg davontragen würde. Sie ging von zu Hause fort, entschlossen, augenblicklich danach zu fragen, dann, verängstigt, wagte sie es nicht. Im letzten Augenblick war es weniger der Wunsch, die Wahrheit zu kennen, der sie, als sie eintraf, drängte, als das Bedürfnis, mit anderen über ihn zu sprechen, dieser traurige Reiz, ihn überall dort vergeblich zu beschwören, wo sie ohne ihn war. Nach dem Essen sagte sie zu zwei Herren, die sich in ihrer Nähe befanden und deren Unterhaltung recht freimütig war:

»Sagen Sie mir, kennen Sie Lepré gut?«

»Seit eh und je begegnen wir ihm täglich, doch wir sind nicht wirklich befreundet.«

»Ein reizender Mann?«

»Ein reizender Mann.«

»Nun! Vielleicht können Sie mir sagen... fühlen Sie sich nicht verpflichtet, allzu wohlwollend zu sein, denn es handelt sich um etwas mir wirklich sehr Wichtiges, – es geht um ein junges Mädchen, dem ich von Herzen zugetan bin und das ein wenig Zuneigung für ihn empfindet. Ist er jemand, den man unbesorgt heiraten könnte?«

Ihre beiden Gesprächspartner gerieten für einen Augenblick in Verlegenheit:

»Nein, das kann man nicht.«

Madeleine fuhr sehr mutig fort, um es um so schneller hinter sich zu haben:

»Hat er eine seit langer Zeit bestehende Bindung?«

»Nein, aber kurzum, es ist nicht möglich.«

»Sagen Sie mir warum, allen Ernstes, ich bitte Sie darum.«

»Nein.«

Aber schließlich und endlich wäre es besser, es ihr zu sagen, sie könnte Schlimmeres vermuten oder Albernheiten.

»Also gut! und ich glaube, wir tun Lepré kein Un-recht, wenn wir es aussprechen; Sie werden es gewiß nicht weitersagen, und schließlich weiß es ganz Paris, und was die Ehe betrifft, so ist er viel zu ehrenhaft und zartfühlend, um überhaupt daran zu denken. Lepré ist ein reizender Junge, der aber ein Laster hat. Er liebt die gemeinen Frauen, die man in der Gosse aufliest, und er liebt sie leidenschaftlich; manchmal verbringt er seine Nächte in den Vororten oder auf den Straßen außerhalb, auf die Gefahr hin, sich eines Tages umbringen zu lassen, und nicht nur, daß er sie leidenschaftlich liebt, er liebt nur sie. Die betörendste Frau von Welt, das vorbildlich-ste junge Mädchen ist ihm absolut gleichgültig. Er nimmt sie nicht einmal wahr. Seine Freuden, seine Ge-danken, sein Leben sind anderswo. Die ihn nicht gut kannten, sagten früher, dank seines auserlesenen Wesens werde ihn einmal eine große Liebe davon befreien. Doch dazu müßte man fähig sein, sie zu empfinden, aber nun, er ist unfähig dazu. Schon sein Vater war so, und wenn es seinen Söhnen nicht ebenso ergeht, dann deshalb, weil er keine haben wird.«

Am folgenden Abend um acht Uhr wurde Madeleine gemeldet, Monsieur Lepré befinde sich im Salon. Sie trat ein; die Fenster waren geöffnet, die Lampen waren noch nicht angezündet, und er erwartete sie auf dem Balkon. Unweit ruhten einige von Gärten umgebene Häuser im besänftigten Abendlicht, einem Licht, fern, orientalisch und fromm, als wäre es Jerusalem. Das sonderbare und zärtliche Licht gab jedem Gegenstand eine ganz neue und nahezu ergreifende Bedeutung. Ein strahlender Schub-karren mitten auf der finsteren Straße war so anrührend wie dort, ein wenig weiter, der dunkle und schon nächt-liche Stamm einer Kastanie unter dem Laub, das noch in die letzten Strahlen getaucht war. Am Ende der Avenue neigte sich die untergehende Sonne, glanzvoll wie ein

Triumphbogen mit himmlischem Gold und Grün be-
flaggt. Am benachbarten Fenster Köpfe, die in vertrau-
ter Feierlichkeit lasen. Als Madeleine sich Lepré näherte,
fühlte sie die stille Süße all dieser Dinge ihr Herz entkräf-
ten, erweichen, öffnen, und sie hielt sich zurück, um
nicht zu weinen.

Er jedoch, schöner an diesem Abend und reizender
noch, erwies ihr zarte Liebenswürdigkeiten, die er zuvor nicht gezeigt hatte. Dann sprachen sie ernsthaft,
und sie entdeckte zum ersten Mal das Erhabene seines
Geistes. Wenn er den Leuten nicht gefiel, dann deshalb,
weil genau jene Wahrheiten, nach denen er suchte, über
den Gesichtskreis der geistvollen Personen hinausgin-
gen und weil die Wahrheiten hochgesinnter Geister als
die lächerlichen Irrtümer des Alltags gelten. Seine Güte
übrigens lieh ihnen bisweilen eine liebreizende Poesie,
so wie die Sonne aufs Zarteste die hohen Gipfel färbt.
Und so artig war er mit ihr, er zeigte sich so dankbar
für ihre Güte, daß sie, im Gefühl, ihn noch nie so geliebt
zu haben, und unter Verzicht auf die Aussicht, ihre Liebe
je erwidert zu sehen, plötzlich fröhlich die Hoffnung
auf eine reine freundschaftliche Innigkeit erahnte, dank
derer sie ihn täglich sehen würde; sie eröffnete ihm
erfinderisch und fröhlich den Plan. Doch er sagte, daß
er sehr beansprucht sei, alle zwei Wochen kaum mehr
als einen Tag erübrigen könne. Sie hatte ihm genug
gesagt, um ihm zu verstehen zu geben, daß sie ihn liebe,
wenn er hätte verstehen wollen. Und er würde, so
schüchtern er war, hätte er auch nur den Anflug einer
Zuneigung für sie gehabt, Worte der Freundschaft gefunden haben, und wären sie auch noch so gering. Ihr
kranker Blick war so unverwandt auf ihn gerichtet, daß
sie sie augenblicklich herausgehört und begierig aufgenommen hätte. Sie wollte Lepré, der fortfuhr, von
seiner so beanspruchten Zeit, von seinem so ausgefüll-

ten Leben zu reden, Einhalt gebieten, doch plötzlich sank ihr Blick so tief in das Herz ihres Gegners, wie er in den unendlichen weiten Horizont des vor ihr liegenden Himmels hätte eintauchen können[5], und sie fühlte, daß hier alle Worte vergeblich waren. Sie schwieg, dann sagte sie:

»Ja, ich verstehe, Sie sind sehr beschäftigt.«

Und als der Abend zu Ende ging, als sie sich von ihm trennte und er ihr sagte:

»Könnte ich nicht kommen, Ihnen Adieu zu sagen?«

Da antwortete sie mit Sanftheit:

»Nein, mein Freund, ich fühle mich ein wenig angestrengt, ich glaube, es ist besser, wir belassen es so.«

Sie erwartete ein Wort; er sagte es nicht, und sie sagte noch einmal:

»Adieu!«

Dann erwartete sie einen Brief, vergebens. Dann schrieb sie ihm, es sei wohl besser, offen zu sein, sie habe ihn glauben lassen, er gefalle ihr, dies aber sei nicht wahr, sie zöge es doch vor, ihn so oft nicht zu sehen, worum sie ihn mit unvorsichtiger Freundlichkeit gebeten habe.

Er antwortete ihr, daß er tatsächlich nie an mehr als eine Freundlichkeit geglaubt habe, für die sie berühmt sei, und von der er nie die Absicht gehabt habe, sie in dem Maße zu mißbrauchen, ihr so oft zur Last zu fallen.

Dann schrieb sie ihm, daß sie ihn liebe, daß sie immer nur ihn lieben werde. Er antwortete ihr, daß sie scherze.

Sie hörte auf, ihm zu schreiben, doch zunächst noch nicht, an ihn zu denken. Dann geschah auch dies. Zwei Jahre danach, als ihr der Witwenstand zur Last wurde, heiratete sie den Herzog de Mortagne, der Schönheit und Geist besaß, und der, bis zu Madeleines Tod, das heißt während mehr als vierzig Jahren, ihr Leben mit einem Glanz und einer Zuneigung erfüllte, für die sie sich nicht unempfindlich zeigte.

RANK UND SCHLANK DER KÖRPER...

Rank und schlank der Körper, geschmeidig und anmutig der Geist, empfindsam und gleichgültig das Herz: er gefällt und fesselt, ohne befriedigen zu können. Ein guter Sänger, guter Redner, guter Kämpfer und guter Fechter, ist er die moderne Aspasia, die alle Nuancen der Wollust erbringt und diese auch erfassen und beschreiben könnte. Seine Gleichgültigkeit aber hindert ihn daran, sich an die Stelle der anderen zu versetzen und den Stich der kleinen Sticheleien zu bemerken, auf die er verzichten würde, wenn er fühlen könnte, daß er durch sie verletzt.

Dennoch werden Sie durch die Verlockungen seines Geistes, seines bezaubernden Körpers, seiner Sensibilität, der reizenden Schauspielerin, in Bande geschlagen und für die leichten Verletzungen, die man von ihm erduldet, ein wenig entschädigt.

Ein feiner und merkwürdig gewachsener Kopf wie der eines Genießers oder eines Künstlers, eine schöne, bräunliche Haut, eine unvorsichtige Lebhaftigkeit wie die eines jähzornigen und eigensinnigen Kindes, eine Stimme wie die eines Sängers und eine Sensibilität wie die einer Schauspielerin, ein Traum von Sentimentalität über einem See von Gleichgültigkeit, Zähne, die aufblitzen im Lachen unter Augen, die sich langweilen, eine Messerspitze von Lebhaftigkeit, die einem Grund von Teilnahmslosigkeit wohl einen gewissen Reiz, nicht aber wirkliche Bewegung geben kann, eine Glut wie die eines Pferdes, eine Weichheit wie die einer Frau und eine verächtliche Miene wie die eines Gleichgültigen.

KONVERSATION

Mein Freund Honoré hat bezaubernde Augen, trägt einen auf natürlichste Weise liebenswerten Geist zur Schau, doch verschwendet er in einem Leben voller Skandale das Geld, das er bei Wucherern ausleiht. Gestern kam man bei seiner Mutter, nach einem Diner, zu dem er nicht erschienen war, auf seinen Lebenswandel zu sprechen, und sein Onkel, der Richter ist, äußerte sich zuerst mit folgenden Worten:

»Berthe«, sagte er, »alles muß ein Ende nehmen, die Ausschweifungen Ihres Sohnes aber warten noch auf das ihre. Keine Gnade! das empfehle ich Ihnen, oder das Strafgericht ist nicht mehr fern. Wie können Sie ihn in der Gesellschaft dieser gemeinen Weiber und dieser Spieler den zwar falschen, aber doch brillanten Geist verderben lassen, den die Natur ihm verliehen hatte? Ist es überhaupt anständig, daß ein junger Mann seines Alters helle Krawatten trägt und Blumen im Knopfloch? Dies ist nicht der Anzug eines Jungen, der arbeitet. Gott weiß, daß ich die Schriftsteller verachte und alle für gefährliche Zigeuner halte, aber wenn schon Ihr Sohn, wie man sagt, eine Veranlagung zum Schreiben hatte, sähe ich ihn schließlich noch lieber billige Romane schreiben (vielleicht könnten Sie seine Aufmerksamkeit auf historische oder volkswirtschaftliche Arbeiten lenken) als ein solches Leben führen! Wenigstens würde er sich dann nicht ständig auf den Promenaden zeigen, mit einem Vollblutpferd, wie ein Geck.«

Aber er wurde von dem großen Maler und Romancier

B... unterbrochen, der ungeduldig dieser Rede zuhörte.

»Gott bewahre mich davor, Ihnen vorzuwerfen, als Hüter der Gesetze zu sprechen!« rief er aus. »Dazu bin ich mir der Verschiedenheit von Gemütsart und Charakter der Menschen sowie der Übereinstimmung ihrer Urteile mit ihrem Charakter allzusehr bewußt, aber wenn ich Sie als einen umsichtigen Richter schätze, wie sehr muß ich dann Honoré dafür loben, daß er vor unseren Augen in so leuchtenden und warmen Farben ein Fresko des Lebens eines jungen Mannes entwirft. Wie schön diese Jahre sind! Kann man wirklich wünschen, er solle sie schreibend vertun? Aber auch wenn er ein Genie wäre: was könnte er Wertvolles beginnen? Schön sein, sich daran freuen, gefallen, verrückt sein, leben. Man versuche doch eine auch nur unvollkommene Nachahmung seines Schwungs zu geben, und man wird das nicht ohne Grund ein Meisterwerk nennen. Wieviel schöner und erregender ist das Modell! Er solle seinem Leben Volkswirtschaft beimischen, sich nur behutsam amüsieren, von seiner Familie geschätzt werden, sich schwarz kleiden! Übersetzen Sie all das in Kunst oder Literatur, und schauen Sie, was für eine langweilige Grisaille das ergeben wird. Ist es nicht recht und billig, daß er sich ruiniert, um prächtig gekleidet und beritten zu sein, und wäre es nicht eine Schande, wenn er schlecht angezogen und beritten wäre; wie sollte er sich dabei nicht ruinieren, wenn er doch kein Geld hat? Was ist das für eine Jugend, die sich über Bücher beugt, ihre Farbe verliert und von großem Stil nichts weiß? Wenn sie Schule machen würde, was würde aus den Malern, den Romanciers ohne Menschen, die die vielgestaltigen und schönen Formen des Lebens lieben? Sie beklagen sich darüber, daß er einen Sakko von einem Cut, einen Braunen von einer Fuchsstute, einen Mondstein von einem Opal oder einem Katzenauge unterscheiden kann: aber ich glaube, das heißt einfach, die Welt mit offenen Augen betrachten. Ist es nicht so, daß von jenem Tag an, an dem man diese Dinge nicht mehr unterscheidet, man aufhörte zu schreiben und zu malen? Gewiß verlange ich nicht, daß Ihr Sohn, um mit einigen Rottönen die Farbskala seines Lebens zu beleben, es bis zum Mord treibe, aber Reiten und verrückte Eleganz, Schulden und Schwindeleien, Spiel, Ausschweifung, dies sind die notwendigen und bezaubernden Szenen in seinem Leben eines jungen Mannes, dies ist die intelligenteste und künstlerischste Art, wie er es verbringen kann, solange er so schön ist und solange man ihn liebt.«

»Gut oder schlecht, wenn es schon so ist«, sagte seufzend Honorés Mutter, »glaube ich lieber, daß das Leben meines Sohnes schön als schrecklich ist. Aber wenn es mehr bedeutet, guten Geschmack als gesunden Menschenverstand zu beweisen, und wenn es von erlesenem Geschmack zeugt, Farbe und Harmonie in sein Leben hineinzulegen, muß man dann ein gutes Herz nicht noch höher schätzen, und wenn er ein klein wenig ein solches besäße, hätte er dann nicht Mitleid mit mir, die er immer sieht?«

»Ohne Zweifel hat er Mitleid mit Ihnen«, rief B... aus, »denn seine Natur ist edelmütig. Aber er kann Sie unendlich anrührend finden, ohne deshalb aufzuhören, Pferde, Frauen, schöne Kleidung und das Spielfieber zu lieben. Unsere Seele steht Empfindungen verschiedener Art offen, die sich im Leben feindlich gegenüberstehen, sich in unserer Seele jedoch in einem einzigen Eindruck von Schönheit versöhnen.«

So sprach dieser alte Maler, sanft, nachsichtig, aber nicht sehr weise. Er, der sich – immer bescheiden gekleidet, einfach und ordentlich – so viele prachtvolle und leidenschaftliche Leben vorgestellt hatte, er hatte nicht gesehen, daß deren Schönheit nicht in jenen liegt, die sie führen, ohne sie zu verstehen, sondern in der reichen Vorstellungskraft, die sie erfindet. Er sprach die Sprache der Künstler unserer Zeit, die nur schon vom rein literarischen Standpunkt aus beunruhigend ist, wenn man bedenkt, daß uns – von ihrer Seite – droht, kaum sind wir von dem theaterwürdigen Sohn aus gutem Hause befreit, bei dem die gemeinsten Rücksichtslosigkeiten nur eine Folge seines Edelmutes und seines Ehrgefühls waren, den gleichen Sohn aus gutem Hause erscheinen zu sehen, lasterhaft, aber der Kunst das Wort redend und einer intelligenten Befolgung der Regeln der Farbe sowie der Forderungen der allgemeinen Ästhetik.

Indessen zeigte sich der Charakter jedes einzelnen immer deutlicher, sei es in den Überlegungen, zu denen ihn der Lebenswandel des jungen Mannes inspirierte, sei es darin, daß er seine Überlegungen verschwieg – und selbst die Abwesenheit Honorés von dieser Familienzusammenkunft wies, nicht weniger als es seine Anwesenheit getan hätte, für die einen auf einen sympathischen, für die anderen auf einen unsympathischen Zug seiner dennoch unbestimmten und schwer zu beurteilenden Natur.

ALS ICH VORHIN DURCH DIE TUILERIEN GING...

Als ich vorhin durch die Tuilerien ging, liebkost von so sanfter Luft, und ich in der Ferne vor mir den so herrlichen Himmel sah, die so mächtigen Bäume und soviel Sonne und so viele Blumen, überkam mich Wehmut beim Gedanken, diesen Sommer noch nicht genossen zu haben. Bald entflammte mich durch und durch das Gefühl eines glühenden Glücks: endlich würde ich mich an dieser ganzen Pracht berauschen und diese ganze Freude auskosten können. Indessen war das Geräusch meiner Schritte seit einigen Augenblicken wie erstickt. Diese Stille war sanft, aber noch bevor ich ihren Grund bemerkt hatte, empfand ich die tödliche Traurigkeit ihrer Sanftheit. Ich senkte meinen Blick und wurde gewahr, daß ich trotz dem so glanzvollen Sommer schon auf welken Blättern ging. Und doch sollte der Sommer noch nicht zu Ende gehen; die noch warme Sonne beschoß diese welken Blätter mit ihren goldenen Pfeilen. Aber deren glänzende Spitzen zerbrachen, und der Sommer vermochte nur noch, das kläglich daliegende Laub zu verklären, indem er es mit einem unwirklichen und wunderbaren Licht färbte und zwischen meine Augen und das Laub die zitternde Lüge seiner Strahlen legte, die ganze Spiegelung der Phantasie, der Wehmut und der Erinnerung.

ALLEGORIE

Es gab in der Wiese eine Stelle mit einer so reichen und so verschiedenartigen Blumenpracht, daß man sie den Garten zu nennen pflegte. Mit jedem Tag blühte sie noch mehr auf in der Freude an ihrer Schönheit und im Wohlgeruch ihrer Düfte. Eines Abends riß ein wütender Sturm alle Blumen aus und trug sie davon. Dann fiel ein wolkenbruchartiger Regen und ließ den verletzten Boden vor Kälte erstarren; alles, was er am meisten liebte, war fort, aus seinem Herzen gerissen. Nun war ihm alles gleichgültig, aber diese gnadenlose Kälte, diese unsinnige Überschwemmung, das war die letzte Grausamkeit. Indessen packte der Wind gierig nach der leichten Erde und trieb sie vor sich her. Bald lag die unterste, feste Schicht entblößt da, der Wind konnte ihr nichts anhaben, das Wasser nicht in sie eindringen, und es war ein so unvorsichtig geformter Garten, daß es keine Rinnen fand, um abzufließen, und dort stehenblieb. Mit immer neuen Sturzbächen ertränkte es den verwüsteten Garten in Tränen. Am Morgen noch stürzte es hernieder, dann hörte es auf; der Garten war nur noch ein ödes Feld, das von aufgewühlten Wassern bedeckt war. Alles aber beruhigte sich dennoch, als gegen fünf Uhr der Garten eine unendliche Ekstase sein ruhig und klar gewordenes Wasser durchschauern spürte. Rosa und blau, göttlich und krank, kam der Nachmittag, himmelfarben, und legte sich auf sein Lager nieder. Und das Wasser verhüllte ihn nicht, noch entstellte es ihn in irgendeiner Weise, sondern mit all seiner Liebe vertiefte es wenn möglich noch seinen unbestimmten und traurigen Blick, und es hielt seine ganze leuchtende Schönheit fest, es umfaßte sie und umfing sie zärtlich. Jene, die weite Himmelsbilder lieben, gehen seither oft sie im Teich betrachten.

Glücklich ist das Herz, das nach solchem Verblühen und solcher Verwüstung nun voller Tränen den Himmel in gleicher Weise spiegeln kann.

FRAGMENTE EINES BRIEFROMANS

Paris, den 4. August 93
Nein, ich vergesse Sie nicht, mein Abbé, aber ich zog es vor, Ihnen nicht zu schreiben als Ihnen nicht *alles* zu schreiben. Da ich Ihnen nun Antwort schulde, könnten wir unseren Briefwechsel wiederaufnehmen, der mir guttun und viel Freude bereiten wird. Erlauben Sie mir jedoch, einen Rand, mit einem ganzen Teil meines Herzens, leer zu lassen. Es ist sehr gut, ehrlich zu sein; doch man soll nicht zynisch sein. Wozu wäre es übrigens gut, mich zu Absichten zu bekennen, die dadurch eine definitive Wirklichkeit erhalten würden. Sie haben außerdem

gut sagen »es ist nicht der Priester, es ist der Freund«, gerade davor schrecke ich zurück. Es gibt viele Dinge, die ich dem Priester sagen würde, wenn sie nicht im Gedächtnis des Freundes bleiben müßten. Lenken Sie mich ab, ich bin in tiefer Traurigkeit und brauche Sie sehr.

Die Princesse d'Alériouvre hat vorgestern bei sich eine alberne Komödie gegeben. Ich habe übrigens nie so viele dumme und vulgäre Ohrfeigengesichter gesehen. Ganz Mexiko und ganz Paraguay mußten dort versammelt gewesen sein. Ich kannte keine zehn Leute. Was soll's, dieser Soiree eignete ein großer, melancholischer Zauber: es war die letzte des Jahres. Sie wissen, daß ich das nicht aus Liebe zu den andern sage und daß ich kaum welche besuche.

Aber stellen Sie sich vor, was das bedeutet: die letzte Soiree des Jahres[1]. Stellen Sie sich vor, wie jemand (und offensichtlich gibt es deren viele), der zu lieben beginnt, die letzte Soiree des Jahres mit dem Bewußtsein besucht, was er liebt, während Monaten nicht zu sehen. Allerhöchstens – wenn er alle Umstände in banger Unruhe zusammenstellt, wird er dabei seinen Aufenthaltsort bis zum Winter erfahren. Dies genügt, um ihn seine Tage und Nächte in Trouville und St. Moritz in Traumgedanken an die Touraine oder an Spa verbringen zu lassen. Ja, ich habe Mitleid mit all den armen, zerbrechlichen Leben, die dieser frühherbstliche Wind so grausam verstreut, daß ihr Herz immer fern von ihnen ist.

Ebenso überkommt mich, Abbé, jedesmal wenn es regnet, Traurigkeit, in Erinnerung an die Zeit, in der ich als ganz kleines Mädchen stundenlang am Fenster blieb, um zu schauen, ob es schön würde, ob mich mein Kindermädchen auf die Champs-Elysées führen würde, wo mit mir jeweils der kleine Junge spielte, den ich so sehr liebte, wie ich nie mehr in meinem Leben lieben werde[2]. Die kleinste Wolke am Himmel verdunkelte mein Gemüt. Bereits einige Regentropfen ließen in mir Tränen aufsteigen. Jedesmal wenn es regnet, bete ich für alle verliebten kleinen Mädchen, die nicht auf die Champs-Elysées gehen und die leiden werden, ohne daß man es weiß. Vor jedem Ball bete ich für jene, die keine andere Gelegenheit haben, denjenigen zu sehen, an den sie ohne Unterlaß denken, die unendlich enttäuscht sein werden, wenn er nicht auf den Ball kommt oder wenn gar, im letzten Augenblick, ihre Mutter sich entschlossen hat, doch nicht auf den Ball zu gehen.

Wirklich, das Leben eines Mädchens aus der vornehmen Welt ist ein stummes, doch um so bewegenderes Gedicht von Melancholie und Schmerz. Ich feiere wie traurige Geburtstage die Regenschauer am Nachmittag, die Bälle, die nicht halten, was sie versprechen, und ganz besonders die letzte Soiree des Jahres. So war ich denn bei Monsieur d'Alériouvre zu traurig (ohne persönliche Gründe zu haben, Abbé, es zu sein), um mich zu langweilen, wie ich es sonst getan hätte, und die schrecklichen Leute, die dort waren, bekamen für mich in meiner verzweifelten Stimmung eine gewisse Größe. All das ist nicht gerade danach angetan, Ihnen zu gefallen, doch spreche ich zum Freund. Möge sich der Abbé nicht ärgern. Gott bewahre mich davor, ein Blaustrumpf zu werden, Sie wissen, daß mir nichts widerlicher ist. Doch habe ich Lust, Stücke zu schreiben, um mich von meiner Traurigkeit zu befreien, die aufplatzen wird wie eine Gewitterwolke.

Bei meiner augenblicklichen Verfassung werden es, wie Sie sich denken können, Tragödien sein. Doch bin ich in einiger Verlegenheit. Wenn Sie Chalgrain sehen, fragen Sie ihn doch nach Sujets! Ich habe nur zwei gefunden, die genug tragisch sind. Eines sind die Briefträger, die so viel Enttäuschung und so viel Glückseligkeit mit sich herumtragen. Ich versichere Ihnen, daß für eine verliebte Frau alle Briefe, die sie erwartet, und alle, die sie erhält und die nicht die erwarteten sind – daß darin Tag für Tag ihre große Gemütserregung liegt. Sogar wenn sie die Briefe, die sie sich wünschte, nicht erhalten kann, wenn derjenige, der sie schreiben könnte, nicht weiß, daß sie sie erhalten möchte, nicht einmal, wer sie ist – diese Briefe erwartet sie trotzdem, und ihre absurde Hoffnung ruft jeden Aberglauben, jeden Mystizismus, jede veraltete Romanphantasie um Hilfe an, damit sie nicht an ihrer eigenen Unmöglichkeit zugrunde gehe.

Es handelt sich also um eine sich täglich wiederholende Gemütserregung. Im Hof dem Briefträger zu begegnen in der Gewißheit, daß er nicht bringt, was zu bringen ihm so leicht fallen würde, gibt eine durchaus nicht banale Szene ab. Aber ich werde nicht nur diese Seite des Sujets darstellen. Und alle schlimmen Nachrichten von Kranken, die an eine Mutter gesandten Depeschen von tödlichen Unglücksfällen, jene Briefe eines Sohnes an eine Mutter, eines Mannes an seine Frau, deren harte Worte zwischen ihnen etwas Unüberwindliches aufrichten, wo sich alle Aufschwünge der Zärtlichkeit brechen werden, dies alles wird darin enthalten sein.

Mein zweites wirklich tragisches Sujet werden die Witwen von Stande sein, die ihre Zeit damit verbringen, Heiraten zu kombinieren, und denen manchmal, leider, dieses Werk von Zerstörung und Tod auch gelingt. Wir kennen einige, nicht wahr, Abbé? Man wird sie sehen, wie sie sich mit ihrer Tapisserie beschäftigen, wie sie mit zufriedener Miene ihre schrecklichen Pläne austauschen, und ich werde versuchen, das Porträt so weit zu treiben, ihren Charakter so auszuprägen, daß sie wie die Parzen erscheinen werden (es sind doch die Parzen?), die unsere Schicksalsfäden spinnen. Ich glaube auch, daß es recht guten Effekt machen würde, wenn sich der Vorhang plötzlich öffnete und den Blick freigäbe auf einen bestimmten Salon des Faubourg – den Sie gut kennen, mein kleiner Abbé –, und im Hintergrund würde man zum voraus schon die ganze Folge von all dem unwiderruflichen Unheil erblicken, das diese alten Weiber dort anzetteln, all das im Salz der Tränen erstarrte Leben, Ehemänner mit ihren Maitressen vor ihren verzweifelten Ehefrauen, Suizide, Morde, usw.

Schöne Pläne! oder nicht, mein Abbé. Aber ich glaube, das ist für später, und ich hoffe sogar, daß ich es nie tun werde, damit ich meine Freunde nicht anwidere und Chalgrain mir weiterhin seine Besuche macht. Ich fand den Artikel über Chalgrains Snobismus im *Gaulois* idiotisch. Chalgrain zieht unsere Gesellschaft der anderen vor, wie er Poitiers oder Rom Chicago und anderen neuen Städten (oder Industriestädten) vorzieht, in denen noch keine Seele und keine Vergangenheit ihre Erinnerungsspuren zurückgelassen haben. Gott weiß, daß er Ausnahmen macht bei jungen Amerikanerinnen (Sie verstehen mich, Abbé!) und daß er manche alteingesessene Poitevinerin und manche strenge Römerin beiseite läßt. Hätte ich in diesem Punkt auf ihn gehört (obwohl im Grunde mit meiner Strenge zufrieden sein muß und die Sache auf diese Art für ihn viel mehr Lokalkolorit besitzt), hätte ich so viele Bekanntschaften gemacht, daß innerhalb weniger Jahre mein Salon etwas Namenloses geworden wäre, etwas wie (grauenvoll!) der Salon der Princesse d'Alériouvre.

Sagen Sie mir, ob Sie mich für einen Monat besuchen werden, mein Abbé, denn das würde mich vielleicht dazu bewegen, etwas Großes und Schönes in der Tou-

raine zu mieten, wo sie wie ein Glückseliger jagen könnten. Bisher habe ich Ausflüge von etwa einer Woche
gemacht und bin immer wieder – für zwei oder drei
Tage – nach Paris zurückgekehrt, wo es herrlich ist: es ist
niemand mehr da. Finden Sie, ich sollte mich dieses Jahr
hier in die Wahlen einmischen? Schreiben Sie mir etwas
ausführlicher, nicht wahr. Ich liebe Sie von ganzem Herzen.

GOUVRES–DIVES

St. Moritz[3]
Ich bin seit gestern hier, mein lieber Abbé, und ich habe
mich allzu schnell entschlossen abzureisen, obwohl ich
Sie noch benachrichtigen konnte. Auch heute finde ich
nur gerade die Zeit, Ihnen zu schreiben, daß ich keine
Zeit finde, Ihnen zu schreiben. Ich will Ihnen nur für
Ihren Brief danken, der mir sehr gut getan hat. Wie? Bin
ich wirklich wie in dem Photorähmchen in Ihrem Salon,
wo ich so sehr in jedem Alter die gleiche bin, noch heute
in Charakter und Geist dieselbe seit der Zeit, als Sie zu
mir als ganz kleinem Mädchen schon so gut waren? Das
ist mir gerade jetzt, wo ich so zerfahren bin, so auf der
Suche – ohne mich zu finden – nach mir selbst, eine
große Hilfe, ein wenig Gewißheit, wie ein Stütz-
punkt.
   Ich konnte nicht mehr in Paris bleiben, so nervös war
ich dort, und da ich nicht gehen konnte, wohin ich
gewollt hätte, war es für mich das kleinere Übel, sehr
weit wegzugehen, um mich wenigstens vor unsinnigen
Versuchungen geschützt zu fühlen und zwischen ihnen
und mir – wenn schon nicht meinen Willen[4] – so wenigstens eine große Distanz und eine lange Reise zu wissen.
Ach, allein wie ich bin, hat sich diesmal das Gefühl der
Fremdheit[5], das mich an einem neuen Ort, besonders in

einer neuen Wohnung und grausamer noch in einem neuen Bett bedrückt, zur wahren Bitternis gesteigert, als sei ich ins Exil gereist.

Ich hoffe, mich bald einzuleben und Gefallen zu finden an dieser Landschaft, die großartig ist, erstaunlich wagnerisch, lauter Seen, grün wie Edelsteine, und darüber Berge, an denen die Wolken ihre großen, blauen Schatten vorbeiziehen lassen wie auf dem Meer (Sie kennen sie, die großen Schattenflecken des Meeres), und rundherum überall Tannenwälder, geeignet, Walküren[6] herunterschweben oder Lohengrin landen zu lassen. Auf der Herreise von Chur, die vierzehn Wagenstunden dauert, sieht man auf einem wirklich unerreichbaren und schwindelerregenden Felskamm eine Burgruine, deren vergangene Herren mich oft träumen machen. Was für Verbrechen, was für erbliche Laster mußten sie von Generation zu Generation in diesem Adlerhorst vor der Neugier, dem Haß und der Gewalt der Welt verteidigen? Sie anzugreifen, wäre unsinnig gewesen, sie gegen ihren Willen zu sehen, unmöglich. Die großartige Trostlosigkeit der violetten Berge um sie herum und der Rausch einer absoluten Einsamkeit mußten alle ihre Wonnen über alle Maßen hinausführen, mußten sie mit Poesie erfüllen, sie erweitern, sie unendlich werden lassen, ohne ihnen ihre Schärfe zu nehmen. Denn Sie wissen, Abbé, Baudelaire hat es gesagt: »*Es gibt gewisse Empfindungen, deren Unbestimmtheit die Intensität nicht ausschließt, und es gibt keinen schärferen Stachel als den des Unendlichen*«[7]. Welch ein Ort, um zu lieben! Ich schreibe dies, ohne es gleichzeitig durchdenken zu können, denn ich empfinde es zu stark, und die Liebe ist, wie diese Bergspitzen, schwindelerregend.

Jener Seelenführer[8] kommt für mich nicht in Frage, im Augenblick wenigstens; nach meiner Rückkehr werde

ich alles tun, was Sie wollen, mein Vater. Aber ist der
Mann so bewundernswert, wie Sie sagen – oder vielmehr, stünde ich jetzt nicht zu weit unter ihm, um mich
von seinen himmlischen Einsichten erleuchten zu lassen,
jetzt, da ich meinen Geist und mein Herz in ihrer fort-
dauernden Unvollkommenheit noch mehr gedemütigt
und erniedrigt habe und ich immer tiefer falle. Wäre es
nicht besser, das Ende dieser Krise abzuwarten, abzuwarten, bis meine Seele ihre Ruhe wiedergefunden
hätte, bis diese Last nicht mehr auf mir liegen würde und
bis ich wieder an die Oberfläche meiner selbst aufgestie-
gen wäre, zu einem immer noch viel zu tiefen Punkt,
doch wo – wie Sie die Güte haben zu glauben – göttliche
Klarheiten ein klein wenig Tugend aufleuchten lassen
könnten? Ich werde alles tun, was Sie mir sagen, ich bin
Ihre Freundin und Dienerin. Öffnen Sie Ihre Arme, auf
daß an Ihrer Brust sich ausweine, sich tröste, sich aus-
ruhe und erquicke Ihre

PAULINE

Sie können sich die Farbtöne des Sees kaum vorstellen;
während ich Ihnen schreibe, schimmert er wie die Deck-
flügel eines Käfers. Er belebt in mir den Wunsch, von
dem ich neulich gesprochen habe, Pfauen[9] zu besitzen
und einen Opal[10]. Aber Pfauen, wohin damit, mein Lieber? Ich sähe sie gerne den Winter durch, aber wie soll
ich's anstellen, wenn sie in Le Haître[11] sind? An der Rue
Barbet de Jouy[12] ist der Garten wirklich zu klein, und sie
würden mich am Schlafen hindern. Glauben Sie, daß es
ein Schrei ist, an den man sich gewöhnt? Ich weiß nicht,
ob Sie *Le chef des odeurs suaves* von Robert de Montesquiou besitzen. Das Buch ist noch nicht erhältlich, aber
es gibt Luxusausgaben. Darin stehen nämlich zwei wun-
derbare Stücke über Pfauen. Wenn Sie sie nicht haben,

werde ich sie Ihnen abschreiben. Wenn Sie das Buch haben, suchen Sie das Stück mit dem Titel »Pavones« und das folgende »Paon, l'oiseau Paon est mort, le Dieu Pan l'a pleuré«. Das wär's. Man sagt mir, Ihre Nichte d'Alériouvre werde hier erwartet. Stimmt das?

G. D.

St. Moritz

Ach so, mein lieber kleiner Abbé, nicht unterwürfig, sondern aufgebracht möchten Sie mich sehen! Ihr Herz *»würde vor Freude aufgehen, wenn ich Ihnen sagte: mein lieber Abbé, Sie sind nur ein Dummkopf«.* Nun denn, Ihr Herz kann aufgehen. Wie, Sie werfen mir vor, daß ich Walküren hinter den Bäumen[13] sehe? Sie Unglückseliger, was sehen Sie denn dort? Und wenn ich aufhören würde, welche zu sehen, glauben Sie, ich würde fortfahren, die Bäume zu lieben? Kennen Sie denn die Geschichte von dem Narren[14] nicht, der glaubte, in einer Flasche die Prinzessin von China wiederzusehen. Man zerbrach ihm die Flasche. Aus dem Narren, der er war, wurde ein Idiot. Wollen Sie die Tugend auf den universalen Kretinismus gründen? Das Reich Gottes wird schöne Bewohner haben!

Was mich betrifft, mein Vater, werde ich, wenn Sie es dulden – und sogar, wenn Sie es nicht dulden –, zu Gott beten, er möge mir noch lange erlauben, Walküren hinter den Bäumen des Engadins zu sehen, denn ich bin überzeugt, daß es schöne und unschuldige Geschöpfe sind und daß es gut ist, sie zu sehen, wo immer man kann; und weit davon entfernt, ihre kriegerische Anmut nicht anzuschauen, würde ich es sogar mit besonderer Aufmerksamkeit tun, wenn man sie nicht besser sehen würde, ohne daran zu denken; denn ich bin der Meinung, daß wir unsere Herzen nicht vertrocknen lassen

272

dürfen, bevor wir sie dem lieben Gott darbieten, sondern daß wir all ihre närrischen Blumen, die ihn mehr erfreuen werden, pflegen müssen.

Ich muß Ihnen auch sagen, lieber Abbé, daß es recht merkwürdig ist, Sie sagen zu hören, Sie hätten ob dem ausschließlichen Anhören von Beichten armer Mädchen vom Lande ihre Fähigkeiten zur Seelenführung verloren. Ein schöner Seelenführer ist mir das, der nur ausgewählte Seelen will, interessante, solche, die in einem psychologischen Roman als Modelle für das Studium eines Falles dienen können.

Was sind denn das für christliche Ansichten, mein Vater! Möchten Sie auch noch, daß Ihre Klientinnen reich, aus gutem Haus und schön sind, fähig auch, sich mit Anstand und Unterscheidungsvermögen über die Leidenschaften der Liebe zu unterhalten. Ich werde nicht mehr gehorsam, ich werde nicht mehr sanftmütig sein, sofern es mir gelingt. Das ist zu dumm. Man achtet nur die, die einen beleidigen. An ihren harten Worten erkennt man im Leben jene, denen man gehorchen muß. Um so besser für mich, mein kleiner Abbé, der Sie wissen, daß ich immer zärtlich und freundlich bleiben werde, weil ich nicht anders kann und weil ich die kleine Pauline bin, der Sie immer vorausgesagt haben, sie werde nur lieben können. Um so besser für mich, denn wenn die Freundlichkeit einen Nutzen bringen würde, dann hätte die blödsinnige und bösartige Behauptung, unsere Freundlichkeit sei nur eine ehrgeizige List, wenigstens den Anschein von gesundem Menschenverstand.

Während, wie die Dinge stehen, die Lebenskunst darin bestünde, zu allen unfreundlich zu sein, mit einigen Atempausen, für die man Ihnen dankbar wäre wie für eine höchst zärtliche Liebkosung. Ein schlechter

Charakter ist eine Macht, gegen die nichts ankämpfen kann. Sie sehen, daß ich Ihnen tatsächlich widersprochen habe, und hätte ich Zeit, würde ich es auch hinsichtlich Judäas tun, über das Sie, wie ich finde, auch nicht sehr christliche Ansichten äußern. Für mich könnte ich noch Entschuldigungen finden, aber für Sie, der Sie dadurch nicht zu lästigen Einladungen gezwungen werden, ist es unverzeihlich, ihm nicht Ihr Herz zu öffnen. Die Sonne brennt. Eine Brise kommt auf über dem See. Mein Boot ist bereit. Ich lasse Sie, um Forellen fischen zu gehen und mich vor dem Diner an der kühlen Luft zu erfrischen. Ich werde an Sie denken während dieser köstlichen Augenblicke und umarme Sie.

GOUVRES-DIVES

ANHANG

NACHWORT DES HERAUSGEBERS

Freuden und Tage – Les plaisirs et les jours – ist Marcel Prousts erstes Werk. Es ist als großformatige Luxusausgabe mit Illustrationen von Madeleine Lemaire und vier Klavierstücken von Reynaldo Hahn 1896 im Pariser Verlag Calmann Lévy erschienen.

Wie zahlreiche seiner Schulkameraden hatte sich Proust schon während der Gymnasialzeit am Lycée Condorcet literarisch betätigt und einige Zeitschriften mitbegründet: *Revue de Seconde, Revue verte, Revue lilas*... Nach diesen ephemeren Versuchen folgte 1892 – in Zusammenarbeit mit Fernand Gregh, Daniel Halévy, Robert de Flers und Jacques Bizet – *Le Banquet,* eine literarische Unternehmung, die nicht nur den Symbolismus, sondern auch den Tolstojismus überwinden wollte, nach der achten Lieferung jedoch ihr Erscheinen einstellte. In der Folge fand Proust Aufnahme bei der 1891 von den Brüdern Natanson gegründeten *Revue blanche,* deren Prestige durch Namen wie Mallarmé, de Régnier, Debussy oder Bonnard dokumentiert ist. Mit seinen Beiträgen hat Proust jedoch seine Schulkameraden und Literatenfreunde in ihren Erwartungen schwer enttäuscht. Anstatt mit ihnen zu neuen Horizonten aufzubrechen und mit ihnen eine neue Literatur zu begründen, lieferte er literarische Chroniken, die sich von der eleganten Allerweltskritik eines Jules Lemaitre oder Anatole France kaum unterschieden; Studien, die sich an die Porträtisten, Moralisten und Memorialisten des 17. Jahrhunderts anlehnten: La Bruyère, La Rochefoucauld, Saint-Simon; Prosagedichte in Baudelairescher oder Chateaubriandscher Manier; endlich Erzählungen, die sich der Reihe nach den Strömungen und Vorbildern der Gegenwartsliteratur verpflichteten: France, Maupassant, Tolstoj. Auch Prousts mondäne Aspirationen mußten von seinen Freunden als Verrat an den gemeinsamen Idealen empfunden werden. Zwar hatte auch *Le Banquet* im Salon von

Madame Straus, Jacques Bizets Mutter, ein mondänes Zentrum, doch zog es Proust nach »Höherem«. Er fand es im Salon von Madame de Caillavet, wo er Anatole France kennenlernte, und vor allem im Salon von Madeleine Lemaire. Hier traf er – sei es im Pariser Atelier der Malerin oder auf ihrem Landsitz Schloß Réveillon – den Grafen Robert de Montesquiou, Inbegriff des dekadentistischen Dandy (und als solcher Modell für Huysmans' Des Esseintes in *A Rebours,* für Prousts Baldassare Silvande in *Les plaisirs et les jours* und für den Baron de Charlus in *À la recherche du temps perdu*), Salonlöwe aus der obersten Gesellschaftsschicht (und als solcher von Proust umworben) und (trotz Prousts Lobhudeleien) sehr mittelmäßiger Dichter; bei Madeleine Lemaire traf Proust auch den Musiker Reynaldo Hahn, mit dem ihn eine tiefe und dauernde Freundschaft verband. Wenn man bedenkt, daß Proust 1896 die meisten seiner in *Le Banquet* und *La Revue blanche* erschienenen Texte wiederaufnimmt und daß er ihnen mit den Illustrationen und Musikstücken einen mondän-artistischen Rahmen gibt, ist es nicht erstaunlich, daß sich seine Freunde mit *Les plaisirs et les jours* schwergetan haben. Ihr Urteil geht von krampfhafter Zustimmung zu herablassender Ironie. Hätten sie den Blick aufs Ganze gerichtet, wären ihre Vorbehalte gegenüber Prousts literarischen Imitationen und mondänen Ambitionen entkräftet worden, denn die Komposition von *Les plaisirs et les jours* erklärt den spezifischen Charakter von Prousts Literatur und rechtfertigt die dekadentistisch-ästhetizistische Aufmachung des Buches.

Freuden und Tage kann nicht einfach als Textsammlung oder als Summe von Prousts bisherigem Schaffen betrachtet werden. Zwar erscheinen die einzelnen Texte beinahe unverändert, doch erlangen sie in der Komposition des neuen Werkes, nun als Teile eines Ganzen, neue Gestalt und Bedeutung. Es ist anzunehmen, daß Proust seine Texte von Anfang an im Hinblick auf eine Buchpublikation verfaßte; der eigentliche Kompositionsprozeß beginnt jedoch erst 1894, d. h. nach den letzten in der *Revue blanche* (1. Dez. 1893) erschienenen Studien. Er äußert sich u. a. darin, daß Proust Texte schreibt, die das Gattungsspektrum seines bisherigen Werks erweitern und ergänzen: Gedichte, weitere Prosagedichte und weitere Erzählungen; oder darin, daß er gewisse Texte überarbeitet: »Avant la nuit« wird zu »La confession d'une jeune fille«; endlich im Verzicht auf Texte wie »L'indifférent«, die anderen Stücken (in diesem Fall »Mélancolique villégiature de Mme de Breyves«) zu ähnlich gewesen wären.

Am deutlichsten kommt der komponierte Charakter von *Freuden und Tage* in der Anordnung der einzelnen Teile innerhalb des Werkganzen zum Ausdruck. B. Gicquel hat diesem Problem eine aufschlußreiche, in ihren Schlußfolgerungen allerdings anfechtbare Untersuchung gewidmet. Im Zentrum des Werkes steht die Kunst: »Kunst« sagen die Themen (Malerei und Musik), »Kunst« sagt auch die Gattung (lyrische Dichtung) der acht »Porträts von Malern und Komponisten«. Gleichzeitig weisen sie auf einen biographischen Ort: auf die Malerin Madeleine Lemaire, die Prousts Werk illustrieren wird, und auf den Musiker Reynaldo Hahn, der die »Portraits de peintres« vertonen wird. Die bibliophile Aufmachung des Werkes und sein kompositorisches Zentrum stehen somit unter dem gleichen Zeichen, jenem nämlich der mondän-artistischen Kunst des Fin de siècle, d. h. des Ästhetizismus. Daß damit ästhetische Qualität nicht garantiert ist, zeigt sich sowohl in Prousts Gedichten als auch in den Illustrationen Madeleine Lemaires und – vielleicht etwas weniger deutlich – in Reynaldo Hahns Klavierstücken.

Vor und nach den »Porträts« sind die weiteren Texte symmetrisch angeordnet, wobei die Symmetrie meist durch die jeweilige Gattung gegeben ist.

Zuerst zwei Erzählungen: »Melancholische Sommertage in Trouville«, Studie über die Entstehung einer Leidenschaft im Stile des psychologisierenden Gesellschaftsromans à la Balzac, Maupassant, Gyp oder Bourget, den Proust später in der *Recherche* mit »Un amour de Swann« wiederaufnehmen wird; und »Das Bekenntnis eines jungen Mädchens«, wo innerhalb eines weiten Spektrums dekadentistischer Themen (verbotene Liebe, Beichte, Parrizid und Suizid) und vor einem weiten intertextuellen Horizont (Augustin, Thomas a Kempis, Anatole France) besonders auch Dostojewskis *Brüder Karamasow* anklingen.

Vor und nach diesen Erzählungen stehen zwei Texte mondänen Charakters: »Bouvard und Pécuchet: Gespräche über die mondäne und über die musikalische Welt«, ein Flaubert-Pastiche, das – als Pastiche – den Gestus sichtbar werden läßt, der dem ganzen Werk zugrunde liegt; und »Zum Diner geladene Gäste«, eine weitere Analyse gesellschaftlichen Verhaltens.

Die Symmetrie zwischen den folgenden zwei Werkteilen wollte Proust ursprünglich durch parallele Titel unterstreichen: »Fragments de comédie italienne« und »Fragments sur la musique, la tristesse et la mer«. Im Hinblick auf ihre Eingliederung in ein größeres Ganzes hat Proust all jene Texte, die in *Le Banquet* und *La Revue blanche* unter dem summarischen Titel »Etudes« erschienen waren, in zwei Gruppen eingeteilt: eine erste mit den Charakterstudien à la La Bruyère oder La Rochefoucauld aus den Jahren 1892/93, eine zweite mit den Prosagedichten à la Chateaubriand oder Baudelaire, die zum großen Teil erst 1894/95 entstanden sind und schließlich den Titel »Les regrets, rêveries couleur du temps« erhalten.

»Violante oder die mondäne Welt«, eine moralisierende Erzählung à la Voltaire oder Anatole France, und »Das Ende der Eifersucht«, eine »russische« Erzählung mit zahlreichen Anlehnungen an Tolstoj, beschließen die Reihe von symmetrisch angeordneten Texten.

Die Erzählung »Der Tod des Baldassare Silvande, Freiherrn von Sylvanien« ist dem Ganzen vorangestellt. 1894/95 entstanden, hat Proust sie ohne Zweifel als Zusammenfassung seines bisherigen Schaffens und als Exposition des geplanten Buches konzipiert. In »Baldassare Silvande« spiegelt sich Prousts ganze ästhetische Erfahrung – von Augustin oder den französischen Moralisten bis zu Anatole France und weiter zu Tolstoj; und von Robert de Montesquiou, dessen Gestalt uns aus dem Text entgegentritt, bis zu Reynaldo Hahn, dessen Name sich anagrammatisch im Text verhüllt.

Gewiß entsteht innerhalb dieser symmetrischen Anordnung der Texte gemäß ihren Gattungen auch ein thematisches Spannungsfeld. Der Kunst im Mittelpunkt entspricht die Todesthematik in der ersten und der letzten Erzählung. Kunst und Tod erscheinen als zwei Möglichkeiten, das Leben zu überwinden, d. h. sich vom inauthentischen Leben in der Faktizität der Welt zum authentischen Leben in der Sphäre der Wahrheit und der Wesentlichkeit zu erheben. Was der Künstler durch die Kunst erlangt, finden der Dilettant und der Lebemann nur im Tod: Baldassare Silvande und Honoré (in »Das Ende der Eifersucht«) bezahlen einen Augenblick authentischen Lebens mit dem Leben selbst. Der Versuch Gicquels, über die symmetrische Textanordnung und über die Hervorhebung von Kunst- und Todesthematik hinaus weitere Ordnungskriterien im Aufbau des Werkes auszumachen und den Texten vor den »Porträts« eine pessimistische, jenen nach den »Porträts« jedoch eine optimistische Grundhaltung zu unterstellen, ist fragwürdig. Prousts Texte lassen sich kaum auf eine weltanschauliche Haltung oder Botschaft festlegen und können somit die gestellte Frage gar nicht beantworten. Sie enthalten Welt-Anschauung nur in dem Sinn, daß sie den Blick freigeben auf das Wogen und Treiben der Welt. Der Gegensatz zwischen Welt, Weltlichkeit oder Mondanität und Kunst, Einsamkeit oder Reflexion – abgehandelt in zahllosen Variationen, doch ohne fortschreitende Entwicklung im Sinne Gicquels – bestimmt denn auch das ganze thematische Spannungsfeld von *Freuden und Tage*.

Die Anordnung der einzelnen Texte innerhalb des Werkganzen bildet jedoch nur einen ersten, allerdings sehr deutlichen Hinweis auf den durchkomponierten Charakter von *Freuden und Tage*. Außer dem neuen Kontext erarbeitet Proust einen neuen Paratext. Gemeint sind jene Textelemente, die die einzelnen Erzählungen, Fragmente, Gedichte und Prosagedichte wie die Fassung eines Schmuckes umgeben, sei es um deren Bedeutung erklärend hervorzuheben, sei es, um sie untereinander in Verbindung zu setzen, oder auch um Verbindungen mit der biographischen Realität des Autors herzustellen, nämlich: Epigraphe, Titel, Datierungen, die Widmung an Willie Heath und Anatole Frances Vorwort. Auch Madeleine Lemaires Illustrationen und Reynaldo Hahns Klavierstücke dürfen in einem weiteren Sinn zum einfassenden Paratext gerechnet werden.

Auf der Ebene der Epigraphe hat Proust im Vergleich zu den Erstfassungen einige wichtige Veränderungen vorgenommen: Einige Zitate werden verschoben und es werden neue Lektüreerfahrungen sichtbar. Emersons *Essais de philosophie américaine* und Thomas a Kempis' *Imitatio Christi*, zwei Lieblingsbücher des Fin de siècle, sowie Platon und Theokrit, denen Proust wohl in seinem Studium (1893–95) wiederbegegnet ist, treten nun neben Horaz, Shakespeare, Beaumont und Fletcher, Racine, Madame de Sévigné, G. de Balzac, Hugo, Baudelaire, Mallarmé, de Régnier und Anatole France. Prousts Epigraphe werden häufig als reine Modeerscheinung und als lediglich schmückendes Beiwerk abgetan. In dem Maße aber, als *Freuden und Tage* sich als Ganzes und besonders in seiner textlichen Beschaffenheit (vgl. die häufigen Zitate, Allusionen, Imitationen und Pastiches) als Spiegel der damaligen Literatur – mit ihren Modeerscheinungen und mit ihren Bezügen auf die Literatur der Vergangenheit – versteht, erfüllen die Epigraphe eine wesentliche Funktion: sie zeigen das Bezogensein von Literatur auf Literatur. Doch auch in ihrem unmittelbaren Kontext sind sie mehr als einfacher Schmuck. Zusammen mit dem vorangehenden Titel und dem folgenden Text bilden sie eine Emblemstruktur, in der ihnen die Funktion der Pictura zukommt. Sie zeigen an einem literarischen Beispiel, was der Titel ankündigt und der Text erklärend ausführt.

»Les plaisirs et les jours« – diesen Titel voller poetischer und intertextueller Qualitäten hat Proust erst spät an die Stelle von »Le château de Réveillon« gesetzt, genauso wie bei der Drucklegung von *Du côté de chez Swann* »À la recherche du temps perdu« erst in letzter Minute »Les intermittences du cœur« ersetzt. In »Le château de Réveillon« – und auch in der mondän-artistischen Ausstattung des Buches – erscheint der dekadentistisch-ästhetizistische Gestus von Prousts Schreiben auf einen biographischen Ort bezogen; mit »Les plaisirs et les jours« reflektiert Proust den Dekadentismus in literarischen Dimensionen. Über ein entstelltes Zitat weist Prousts Titel auf Hesiods *Les travaux et les jours (Werke und Tage, Erga kai hemerai)*, auf ein Gedicht also, das den Gang der Welt als Niedergang beschreibt, auf jenes Gedicht, das als erstes den Mythos von den Weltaltern erzählt. Nur Werke unserer Hände – Handwerk und Ackerbau – vermöchten nach Hesiod die Dekadenz aufzuhalten. Gewiß entstellt Proust Hesiods Titel mit eleganter Ironie und spielerischer Leichtigkeit, doch leichtfertig ist seine Geste nicht. Sie beinhaltet nicht nur ein Urteil über eine Welt, deren Werke Vergnügen, Freuden und Lustbarkeiten sind (eben jene unübersetzbaren »plaisirs«), sondern auch ein Bekenntnis zur Literatur, zur Literatur als Möglichkeit, sich mit Werken dem Gang der Welt zu entziehen, im speziellen aber zu einer Literatur, die ihr Wesen vor allem in der Reflexion der Literatur findet, sei es in intertextuellen Bezügen oder in intratextuellen Selbstbespiegelungen.

Im Hinblick auf die Buchveröffentlichung hat Proust die ursprünglichen Widmungen einzelner seiner Texte gestrichen und das ganze Werk dem 1893 mit 22 Jahren verstorbenen Willie Heath gewidmet. Wie der Titel »Le château de Réveillon« könnte auch die Widmung an den Freund als bloßer Bezug auf einen biographischen Ort – das ästhetisierende Dandytum des Fin de siècle – gelesen werden, würde nicht im Text der Widmung (wie mit dem Titel »Les plaisirs et les jours«) der Dekadentismus reflektiert beziehungsweise in literarische und weltgeschichtliche Dimensionen versetzt. Nach dem griechischen evoziert nun Proust mit dem Bild der Arche Noah den biblischen Mythos vom Niedergang der Welt, wobei das Heil diesmal nicht (wie bei Hesiod) im Werk der Hände, sondern – so wenigstens liest Proust das Bild – in der Innerlichkeit begründet ist.

Madeleine Lemaires Illustrationen und Reynaldo Hahns Klavierstücke gehören zwar nicht zum eigentlichen Paratext, aber doch zur Fassung oder Einfassung des Werkes. Daß Proust in Fragen der Einrichtung und Ausstattung einen schlechten – oder gar keinen – Geschmack hatte, ist bekannt. »Que c'est laid chez vous!« (»Wie häßlich es bei Ihnen ist!«), sollen Montesquiou und Oscar Wilde gleichzeitig ausgerufen haben, als sie Prousts Wohnung betraten. Im Zusammenhang mit der Aus-

stattung von *Freuden und Tage* soll aber weder Prousts Geschmack noch soll der künstlerische Rang Madeleine Lemaires
und Reynaldo Hahns, es soll vielmehr der ästhetische Ort des
Werkes untersucht werden. Außer einer speziellen, mondän-
artistischen Konstellation manifestiert die Originalausgabe
von *Freuden und Tage* im Zusammenspiel von Literatur, Malerei
und Musik nach dem im Titel beginnenden Dialog mit Literatur einen weiteren wesentlichen Zug der Kunst des Fin de
siècle: den Hang zum Gesamtkunstwerk.

Im Gegensatz zu vielen späteren Interpreten hat Anatole France
in seinem Vorwort einige wesentliche Aspekte von *Freuden und
Tage* erkannt, was für ihn allerdings eine leichte Sache war, da
Proust sie teilweise ihm selbst (Anatole France) verdankt. Ins-
besondere erkennt er die psychologischen Analysen als Fiktio-
nen oder Fallstudien und nimmt sie nicht, wie es die spätere
Proust-Kritik getan hat, als Selbstbekenntnisse des Autors.
Mit der Nennung von Hesiod, der die Dekadenz der Welt
anprangert, und von Petron, der sie beschreibt, weist er auch
auf den Horizont, den Prousts Werk selbst entwirft und vor
dem es gelesen werden will.

Von den ersten Texten an steht Prousts Schaffen unter einem
doppelten Zeichen: Literatur und Kritik. Nicht nur in dem
Sinn, daß Proust bald kritische oder essayistische, bald narrative oder poetische Texte verfaßt, sondern auch insofern, als er
versucht, die strenge Unterscheidung zwischen den Gattungen
zu überwinden. Oft hat seine Kritik eine literarische, seine
Literatur eine kritische Dimension. Man denke an sein Vorwort zu Ruskins *Sésame et les lys,* wo er von »Tagen des Lesens«
erzählt, bevor er Ruskins Ansichten über das Lesen kritisch
abhandelt, oder an den Schluß von *À la recherche tu temps perdu,*
wo – wie schon in den Entwürfen und Projekten zu einem
Contre Sainte-Beuve – die kritische Reflexion über Literatur in
narrativem Kontext erscheint, ja eigentlich Teil der Erzählung
ist.

   Die literaturkritische Dimension von *Freuden und Tage* erscheint sowohl auf der Ebene der einzelnen Texte als auch auf

jener des Werkganzen. Dort bilden Imitation, Parodie oder Pastiche, hier Variation und Gegenüberstellung die bevorzugten Mittel von Prousts Reflexion. »Violante oder die mondäne Welt«, »Oranthe« oder »Bouvard und Pécuchet« sind eigentliche Stilstudien zu Anatole France, La Bruyère und Flaubert. Auch die Gegenüberstellung von verschiedenen Möglichkeiten des Erzählens und Schreibens innerhalb desselben Textes, z. B. in »Melancholische Sommertage in Trouville« oder in »Der Tod des Baldassare Silvande«, impliziert eine kritische Reflexion über Literatur. Noch deutlicher zeigt sich das Prinzip der kritisch erhellenden Gegenüberstellung auf der Ebene des Werkganzen, wo Proust systematisch Ausdrucksformen, Modeströmungen und Lieblingsautoren des ausgehenden 19. Jahrhunderts aufreiht. In der formalen und stilistischen Vielfalt seiner Teile, seiner Erzählungen, Aphorismen, Pastiches, Gedichte und Prosagedichte, in seiner paratextuellen Einfassung und Ausstattung sowie vor seinem intertextuellen Horizont erscheint *Freuden und Tage* als Panorama der Fin de siècle-Literatur.

Auch in *À la recherche du temps perdu,* besonders in *Du côté de chez Swann,* wird Proust die Literatur seiner Zeit durch Gegenüberstellung ihrer Ausdrucksformen kritisch reflektieren – man denke an die Aneinanderreihung von Sprache und Thematik der Psychologie in der Eingangsszene, des Kindheitsromans in »Combray« und des traditionellen Romans Balzacscher Prägung in »Un amour de Swann« oder auch an die Gegenüberstellung von zwei verschiedenen Beschreibungen derselben Kirchtürme in der Episode der Clochers de Martinville. Während jedoch in *Les plaisirs et les jours* die Tradition lediglich aufgerufen und aufgereiht wird, zeigt *À la recherche du temps perdu* sie in ihrer Überwindung. Wie die Malerei Manets und die Musik Mahlers läßt Prousts Roman die Tradition zwar erscheinen, doch nur um sie im Strom der Moderne untergehen zu lassen. Je weiter sich die *Recherche* von ihrem Anfang entfernt, je tiefer der Roman in die Welt der Guermantes oder der Verdurins, in die Gegend von Sodom und Gomorra oder in das Reich der Kunst eindringt, desto seltener werden intertextuelle Signale und desto seltener kommt das Prinzip der erhellenden Gegenüberstellung zur Anwendung. Der Pastiche Goncourt in *Le temps retrouvé* ist die Ausnahme, welche die Regel bestätigt. Das Kompositionsprinzip von *Les plaisirs et les jours* wird so in der *Recherche* nicht nur wiederaufgenommen, sondern auch überwunden. Die Stellung von *Du côté de chez Swann* innerhalb von *À la recherche du temps perdu* reflektiert die Stellung von *Les plaisirs et les jours* innerhalb von Prousts Gesamtwerk.

Bei seinem Erscheinen im Jahre 1896 hat Prousts erstes Buch nur geringes Echo gefunden. Zwar erhielt es einige wohlwollende Rezensionen, doch hielt man allgemein *Les plaisirs et les jours* für das Werk eines dilettierenden Salonnards – ein Odium, das noch lange auf Proust lasten sollte. In einem Fall gingen die insinuierenden Anspielungen auf Prousts mondäne Beziehungen und auf seine Freundschaften so weit, daß es zum Duell mit dem Kritiker (Jean Lorrain) kam. Prousts eigene Äußerungen über sein Erstlingswerk gehen von übertriebener Wert- zu übertriebener Geringschätzung; als Elemente einer literaturkritischen Strategie sind sie offenbar auf die jeweilige Situation und auf den jeweiligen Adressaten abgestimmt. Fest steht jedoch, daß Proust, nachdem ein großer Teil der *Recherche* bereits vorlag, einer Neuauflage seines Jugendwerkes zugestimmt hat. Diese erschien zwei Jahre nach seinem Tod 1924 bei Gallimard – allerdings ohne die Illustrationen und die Klavierstücke. Eine Ausgabe mit textkritischem Apparat und weiteren Angaben zur kritischen Aufnahme des Werkes erschien 1971 in der Bibliothèque de la Pléiade.

Angesichts der von 1926 an vollständig vorliegenden *Recherche* richtete sich das Interesse der Kritik in erster Linie auf *Les plaisirs et les jours* als Vorläufer von *À la recherche du temps perdu* und als biographisches Dokument (vgl. die in der Bibliographie aufgeführten Studien von Gide, Painter, Bardèche, Placella). In neuerer Zeit – seltener jedoch – wurde das Werk auch in seiner Eigenständigkeit und Eigengesetzlichkeit untersucht (vgl. Gicquel, Paganini, Brée, Jost, Henry, Price, Kingcaid sowie den Insel-Band *Marcel Proust. Bezüge und Strukturen*).

Im selben Jahr wie Rudolf Schottlaenders Übersetzung von *Du côté de chez Swann* (*Der Weg zu Swann*, Verlag die Schmiede, 1926) erschien unter dem Titel *Tage der Freuden* im Propyläen-Verlag die erste deutsche Übersetzung von *Les plaisirs et les jours* (ohne die Widmung an Willie Heath und ohne die Gedichte). Sie stammt von Ernst Weiss.

Die vorliegende Neuübersetzung von *Les plaisirs et les jours* bringt zum ersten Mal den vollständigen Text des Werkes; anschließend Prosatexte aus den Jahren 1892–1896, die Proust nicht in *Les plaisirs et les jours* aufgenommen hat. Mit Ausnahme von »L'Indifférent« (»Der Gleichgültige«) wurden alle Texte im Hinblick auf diesen Band vom Herausgeber neu übersetzt.

Die nachfolgenden Anmerkungen verzichten bewußt auf das textkritische und auf das biographische Detail, wie es in der Dissertation von Price [33] und in der Pléiade-Ausgabe von 1971 [3] aufgearbeitet ist. Nach dem Nachweis des Erstdruckes und einer kurzen Charakterisierung geben sie Erklärungen zu Namen, Zitaten, Allusionen sowie Hinweise auf thematische und stilistische Eigenheiten des jeweiligen Textes. Das kommentatorische Schwergewicht liegt auf dem literarischen Horizont, den Proust mit *Les plaisirs et les jours* entwirft und vor dem sich die Konturen des Werkes abzeichnen.

Für die Mitarbeit an Übersetzung, Kommentar, Bibliographie und Register bin ich André Oeschger, für wertvolle Hinweise zur Übersetzung und zu den Anmerkungen bin ich zahlreichen Freunden und Kollegen zu Dank verpflichtet.

ANMERKUNGEN UND KOMMENTAR

Die französischen Titel sind diejenigen der Buchveröffentlichung; sie entsprechen nicht in allen Fällen denjenigen der
nachgewiesenen Erstdrucke.

Folgt dem französischen Titel kein Nachweis, handelt es sich
um eine Erstveröffentlichung in *Les plaisirs et les jours*. Die
Zahlen in eckigen Klammern weisen auf die entsprechenden
Titel der Bibliographie; einfache Seitenangaben beziehen sich
auf den vorliegenden Band.

In der Hoffnung auf klärende Antworten haben wir – entgegen den kommentatorischen Gepflogenheiten – in den folgenden Anmerkungen vorkommende Fragezeichen stehenlas-
sen.

Seite 5:
FREUDEN UND TAGE
Les plaisirs et les jours. Illustrations de Madeleine Lemaire. Pré-
face d'Anatole France. Et quatre pièces pour piano de Reynaldo
Hahn: Paris, Calmann Lévy, 1896.

Ursprünglich wollte Proust sein erstes Buch »Le château de
Réveillon« nennen, nach dem Schloß von Madeleine Lemaire
in der Champagne. Beim endgültigen Titel handelt es sich
um ein angedeutetes Zitat von Hesiods *Werke und Tage (Les
travaux et les jours).* Die Substitution von »travaux« durch
»plaisirs«, von »Werke« durch »Freuden« (womit nur eine der
zahlreichen Bedeutungen von »plaisirs« genannt ist), kann als
Ausdruck eines Fortschreitens der von Hesiod am Beispiel des
Mythos von den Weltaltern thematisierten Dekadenz verstanden werden (vgl. *Werke und Tage,* Vers 106–201). Entgegen
Hesiods Mahnung zu »Werken« im Rahmen einer bäuerlichen
Lebensweise, die allein noch den Verfall aufhalten könne (vgl.
Vers 298–319), gibt sich die von Proust evozierte Fin de siècle-

Gesellschaft ihren mondänen Vergnügungen hin. Mit eleganter Geste drückt der neue Titel dem Werk seinen epochalen Stempel auf.

Zu Madeleine Lemaire, Anatole France und Reynaldo Hahn vgl. Nachwort (S. 277 ff.).

Seite 7:
In der Originalausgabe, der wir folgen, trägt das *Vorwort* keinen Titel.

Anatole France übte bedeutenden Einfluß auf das literarische Leben des damaligen Frankreich aus, sowohl durch seine Werke wie auch als Kritiker bei der Zeitung *Le Temps*. Seine gesammelten Kritiken sind unter dem Titel *La vie littéraire* erschienen (1892). Das Vorwort zu Prousts Erstling ist ein durchaus ernstzunehmender Versuch einer kritischen Würdigung des Werks aus distanzierter Zeitgenossenschaft. France kommt das Verdienst zu, als erster das im Titel durch Hesiod gegebene Dekadenz-Signal erkannt und seine Lektüre konsequent in den Horizont dieser Thematik gestellt zu haben.

1 Anspielung auf Hesiods Weltalterlehre.
2 France begreift das Buch ganz aus dem Erwartungshorizont der aktuellen historischen Stunde – freilich nicht immer ohne ironische Untertöne – als Carmen saeculare zum auslaufenden Jahrhundert, zum Fin de siècle.
3 Die Metaphorik pflanzlich-organischen Wachstums, Werdens und Vergehens in diesem und auch im vorangehenden Satz ist Ausdruck eines hesiodisch inspirierten Geschichtsdenkens in sich abfolgenden Stufen, wie es das historische Bewußtsein des Fin de siècle allgemein prägte, wobei auch häufig auf den Zerfall des Römischen Reiches zurückgegriffen wurde.
4 Der Ausspruch (»Life would be tolerable but for its amusements«) stammt von Sir George Cornwall Lewis (1806–1863) – (freundlicher Hinweis der Oxford University Press).
5 Anspielung auf den auch das Innenleben des Menschen ergreifenden Ästhetizismus der Jahrhundertwende.
6 Treibhaus und Orchideen sind Embleme des Fin de siècle

(vgl. Maeterlincks Gedichtsammlung *Serres chaudes,* 1889, und den Aufsatz Prousts aus dem Jahre 1894 »Une fête littéraire à Versailles« [4] S. 360).

7 Röntgen, der 1895 die nach ihm benannten Strahlen entdeckte.

8 Bernardin de Saint-Pierre ist vor allem als Verfasser von *Paul et Virginie* bekannt. Er zeichnet sich durch seine in der Nachfolge Rousseaus stehenden Naturschilderungen aus. Petronius ist der Autor des *Satyricon* – Lieblingsbuch von Des Esseintes in Huysmans *A rebours* –, das den Sittenzerfall in der Spätzeit des Römischen Reichs beschreibt. Mit der Nennung dieser zwei Schriftsteller bezeichnet France zwei übergeordnete Themenbereiche von *Freuden und Tage*: Natur- und Stimmungsbilder (z. B. in den »Träumereien«) und Gesellschaftssatire (z. B. in den »Fragmenten«). In der oxymoralen Setzung der Epitheta bringt France Prousts Ambiguität zum Ausdruck, den jugendlichen und gleichzeitig alten, oft auch altklugen Geist seines erst fünfundzwanzigjährigen, frühreifen Schützlings.

Seite 9:
MEINEM FREUND WILLIE HEATH
»A mon ami Willie Heath«.

Mehr noch als um eine Widmung handelt es sich bei diesem Text um eine Exposition. Wichtige Themen wie Ästhetizismus und Dandytum, Tod und Zu-sich-selbst-Kommen des Menschen einerseits, Selbstentfremdung und Veräußerlichung anderseits, scheinen hier ein erstes Mal auf und stecken den konzeptuellen Rahmen ab, in dem sich die Figuren des Buchs bewegen.

Das *Epigraph* ist ein nicht ganz wörtliches Zitat aus der Widmung von Ernest Renans *La vie de Jésus* (1863) an seine Schwester Henriette.

1 Madeleine Lemaire.

2 Die zitierten Verse entstammen dem handschriftlichen Widmungsgedicht, das Montesquiou Madeleine Lemaire in ihr Exemplar von *Le chef des odeurs suaves* (1893) geschrieben hat. Proust zitiert – wie beinahe immer – ungenau. Der

Originaltext heißt: »Vous êtes leur Vigée et la sensible Flore« (»Sie sind ihre Vigée und die empfindsame Flore«).

3 Elisabeth Vigée-Lebrun war die Hofmalerin Marie-Antoinettes.

4 Wie im Gedicht »Anton van Dyck« (S. 112) nimmt Proust im folgenden – allerdings in umgekehrter Reihenfolge – auf zwei Bilder im Louvre Bezug: auf den »Herzog von Richmond« und auf »König Karl I. von England«. Die Projektion von Leben auf Kunst – und von Kunst auf Leben – ist eine typisch ästhetizistische Verfahrensweise, die Proust später mit der Figur Swanns vorführen wird. Hier dient sie dazu, Willie Heath zur Figur eines Dandy und Ästheten zu stilisieren.

5 Zu den Todesahnungen der van Dyckschen Jünglinge vgl. S. 313.

6 Leonardo malte Johannes den Täufer als androgynes Zwitterwesen, das einen rätselhaften Blick auf den Betrachter richtet. Mit erhobenem Zeigefinger beschreibt die rechte Hand eine nach oben weisende Bewegung. Durch den Vergleich mit diesem Bild fügt Proust den epochespezifischen Merkmalen Ästhetizismus und Todesahnung ein drittes hinzu: geschlechtliche Ambiguität. Das Bild befindet sich ebenfalls im Louvre.

7 Am Ende des ersten Kapitels von »Der Tod des Baldassare Silvande« ist Alexis vom gleichen Wunsch beseelt.

8 Den Tod als Vollendung des Individuums feiert Proust sowohl in »Der Tod des Baldassare Silvande« wie in »Das Ende der Eifersucht«, den zwei Erzählungen, die das Werk gleichsam umklammern.

9 Zum Motiv des herannahenden Todes vgl. die Studie von Mariolina Bongiovanni Bertini [35].

10 Die Anspielung auf Noah führt die bereits im Titel durch den Bezug zu Hesiod gegebene Dekadenzvorstellung weiter. Wie die von Hesiod in den *Werken und Tagen* angedrohte Apokalypse ist die Sintflut Strafe für den Sittenzerfall. Die folgenden Zitate stammen aus *Genesis* VIII,6,9,12.

11 Zitate aus Racines *Phèdre,* I,3 (Vers 158–160).

12 Woher dieses Zitat stammt, bleibt eine offene Frage.

13 Reynaldo Hahn.

14 Anatole France.

15 Philosophielehrer Prousts am Lycée Condorcet.

Seite 14:

DER TOD DES BALDASSARE SILVANDE, FREI-HERRN VON SYLVANIEN

»La mort de Baldassare Silvande, vicomte de Sylvanie«: *La Revue hebdomadaire* 179, 29. Oktober 1895.

Der Text erzählt – ähnlich wie Hugo von Hofmannsthals *Der Tor und der Tod* – die Geschichte vom Tod des Ästheten. Der Tod bringt die Befreiung von Künstlichkeit und Lebensferne und vermittelt einen Augenblick wahren Lebens. Am intertextuellen Horizont dieser Überwindung ästhetizistischer Lebenshaltung – und Schreibweise – steht Tolstojs Erzählung *Der Tod des Iwan Iljitch,* auf die Prousts Titel reminiszierend verweist. Vgl. A. Henry [28]; zur Funktion der Personennamen D. Brüning [25]; zu den Epigraphen A. Oeschger [41].

1 Proust zitiert die *Essais de philosophie américaine* nach der Übersetzung von Emile Montégut, Paris, 1851, S. 78. Das gleiche Motiv aus dem griechischen Mythos findet sich am Schluß von »Spaziergang« (S. 148) und in »Das Ende der Eifersucht« (S. 202). Vgl. auch Prousts Brief vom März 1896 an Reynaldo Hahn, *Jean Santeuil* betreffend: »Je veux que vous y soyez tout le temps mais comme un dieu déguisé qu'aucun mortel ne reconnaît« (»Ich möchte, daß Sie allzeit darin sind, aber wie ein verkleideter Gott, den kein Sterblicher erkennt« [8] Bd. II, S. 9).

2 Proust wurde von seinem Freund Reynaldo Hahn scherzhaft Pony genannt.

3 Möglicherweise eine Anspielung auf *Il cortegiano,* den Traktat vom idealen Höfling und seinen Verfasser Baldassare Castiglione.

4 Eine erste Shakespeare-Reminiszenz (vgl. *Was ihr wollt,* dessen Handlung in Illyrien spielt).

5 Proust zitiert den ersten Halbvers von Mallarmés Gedicht »Brise marine«.

6 Vgl. »Henker voller Gewissensbisse« (»bourreau plein de remords«) in Baudelaires Gedicht »A une madone«.

7 Das Zitat stammt aus einem Brief Madame de Sévignés an ihre Tochter Madame de Grignan vom 24. 1. 1689.

8 Vgl. »Der Fremde« (S. 171).

9 Die folgende Passage ist ein Selbstzitat Prousts. Es handelt sich um eine nahezu wörtliche Wiederaufnahme eines Textes aus dem Prosastück »Vor der Nacht« (S. 233 ff.), das Proust 1893 in *La Revue blanche* veröffentlicht, später jedoch nicht in *Freuden und Tage* aufgenommen hat. Der Text ist ein Pastiche des dekadentistischen Stils eines Maurice Barrès, Robert de Montesquiou oder auch Gabriele d'Annunzio, der Baldassare als Ästheten charakterisiert. Vgl. die refrainartige Wiederaufnahme dieses Textes zu Beginn des vierten Kapitels (S. 33), wo Proust ihn mit der Wirklichkeit eines trüben Regentages konfrontiert und dadurch eine Distanzierung von der ästhetizistischen Existenzform zum Ausdruck bringt. Die das Parodistische streifende Kontrastierung des Dekadenz-Pastiche mit seinem Kontext stellt eine Möglichkeit dar, den dekadentistischen Stil zu überwinden. Vgl. L. Keller [17].

10 Die Herausgeber der Pléiade-Ausgabe nehmen eine Musset-Reminiszenz an (»La nuit de décembre«). Das Motiv gehört jedoch zum Gemeingut der phantastischen und besonders auch der romantischen Literatur. Vgl. »Der Fremde« (S. 171).

11 Das Zitat stammt aus dem 5. Akt, 5. Szene.

12 Eine weitere Shakespeare-Reminiszenz.

13 Das Zitat stammt aus dem 5. Akt, 2. Szene.

14 Die eigentliche Sterbeszene gliedert sich in mehrere Teile: ein dreitägiges Fieberdelirium, ein letztes Hinausblicken aufs Meer und aufs Land, ein erstes und letztes Hineinblicken in die Tiefe der Seele. In jedem dieser Teile eröffnen sich andere intertextuelle Horizonte. Der erste steht unter dem Zeichen der barocken Allegorie. Zu den Calderón-Reminiszenzen vgl. Brüning [25].

15 Der zweite Teil der Sterbeszene weist auf die symbolistische Dichtung: Baudelaires Gedicht »Le Voyage« (vgl.

Bongiovanni [35]), Mallarmés »Brise marine« (vgl. das Epigraph des 2. Kapitels) und Maeterlincks *Pelléas et Mélisande* (vgl. Brüning [25]).

16 Nach den symbolistischen Motiven der vorangehenden Passage tauchen nun romantische Themen auf: Glockenklang, unwillkürliche Erinnerung, Harmonie zwischen Seele und Landschaft. Zu den Chateaubriand-Reminiszenzen vgl. Bongiovanni [35].

17 Zahlreiche Elemente weisen in der folgenden Passage auf Tolstoj, dessen Todesszenen 1886 in einem Sammelband *(La mort)* erschienen sind. Proust macht außerdem von einem Thema Gebrauch, das von der Psychologie seiner Zeit diskutiert wurde und mancherorts in der Literatur des 19. Jahrhunderts auftaucht. Es handelt sich um eine sogenannte »vue panoramique des mourants« (panoramische Schau der Sterbenden), um ein zeitlich gerafftes Durchleben und Überblicken des gesamten vergangenen Lebens in den letzten Sekunden vor dem Tod. Zur Geschichte dieses Themas von de Quincey bis zu Bergson vgl. G. Poulet [22]. Der künstlich imaginierten Todesszene stellt Proust schließlich die Szene von Baldassares authentisch gelebtem Tod gegenüber. Jene orientiert sich am Dekadentismus, diese an Tolstoj.

Seite 40:

VIOLANTE ODER DIE MONDÄNE WELT

»Violante ou la mondanité«: *Le Banquet* 7, Februar 1893.

Diese Erzählung besitzt eine gewisse Nähe zum »conte philosophique« des 18. Jahrhunderts, worauf schon Robert Dreyfus hingewiesen hat (*Souvenirs sur Marcel Proust,* S. 97). Es zeichnen sich jedoch zwei weitere und wichtigere intertextuelle Bezugspunkte ab: in der Nähe Anatole France, dem der Text in seiner Erstfassung gewidmet war; in der Ferne Augustinus und der Augustiner Thomas a Kempis, Autor von *De imitatione Christi* (1470).

1 Proust hat die *Imitatio* spätestens in der letzten Klasse des Lycée gelesen (vgl. A. Ferré, *Les années de collège de Marcel Proust,* S. 214). Er folgte darin einer literarischen Mode sei-

ner Zeit, die Maurice Barrès in *L'homme libre* dokumentiert hat, wo der Protagonist seiner Freundin jeden Abend einige Stellen aus der *Imitatio* vorliest. Die direkte Quelle für das erste Epigraph ist jedoch höchstwahrscheinlich eine Rezension von Anatole France über Paul Bourgets Roman *Mensonges* (vgl. A. France *La vie littéraire*). Zu Beginn dieser Kritik, die einige literaturhistorisch aufschlußreiche Bemerkungen zur Rezeption der *Imitatio* im Fin de siècle beinhaltet, zitiert France – ebenfalls als Epigraph – einige Stellen aus der *Imitatio,* darunter die von Proust verwendete (vgl. A. Henry [16] S. 22). Neben dem Epigraph zum 2. Kapitel stellt Proust auch noch dem »Bekenntnis eines jungen Mädchens« ein Zitat aus der *Imitatio* als Epigraph voran.

2 Der fehlende Wille in »Violante«, »Vor der Nacht« und dem »Bekenntnis eines jungen Mädchens« ist ein Lieblingsthema der biographischen Proust-Kritik. Man tut gut daran, das Problem nicht nur vor dem Hintergrund von Prousts Leben, sondern auch vor jenem der psychologischen Literatur seiner Zeit zu betrachten, in der es häufig dazu dient, Entwicklungen beziehungsweise Fehlentwicklungen zu erklären.

3 Anspielung auf Augustinus und den Augustiner Thomas a Kempis.

4 Daß östliche Länder auch entgegen unseren geographischen Kenntnissen ans Meer reichen können, gehört seit Shakespeares *Wintermärchen,* wo Böhmen am gleichen Meer liegt wie Sizilien, zur literarischen Tradition.

5 Das Zitat aus der *Imitatio* nimmt Bezug auf *Jesaia* 40,6f.

6 Vgl. das 2. Buch der *Confessiones,* wo Augustinus vom Erwachen seiner Sexualität spricht.

7 Hier wird das Leben der Fin de siècle-Gesellschaft ganz deutlich mit der den Ästhetizismus kennzeichnenden Tendenz einer Verwandlung von Leben in Kunst zusammengesehen.

8 Explizite Formulierung der dekadentistischen Weltsicht, die Proust sonst nur indirekt, durch Zitat oder onomastische Anspielungen, zum Ausdruck bringt.

9 Ein von der Psychologie des 19. Jahrhunderts und von Proust auch in der *Recherche* vieldiskutiertes Thema. Vgl. Ravaisson, *De l'habitude,* 1838.

Seite 53:

FRAGMENTE EINER ITALIENISCHEN KOMÖDIE
»Fragments de comédie italienne«.

In *Les plaisirs et les jours* hat Proust seine zuvor in *Le Banquet*
und *La Revue blanche* erschienenen Studien in »Fragments de
comédie italienne« und »Les regrets, rêveries couleur du
temps« aufgeteilt. Während diese zur Hauptsache aus Prosagedichten bestehen, vereinigen jene Texte verschiedener Art:
Charakterstudien, Maximen und Aphorismen in moralisti-
scher Manier und daneben auch Versuche, die Welt, den Menschen und die Gesellschaft in komplexeren Textgebilden darzustellen. In echt ästhetizistischer Manier stellt Proust diese
Versuche bald unter das Zeichen der bildenden Künste (»Verlorene Formen«, »Fächer«), bald unter jenes der dramatischen
Literatur (»Szenario«). Mit »comédie italienne« und mit »comédie mondaine« im Titel des letzten Stücks expliziert sich die
in allen »Fragmenten« latente Theatermetapher. Die Welt erscheint als Bühne, auf der jeder eine feste Rolle spielt. Gleichzeitig sind die Titel eine Referenz an Balzacs *Comédie humaine,*
eine Referenz, deren Unbescheidenheit durch die Bezeichnung
»Fragmente« zurückgenommen wird. Die Personennamen
stammen aus dem Repertoire der dramatischen und der moralistischen Literatur des 17. Jahrhunderts. Vgl. die Studie von
Roger Francillon »Proust und La Bruyère« [37].

1 Proust zitiert die *Essais de philosophie américaine* (1851)
S. 57.

Seite 53:

I. DIE GELIEBTEN DES FABRICE
I. »Les maîtresses de Fabrice«: *Le Banquet* 2, April 1892.

1 Der scheinbare Bruch im Satz- und Sinngefüge weist gleich
zu Beginn – wie auch die Pointe am Schluß des Textes – auf
die Prosa La Bruyères.

2 Anklänge an die elegante Prosa von Maurice Barrès unterbrechen hier die moralistische Ton- und Gangart des Textes.
Um so deutlicher tritt diese in der folgenden Pointe wieder
hervor.

II. DIE FREUNDINNEN DER GRÄFIN MYRTO

II. »Les amies de la comtesse Myrto«: *Le Banquet* 2, April
1892.

1 Wir übernehmen das französische Wort, das gleichzeitig
Snobismus und eitle Eleganz meint. Vgl. »Snobs« I und II
(S. 60).

2 Die Pointe ist antithetisch zum Titel und auch zur Pointe des
vorangehenden Stücks gesetzt.

III. HELDÉMONE, ADELGISE, ERCOLE

III. »Heldémone, Adelgise, Ercole«: *Le Banquet* 3, Mai 1892.

IV. DER UNBESTÄNDIGE

IV. »L'inconstant«: *Le Banquet* 3, Mai 1892.

V.

V.: *Le Banquet* 3, Mai 1892.

VI. VERLORENE FORMEN

VI. »Cires perdues«.

I.: unter dem Titel »Cydalise« in *Le Banquet* 2, April 1892.

II.: unter dem Titel »Esquisse de Mme ★★★ in *Le Banquet* 3,
Mai 1892. Beide Teile sind im Vergleich zu den ersten Fassun-
gen gekürzt und stellenweise verändert.

Beim »Wachsausschmelzverfahren«, »Gießverfahren mit
verlorenem Modell« oder »verlorene Formen«, meist auch im
Deutschen »cire perdue« genannt, geht die zuerst in Wachs
hergestellte Form im Gießvorgang verloren. Zu den hier por-
trätierten Damen vgl. Bardèche [15] Bd. I, S. 41, Painter [20]
Bd. I, S. 182, und Prousts Brief an Reynaldo Hahn vom
1. 8. 1907 [8] Bd. VII, S. 242. Das raffinierte Spiel um die »cires perdues«, mit dem Proust das Verhältnis von Text und
Modell festhält, hat wohl keine der in Frage kommenden »ver-

lorenen Formen« wahrgenommen, doch waren weder Madame Jean de Reszké (Cydalise) noch Madame de Chevigné (Hippolyta) von ihren Porträts besonders angetan.

Für die Verbindung Frau/Vogel vgl. die Porträts der Duchesse de Guermantes in der *Recherche,* die auf das gleiche Modell, Madame de Chevigné, zurückgehen ([4] Bd. II, S. 53 ff.; [12] *Die Welt der Guermantes,* S. 66 ff.).

Seite 60:
VII. SNOBS
VII. »Snobs«.

Seite 60:
I.: *Le Banquet* 3, Mai 1892.

Seite 60:
II.: *Le Banquet* 3, Mai 1892.
1 Zur Zeit von Prousts Anfängen war *Le Gaulois* das maßgebende Blatt der Pariser Gesellschaft. Für die Rubrik »nouvelles élégantes«, die Nachrichten aus der großen Welt, hat Proust selbst 1894 und 1895 einige Texte beigesteuert.

Seite 61:
3. GEGEN EINE SNOBDAME
III. »Contre une snob«: *La Revue blanche* 26, Dezember 1893.

Seite 62:
4. FÜR EINE SNOBDAME
IV. »A une snob«: *La Revue blanche* 26, Dezember 1893.

Unter dem Zeichen Tolstojs und der, wenn auch nicht genannten, so doch deutlich anklingenden Barrès und Michelet zeichnet Proust ein Porträt mit Tiefenwirkung.
1 Der Vergleich der Seele mit einem finsteren Wald ist im Russischen geläufig. »Eine fremde Seele ist ein dunkler Wald«, schreibt beispielsweise Turgenev in seinem Roman *Adelsnest.* Wo (und ob) Proust ihn bei Tolstoj gefunden hat, bleibt zu untersuchen.

2 Den Führern durch das mondäne Leben stellt Proust den »Bouillet« gegenüber, eine Enzyklopädie, die im 19. Jahrhundert etwa soviel bedeutete wie heute der »Larousse«.

3 Im Originaltext steht »carnets de visite« (Visitenkalender, Besuchsagenda...). Mit »Gästebuch« nehmen wir eine leichte Bedeutungsverschiebung in Kauf.

Seite 63:
VIII. ORANTHE
VIII. »Oranthe«

Mit dem Namen »Oranthe«, mit der gleichmäßigen Aneinanderreihung kurzer, präsentischer Sätze, mit den überraschenden Fügungen und Verbindungen und Pointen vereinigt Proust in diesem Porträt, das erst im Hinblick auf *Les plaisirs et les jours* entstanden ist, die Stilelemente seiner Charakterstudien zu einem eigentlichen La Bruyère-Pastiche. Damit wird »Oranthe« zu einem Brennpunkt der »Fragmente«. Vgl. die Studien von J. Mouton *Le style de Marcel Proust,* 1973, S. 39–40, und G. Brée [24] S. 402.

Seite 64:
IX. GEGEN DEN FREIMUT
IX. »Contre la franchise«: *La Revue blanche* 21–22, Juli–August 1893.

1 Sowohl beim Erstdruck in der *Revue blanche* als auch in *Les plaisirs et les jours* verwechselt Proust im Verlaufe des Textes die Tätigkeiten von Percy und Laurence. Ausgehend von den ersten zwei Sätzen des Erstdruckes konstruieren wir einen kohärenten Text.

Seite 66:
X.
X.

In den Entwürfen finden sich noch zwei weitere Aphorismen sowie der Titel »Pensées«. Mehr noch als auf Pascal weisen jedoch diese kurzen Stücke auf La Rochefoucauld. Auch dieser Brennpunkt der »Fragmente« ist erst im Hinblick auf *Les plaisirs et les jours* entstanden.

Seite 67:
XI. SZENARIO
XI. »Scénario«: *La Revue blanche* 21–22, Juli–August 1893.

Zimmer und Einrichtungsgegenstände sind zentrale Themen des Dekadentismus und Ästhetizisimus sowie der Tradition des Prosagedichtes seit Baudelaire. Im Speziellen nimmt »Scénario« Anregungen aus Mallarmés »Frisson d'hiver« auf. Der Entwurf eines Theaterdekors und einer Theaterszene macht auch dieses Stück zu einem Brennpunkt. Innerhalb der »Fragmente einer italienischen Komödie« ist »Szenario« eine Art Theater im Theater.

Seite 70:
XII. FÄCHER
XII. »Eventail«: *La Revue blanche,* 21–22, Juli–August 1893.

In der Erstfassung trägt der Text eine Widmung: »A M. le comte du Pont de Gault-Saussine«. Der Salon Saussine, wo Proust seit dem Frühjahr 1893 verkehrte, steht denn auch im Hintergrund dieses Textes, der sich in Wiederaufnahme eines Motivs Mallarmés und im Wettstreit mit Degas als bemalter Fächer darstellt.

1 Was Proust hier in mondänem Kontext zeigt, äußert sich musikgeschichtlich beispielsweise in der 1896 erfolgten Gründung der Pariser Schola Cantorum durch den Wagnerianer Vincent d'Indy.

2 Auf dessen Roman *Le nez de Cléopâtre* Bezug nehmend, schreibt Proust in einem Telegramm vom 5. Juli 1893 an die Saussine: »Au fond de toutes les descriptions j'aperçois Madame de Saussine sur le canapé, un peu lasse et très attentive tout de même« (Hinter all diesen Beschreibungen sehe ich Madame de Saussine auf dem Kanapee – etwas müde, aber doch sehr aufmerksam«) [8] Bd. I, S. 221. Im gleichen Telegramm fragt Proust an, ob er Saussine eine seiner »Studien« widmen dürfe.

3 Der in den eleganten Pariser Salons beliebte Whistler steht für ästhetizistisches Raffinement (vgl. die beiden Porträts von Montesquiou aus dem Jahre 1891), der französische Porträtmaler Bouguereau für akademischen Traditionalismus.

4 Die Schönheit, die sich selbst nicht versteht oder – allgemei-
ner – die Idee von Selbstverwirklichung ohne Bewußtsein
findet sich auch am Ende von Barrès' Roman *Le jardin de
Bérénice* (1891): »En chacun est un être supérieur qui veut se
réaliser« (»In jedem ist ein höheres Wesen, das sich verwirklichen will«), Perrin, S. 174.

Seite 73:
XIII. OLIVIAN
XIII. »Olivian«.

Wie die vorangehenden, erst im Hinblick auf die »Fragments
de comédie italienne« geschriebenen Texte bringt »Olivian«
die Charakteristika dieses Werkteils besonders deutlich zum
Ausdruck. Innerhalb eines weiteren La Bruyère-Pastiches
expliziert sich die Theatermetapher, erscheint das Theater als
Raum der Handlung und zeigen sich die Figuren der »comme-
dia dell'arte«.

1 Wie später mit dem Titel »les plaisirs et les jours« weist hier
Proust auf jenen Dichter, der als erster das Werk der Hände
als Heilmittel gegen die verderblichen Freuden und Vergnügen der Welt anpreist: Hesiod.

Seite 75:
XIV. FIGUREN DER MONDÄNEN KOMÖDIE
XIV. »Personnages de la comédie mondaine«.

Seite 80:
BOUVARD UND PÉCUCHET: GESPRÄCHE ÜBER DIE MONDÄNE UND ÜBER DIE MUSIKALISCHE WELT
»Mondanité et mélomanie de Bouvard et Pécuchet«.

Seite 80:
I. DIE MONDÄNE WELT
I. »Mondanité«: *La Revue blanche* 21–22, Juli–August 1893.

In diesem Prosastück, wie auch in »Zum Diner geladene
Gäste«, das im Zeichen von Horaz steht, sehen wir Proust
bemüht, an einen großen satirischen Text der Weltliteratur an-

zuschließen. Die Vorlage ist hier Flauberts *Bouvard et Pécuchet*. Die intertextuelle Reihe, die mit Hesiod beginnt und ein Verständnis von Mondanität als Dekadenz artikuliert, wird somit durch eine zweite ergänzt, die *Les plaisirs et les jours* mit der satirischen Tradition der Weltliteratur verbindet. »Bouvard und Pécuchet« kann im vollen Sinne des Wortes als Pastiche gelten. Proust adaptiert wesentliche Flaubertsche Stilelemente und macht einen regen Gebrauch des von Bouvard und Pécuchet zusammengetragenen »Dictionnaire des idées reçues«. Vgl. die Studie von Karl Hölz [39].

1 Ins Karikaturale verzerrt, zeigt sich bereits hier die später im *Contre Sainte-Beuve* zentral werdende Kritik Prousts an der herausragenden Bedeutung, die Sainte-Beuve der Konversation in der Auseinandersetzung mit Literatur beimißt.

2 Vgl. Flaubert, *Bouvard et Pécuchet,* »Dictionnaire des idées reçues« unter *Gants* (Handschuhe): »Donnent l'air comme il faut« (»verleihen den geziemenden Anstrich«).

3 Heruntermachen (»dénigrer«) ist eine der zentralen Maximen aus dem »Dictionnaire des idées reçues«, vgl. die Stichworte *Célébrité* und *Etranger.*

4 Leconte de Lisle steht als Beispiel formstrenger, antikisierender Lyrik, wie die Parnassiens sie pflegten. Er übersetzte Homer, Theokrit und auch Hesiod. In der *Recherche* ist er der Lieblingsdichter Blochs.

5 Verlaine steht als Beispiel impressionistisch weicher Lyrik. Er begann die metrischen Strukturen zugunsten der Versmelodie aufzulösen. Darin, wie in gewissen bekenntnishaften Zügen, unterscheidet sich seine Lyrik vom strengen, entpersönlichten Formideal der Parnassiens, zu denen er anfänglich gehörte.

6 Wie Anatole France war Pierre Loti einer der Lieblingsautoren des jungen Proust. Zahlreiche Anklänge finden sich in *Jean Santeuil* und auch noch in *Du côté de chez Swann.*

7 Pseudonym für Paschal Grousset, französischer Staatsmann, der in seinem Alter Kinderromane verfaßte.

8 Von Proust geschätzter und häufig erwähnter Lyriker und Romancier, der sich nach symbolistischen Anfängen traditionelleren Formen zuwandte.

9 Im Original werden diese Worte Pécuchet in den Mund gelegt. Wir glauben, es handle sich um ein Versehen, und setzen »Bouvard«.

10 Anspielung auf den »vers libre«, den metrisch nicht gebundenen, freien Vers der Symbolisten.

11 Anspielung auf die mysteriöse Atmosphäre beklemmender Erwartung und Todesahnung, wie sie in den Dramen Maeterlincks zum Ausdruck kommt.

12 1829 gegründete Kulturzeitschrift, die sich nach romantikfreundlichen Anfängen (Beiträge von Balzac, Musset, Hugo, Sand) einer bürgerlich-konservativen Kulturauffassung zuwandte. Im »Dictionnaire des idées reçues« wird sie den seriösen Zeitungen zugerechnet (vgl. *Journaux*).

13 Steht als Beispiel für feuilletonistische Literaturkritik.

14 Dichterische Widerrufung einer früher gemachten Aussage.

15 Zu Anatole France vgl. S. 289.

16 Bourgets Erzählungen, die dem psychologischen Roman zugeordnet werden können, sind heute gegenüber den *Essais de psychologie contemporaine* in den Hintergrund getreten. Als Diagnose des Fin de siècle stellen diese eine essayistische Leistung von bleibendem Wert dar.

17 Die Passagen über den Adel sind genau in jener Mischung aus Verachtung und Neid gehalten, die der »Dictionnaire des idées reçues« im Umgang mit ihm nahelegt. *Noblesse* (Adel): »La mépriser et l'envier« (»ihn verachten und beneiden«).

18 Vgl. »Dictionnaire des idées reçues« unter *Juif* (Jude): »Fils d'Israël. Les Juifs sont tous marchands de lorgnettes«) (»Sohn Israels. Alle Juden handeln mit Opernguckern«).

Seite 88:

II. DIE MUSIKALISCHE WELT

II. »Mélomanie«.

Der zweite Teil von Prousts Flaubert-Pastiche ist im Sommer 1894 auf Schloß Réveillon entstanden kurz nachdem Proust Reynaldo Hahn kennengelernt hatte. Vgl. den Brief vom 27. August (oder 3. September) von Proust an Hahn [8]

Bd. I, S. 318. Prousts Vorliebe für Wagner und die Wagnerianer (Franck, Chausson) sowie Hahns Vorliebe für Verdi und
für die französische Tradition (Gounod, Saint-Saëns, Massenet) haben hier ihr – karikaturales – Echo gefunden. Zu den
folgenden Musikdebatten, in denen – in Umkehrung der Posi-
tionen des ersten Teils – Pécuchet den patriotisch-konservati-
ven Part innehat, während der liberale, mitunter revolutionäre
Bouvard für den »Ausländer« Wagner schwärmt, vgl. den
»Dictionnaire des idées reçues« unter *Etranger*: »Engouement
pour tout ce qui vient de l'étranger, preuve de l'esprit libéral.
Dénigrement de tout ce qui n'est pas français, preuve de patrio-
tisme« (»Vorliebe für alles, was aus dem Ausland kommt.
Beweis für einen liberalen Geist. Schlechtmachen all dessen,
was nicht französisch ist, Beweis für Vaterlandsliebe«).

1 Oper von Daniel Auber, Libretto von Scribe, Uraufführ-
rung im Dezember 1837. Spiegelt das konventionelle Denken und die Prüderie der Zeit um 1830.

2 Gemeint sind drei Orchester: das Orchestre du Conservatoire, das Orchestre des Concerts Colonne und das Orchestre des Concerts Lamoureux.

3 Bouvard befolgt hier, wie auch weiter unten, wo die Rede
davon ist, daß im Inhaltsverzeichnis von Wagners Opern
Lohengrin und *Tannhäuser* mit Rotstift durchgestrichen
sind, einen Ratschlag des »Dictionnaire des idées reçues«.
Vgl. unter *Journaux* (Zeitungen): »il faut les laisser traîner
sur la table de son salon [. . .]. Marquer quelques passages
au crayon rouge produit aussi un très bon effet« (»Man muß
sie auf dem Wohnzimmertisch herumliegen lassen. Gewisse Stellen mit dem Rotstift anstreichen hat auch eine
sehr gute Wirkung«).

4 Auch für manchen heutigen Liebhaber der Moderne liegt
Satie noch jenseits der Grenze.

5 Vgl. La Bruyères Gegenüberstellung von Corneille und Racine: »L'un élève, étonne, maîtrise, instruit; l'autre plaît,
remue, touche, pénètre« (»Der eine erzieht, erstaunt, bän-
digt und belehrt; der andere gefällt, bewegt, berührt,
durchdringt«). *Œuvres complètes,* Bibliothèque de la
Pléiade, S. 84.

6 Französischer Komponist.

7 Französische Pianistin und Komponistin.

8 Schüler Massenets und Freund Hahns.

9 Lyrikerin der Romantik.

10 Reynaldo Hahn verdankt seinen frühen Ruhm einigen Ver-
laine-Vertonungen; vgl. *Chansons grises* (1892).

11 Proust kontrastiert eine Reihe mittelmäßiger Dichter der
typisch französischen Tradition mit Verlaine, dem die Rolle
des genialen Neuerers zufällt.

12 Mit einigen Vertonungen aus Montesquious Gedichtsammlung *Les Chauves-Souris* hat sich der junge Pianist
Delafosse bei dem auch von Proust umworbenen Grafen
empfohlen.

Seite 92:

MELANCHOLISCHE SOMMERTAGE IN TROU-
VILLE

»Mélancolique villégiature de Mme de Breyves«: *La Revue
blanche* 23, September 1893.

Die Erzählung ist im August 1893 während eines Aufenthal-
tes in St. Moritz entstanden. Zeitlich und thematisch gehört sie
in den Umkreis des Briefromans und von »L'indifférent«. In
enger Anlehnung an die Psychologie und an die Psychopatho-
logie seiner Zeit (vgl. Hervey de Saint-Denis, *Les rêves ou les
moyens de les diriger,* 1867; Alfred Binet, *Études de psychologie
expérimentale: Le fétichisme dans l'amour,* 1888, und *Les altérations
de la personnalité,* 1892; Pierre Janet, *L'automatisme psychologique,*
1889) schreibt Proust – wie später mit »Un amour de Swann« –
eine Studie in narrativer Form über die Entstehung und die
Entwicklung von Liebe. Außerdem erprobt er mit zahlreichen
phonetischen und thematischen Leitmotiven eine Schreibtech-
nik, die sich in den Hinweisen auf Wagner explizit als eine
musikalische zu erkennen gibt. Daß Proust auch im Erzähl-
technischen experimentiert, zeigt sich nicht nur in seiner
unentschlossenen Haltung gegenüber dem Problem des Erzäh-
lers und der Perspektive (ein bis dahin allwissender und nicht
direkt in die Ereignisse involvierter Erzähler tritt im 5. Kapitel
unvermittelt in die Geschichte ein), sondern auch in einem

Manuskriptentwurf, der die erzählten Ereignisse durch eine andere – auch nicht überzeugende – narrative Konstruktion zu vermitteln sucht. Diese verdient trotzdem unsere Beachtung:

»Anfang Mai letzten Jahres war ich für einige Tage nach Paris gekommen und betrachtete auf einem Ball die Princesse Françoise de V., wie sie langsam vorüberschritt und in ihrer Barmherzigkeit voller Grazie all ihren Freunden das unschätzbare Almosen ihrer aufrichtigen, in ihrer Traurigkeit nur um so schöneren Blicke und ihrer entblößten Hand darreichte. Unter all jenen, die sich drängten, die sich respektvoll verneigten, um daran teilzuhaben, erkannte ich einen Cousin von mir, der mir vor einigen Jahren versprochen hatte, mich der Princesse vorzustellen. In fieberhafter Eile – aus Angst, sie weggehen zu sehen – ging ich zu ihm hin und erinnerte ihn an sein Versprechen. »Das ist unmöglich«, sagte er. »Vom 1. Mai an wird kein Mann mehr vorgestellt.« »Kann man sie wenigstens noch auf Einladungen sehen?« »Vom 1. Juni an geht sie auf kein Fest außer den Diners, wo alle Geladenen ausnahmslos zu ihrem Freundeskreis gehören. Wer nicht mit ihr bekannt ist, kann sie nur noch im Theater, im Bois oder auf der Straße sehen. Und vom 20. Juni bis zum 15. Juli, Zeitpunkt ihrer Abreise auf Schloß Breyves, verläßt sie ihr Palais nur noch für Spaziergänge im Garten.«

Auf Umwegen ließ ich die Princesse mein Bedauern über diese merkwürdigen Sitten wissen, das um so heftiger war, als ich erst nach mehreren Jahren nach Paris zurückkommen würde und vielleicht keine Gelegenheit mehr hätte, sie zu sehen.

»Ich kann für Sie«, schrieb sie mir, »diese Sitte nicht aufgeben, so bizarr sie Ihnen auch erscheinen mag. Eine Sitte muß, wie immer sie beschaffen ist, befolgt werden. Sonst hieße sie, wie es ein Freund von Ihnen gesagt hat, nicht mehr Sitte. Aber die aufrichtige Liebe, die ich für Ihre Musik empfinde, verlangt, daß ich Ihnen wenigstens erkläre, weshalb ich dem Verlangen, Sie kennenzulernen, widerstehe, und daß meine Weigerung, zu diesem Zeitpunkt noch jemanden zu sehen, für diejenigen, die ich fernhalte, die geachtetste und gefürchtetste

Ehrerbietung darstellt. Es ist zehn Jahre her, daß im Monat Juni beim Tor zum Bois meine Freundin Geneviève H. mit ehrlicher Gleichgültigkeit Monsieur Honoré XXX bat, sie heimzubegleiten, ihn antworten hörte, er müsse Freunde treffen und mit Frauen soupieren gehen, und sich darauf von ihm mit einer Traurigkeit verabschiedete, die sie nicht vorausgesehen hatte. Sie war ihm schon zwei oder drei Mal begegnet und dachte kaum an ihn. Sie, die nie geliebt hatte, weshalb liebte sie unter Tausenden dieses unbedeutende Wesen? Oder eher weshalb – denn ich kann in der Person von Monsieur XXX keinen Grund für diese Zuneigung finden, weshalb begann an jenem Tag das Herz meiner Freundin plötzlich zu lieben, wie an einem bestimmten Zeitpunkt im Jahr die Luft frühlingshaft sanft oder eher zu bestimmten Stunden des Tages das Wetter schön wird? Denn obwohl ebenso unausweichlich und unserem Willen entzogen wie die Jahreszeiten der Natur, lassen sich die Jahreszeiten der Seele nicht wie jene voraussehen. Ich konnte es mir nie erklären; sie auch nicht. Das Antlitz unserer Herzen erleuchtet und verdunkelt sich ebenso plötzlich und mit ebenso geheimnisvoller Unbeständigkeit wie das Antlitz des Himmels. Mit seiner andauernden Gegenwart bedeutet der Sommer im Monat Juni, ob er tagsüber wie eine nackte Schönheit erstrahlt oder nachts wie eine verhüllte Schönheit doch ständig nahe bleibt, für die Einbildungskraft und für die Sinne eine entsetzliche und köstliche Belastung. Durch den Zauber dieser Stunden befreit, verirren sich die Herzen in den grünen Wegen der Erde, in den bleichen Wegen des Himmels und treffen dort oft auf andere. Wie das Netz des Schiffers läßt sich die Seele davontreiben. Die fernen Horizonte leuchten in unendlichen Hoffnungsstrahlen. Bald ist die Seele erweicht, öffnet sich und läßt ein gefährliches Wesen, das zufälligerweise dort vorbeikommt, eintreten, und weder die verzweifelten Anstrengungen des Schiffers noch ihr eigenes Aufbäumen, um zu einem freudevolleren Leben zurückzukehren, werden es daraus entfernen können.

Das dachte meine Freundin, als sie heimkehrte, allein und das Herz schwer, schwer wegen dieses Eindringlings. All ihre Gedanken banden das Übel nur fester, wie die Hand, die ohne

Unterlaß auf das Auge drückt, in das ein Insekt eingedrungen ist, dieses nur um so tiefer hineinpreßt. Zwei Tage später traf sie Honoré XXX, und er sagte zu ihr: ›Es gilt, wirklich Abschied zu nehmen, Madame, denn Sie gehen zwar nur für zwei Monate auf ihr Schloß und kehren dann nach Paris zurück; ich aber gehe zu den Pferderennen nach Trouville, dann ins Engadin, dann nach Bayreuth, schließlich nach Italien, und ich werde erst in acht Monaten wieder nach Paris zurückkehren.‹ Ich stand nahe bei Geneviève; nie werde ich in ihrem schreckensbleichen Gesicht den flehenden Blick vergessen, den sie gleichsam im Todeskampf auf Honoré heftete – wie auf einen unbewußten Henker, der in seiner unschuldigen Grausamkeit dem lebendigen Fleisch entreißt, was, ohne daß er es geahnt hätte, mit diesem verbunden war. Auf ihr Schloß nahm sie das angebetete und quälende Bild eines Abwesenden mit, den sie ohne Zweifel geliebt hätte« ([3] S. 936–937).

Zu »Mélancolique villégiature« vgl. die Studien von Maria Paganini [32] und Luzius Keller [40].

1 Das Epigraph ist ein Zitat aus Racines *Phèdre,* I,3 (Vers 264–265).

2 Die Aufführung von Kömodien im privaten Kreis war ein beliebter Zeitvertreib der Fin de siècle-Gesellschaft. Vgl. Briefroman S. 265. »Livray« fügt sich in die Reihe mondäner Namen wie Breyves, Gouvres, Buivres, usw. Vgl. »Das Ende der Eifersucht«, S. 220.

3 Der Wagner-Tenor Jean de Reszké sang nach seinem Austritt aus dem Pariser Opernensemble häufig in den mondänen Salons.

4 Der Name Laléande erinnert an denjenigen des französischen Komponisten Edgar Lalo. Proust setzt ihn jedoch auch, um die doppelte L-Lautung wiederaufzunehmen, die seinen Text vom Titel an wie ein Leitmotiv durchziehen soll.

5 Das Thema der zu Ende gehenden Saison erscheint auch im Manuskriptentwurf (S. 306), im Briefroman (S. 265) und in »Der Gleichgültige« (S. 245).

6 Während im Manuskriptentwurf die Entstehung der Liebe – mit den »Jahreszeiten der Seele« – physiologisch

motivier wird, steht hier als ihr Ursprung der reine Zufall. In den folgenden Vergleichen (*Baum... Meer...*) klingt zum ersten Mal eine Thematik an, die sich in Form von Metaphern oder als räumliche Kulisse durch den ganzen Text zieht – bis hin zu den Meeres- und Waldeshorizonten der Schlußpassage.

7 Wie aus dem *Tout-Paris* des Jahres 1891 hervorgeht, eine damals in mondänen Kreisen gesuchte Adresse. Die Wörtlichkeit dieser Aufforderung steht im Gegensatz zur Bildlichkeit des nun einsetzenden Imaginierungsprozesses.

8 Das Violoncello Laléandes führt nicht nur die musikalische Thematik, sondern auch das Leitmotiv der doppelten L-Lautung weiter.

9 In Form von Metaphern nimmt hier und im folgenden der Text die Meer- und Baumthematik wieder auf.

10 Vgl. *Die Meistersinger von Nürnberg,* II, 3. In der doppelten L-Lautung des Zitats erklingt wiederum ein Leitmotiv des Texts. In der Erstfassung *(La Revue blanche)* geht dem Zitat eine längere Passage über die *Walküre* voraus:

»[...] die ganze Wirklichkeit ihres so wahren Schmerzes und ihrer unbestreitbaren Lust. Ach! wie gerne hätte sie ihn hier gehabt, bei sich, voller Liebe, hätte sie ihm wie Sieglinde sagen wollen: ›O fänd ich ihn heut'/und hier, den Freund;/käm er aus Fremden/zur ärmsten Frau:/was je ich gelitten/in grimmigem Leid,/was je mich geschmerzt/in Schand und Schmach, – /süßeste Rache/sühnte dann alles!/Erjagt hätt' ich,/was je ich verlor,/was je ich beweint,/wär mir gewonnen – /fänd ich den heiligen Freund,/umfing den Helden mein Arm!‹ Er würde ihr wie Sigmund antworten: ›Dich, selige Frau/hält nun der Freund,/dem Waffe und Weib bestimmt!/Heiß in der Brust/brennt mir der Eid,/der mich dir Edlen vermählt./Was je ich ersehnt,/ersah ich in dir;/in dir fand ich,/was je mir gefehlt!/Littest du Schmach,/und schmerzte mich Leid;/war ich geächtet,/und warst du entehrt;/freudige Rache/ruft nun dem Frohen!/Auf lach' ich/in heiliger Lust,/halt ich dich Hehre umfangen,/fühl' ich dein schlagendes Herz!‹

(*Die Walküre,* 1. Aufzug, 4. Szene.)
Und sie hörte diese Worte in einer Musik, die noch übernatürlicher und rauschvoller war als jene (auch sie doch schon ganz Ekstase, Spannung, Liebkosung und Glückseligkeit), mit der Wagner sie belebt hat. Auch eine Phrase aus den *Meistersingern,* die sie auf der Soiree bei der Princesse d'A... gehört hatte, vermochte [...]« ([3] S. 941).

11 Hier beginnt – auch wenn immer noch der Erzähler spricht – das eigentliche Klagelied Madame de Breyves', dessen Tonalität von Anklängen an Baudelaire bestimmt wird: die ausgedehnte Anapher (»sie verfluchte«) erinnert an das Eingangsgedicht der *Fleurs du Mal*: »Bénédiction«.

12 Kryptisch in den Text eingeschrieben, erscheint hier Baudelaires Gedicht »A une Madone«, in welchem der Dichter in der Krypta seines Herzens der Geliebten einen Altar errichtet.

13 Proust zitiert das Prosagedicht »Le *confiteor* de l'artiste«.

14 Das Zitat stammt aus der 11. *Idylle,* in der Theokrit auf die therapeutische Wirkung der Musik anspielt. Wie Ariadne wird auch der in Liebe zu Galatea entbrannte Polyphem zu einer Figur der Liebesklage.

15 Amor mit seinen Pfeilen ist das bildliche Pendant zu Laléande, der in der Garderobe der Princesse d'A... seinen Stock nicht finden kann und Madame de Breyves zu einem Rendezvous auffordert. Nach der christlichen Mater dolorosa, wie sie in den Baudelaire-Reminiszenzen durchscheint, zeigt Proust sein Thema (Liebe, die ihre eigene Erzeugerin trifft und schmerzt) auch noch am antiken Beispiel von Venus und Amor.

Seite 111:
PORTRÄTS VON MALERN UND KOMPONISTEN
»Portraits de peintres et de musiciens«.

   Mit seinen »Portraits« knüpft Proust an eine Tradition an, die von Gautier zu Montesquiou oder von Baudelaires »Les Phares« bis zu den Sonetten von Romain Coolus über Pissarro und Renoir reicht, die 1892 in der *Revue blanche* erschienen sind. Die genauen Entstehungsdaten der Gedichte sind nicht bekannt, doch weisen die Musikerporträts eher auf die Gymnasialzeit, die Malerporträts eher auf die Jahre 1891–94. Es ist bekannt, daß gleich nach der ersten Begegnung mit Reynaldo Hahn Proust seinem neuen Freund vorschlägt, seine Malerporträts zu vertonen. Das Watteau-Gedicht ist wohl erst im Hinblick auf die Zusammenarbeit mit Hahn entstanden.

Seite 111:
PORTRÄTS VON MALERN
»Portraits de peintres«: *Le Gaulois,* 21. Juni 1895.

Eine Woche nach ihrem Erscheinen wurden die Gedichte zusammen mit den Klavierstücken Hahns im Salon Madeleine Lemaires rezitiert und gespielt. Die Stücke können melodramatisch oder durch Gegenüberstellung von Musik und Text aufgeführt werden.

Seite 111:
ALBERT CUYP
»Albert Cuyp«.

Vom holländischen Landschaftsmaler Albert Cuyp (1605–1691) kannte Proust »Promenade« und »Départ pour la promenade« im Louvre, auf die ihn wohl Fromentins *Les maîtres d'autrefois* aufmerksam gemacht hat. Die Invokation und die Prädikation nehmen ostentativ die Gangart von Baudelaires »Les Phares« auf: »Rubens, fleuve d'oubli, [. . .]« (»Rubens, Fluß des Vergessens«). Auch am Schluß des Gedichtes wird Baudelaire »zitiert«, doch gehören für den heutigen Leser Kontemplation und Ekstase ebenso zu Proust wie zu Baudelaire und zur romantischen Tradition.

Hahns Klavierstück zeichnet den Text mit großer Genauigkeit nach, so daß eine melodramatische Interpretation leicht zu verwirklichen ist.

Seite 111:
PAULUS POTTER
»Paulus Potter«.

Vom holländischen Tier- und Landschaftsmaler Paulus Potter (1625–1654) kannte Proust – wohl auch dank dem Hinweis in Fromentins *Les maîtres d'autrefois* – »Prairie« und »Petite auberge ou Chevaux à la porte d'une chaumière« im Louvre. Invokation und Prädikation in Vers 5 weisen wiederum auf Baudelaires »Les Phares«, während die melancholische Atmosphäre des Gedichtes mit Elementen aus den Spleen-Gedichten der *Fleurs du mal* aufgebaut ist.

Hahn löst sich von den Strukturen des Texts. In der Musik entsteht die melancholische Stimmung durch die stetige Wiederholung einer einzigen Melodie.

Seite 112:
ANTOINE WATTEAU
»Antoine Watteau«.

Im Gegensatz zu den anderen »Portraits de peintres« sind im Watteau-Gedicht die Bezüge auf einzelne Bilder nur vage zu erkennen. Wohl schimmern im ersten Teil »L'assemblée dans un parc« und »L'indifférent«, im zweiten »L'embarquement à Cythère« (alle im Louvre) durch, doch verwendet Proust in erster Linie Elemente einer poetischen Tradition, die Watteau zum Thema nimmt. Vgl. Baudelaires »Invitation au voyage« oder Verlaines *Fêtes galantes,* besonders das Eingangsgedicht dieser Sammlung, »Claire de lune«.

Dieses Gedicht Verlaines ist gleichzeitig Ausgangspunkt einer musikalischen Tradition, die von den Vertonungen durch Debussy, Fauré und Szulc zu Reynaldo Hahns *Chansons grises* (1892) und von Debussys *Suite bergamasque* zu Faurés *Masques et bergamasques* führt. Vor diesem Hintergrund schreibt Hahn ein Stück bester französischer Klaviermusik.

Seite 112:
ANTON VAN DYCK
»Antoine Van Dyck«.

Im Hintergrund von Prousts van Dyck-Porträt stehen zwei Bilder im Louvre: »Charles 1er d'Angleterre« und »L'homme au pourpoint« oder »Le duc de Richmond«, auf die auch die Widmung an Willie Heath Bezug nimmt (vgl. S. 10). Tatsächlich wurde die elegante Jugend Englands (allen voran Karl I.), kurz nachdem van Dyck sie porträtiert hatte, von Cromwell niedergemacht, doch bezieht Proust die melancholischen Todesahnungen des eleganten Jünglings, des Dandys, weniger aus der Malerei van Dycks als aus einem kollektiven Trauma des Fin de siècle. In gleicher Weise sind die zahlreichen Oxymora von Prousts Text auf die dekadentistische Vorliebe für Unbestimmtheit und Ambiguität zurückzuführen.

Wiederum bemüht sich Hahns Klavierstück weniger um eine genaue Nachzeichnung der Textstrukturen als um die Komposition einer Stimmung. Wie in den anderen Stücken knüpfen seine Anweisungen (z. B. »avec élégance et mélancolie«, »plus grave, mais avec charme«) direkt an Prousts Text an.

Seite 113:
PORTRÄTS VON KOMPONISTEN
»Portraits de musiciens«.

Die vier Musikerporträts behandeln Komponisten, die Proust in seiner Jugend schätzte. Schon 1894, als er Hahn kennenlernte, hatte er sich jedoch von der klassizistischen Tradition abgewandt und hielt (im Gegensatz zu seinem neuen Freund) zu den Wagnerianern (vgl. »Bouvard und Pécuchet«).

Seite 113:
CHOPIN
»Chopin«.

In seiner Anhäufung intertextueller Signale kann dieses Gedicht als Paradebeispiel – wenn nicht als Parodie – der Gattung angesehen werden. Wie in den »Porträts von Malern« liefern Baudelaires »Les Phares« die Formeln für Invokation und Prädikation; sein viertes Spleen-Gedicht stellt die Allegorie der Hoffnung sowie deren Tränen zur Verfügung. Etwas weniger deutlich, doch um so häufiger klingt Verlaine an. Abgesehen von den speziell literarischen Signalen fabriziert Proust seinen Text mit einem lexikalischen Material, das seit dem 17. Jahrhundert, besonders aber seit der Romantik von Komponisten, Malern und Dichtern gleichermaßen verwendet wird. Man denkt an Schumanns »Papillons«, Faurés »Berceuse«, Verlaines, Faurés oder Debussys »Clair de lune« sowie an die »Capricen« von Goya, Piranesi, Gozzi, Hoffmann, Gautier, Tschaikovsky oder Richard Strauss.

Seite 114:
GLUCK
»Gluck«.
Nach den Gedichten in Baudelairescher oder Verlainescher Manier versucht es Proust hier mit einer eher an Mallarmé orientierten Zelebrierung des Gegenstandes. Neben den Figuren aus Gluck-Opern (Alkestis, Admet, Herkules; Orpheus; Iphigenie; Armida) erwähnt er auch (vgl. die dritte Strophe) die Neuerungen Glucks im Bezug auf die Verwendung von Ballett und Rezitativ.
1 Knidos bezeichnet die Lieblichkeit des Stils (vgl. die knidische Aphrodite des Praxiteles).
2 Der Holzstoß auf dem Berg Oeta, wo sich Herakles verbrennen läßt.

Seite 115:
SCHUMANN
»Schumann«.
Das Schumann-Bild ist aus zahlreichen Motiven und Themen aus Schumanns Werk und aus der Schumann-Biographik zusammengesetzt. Die Reminiszenzen an den *Carnaval* und an die *Rheinische Symphonie* treten besonders deutlich hervor.

Seite 116:
MOZART
»Mozart«.
Prousts Mozart-Bild ist in erster Linie von Anklängen an die Opern geprägt: *Figaros Hochzeit* (Cherubin), *Don Juan* und *Zauberflöte* (Königin der Nacht).

Seite 117:
DAS BEKENNTNIS EINES JUNGEN MÄDCHENS
»La confession d'une jeune fille«.
  In die literarische Form des Bekenntnisses gekleidet, greift

diese Erzählung das melodramatische Motiv des Selbstmordes aus sexueller Verfehlung auf, das Proust bereits 1893 – ebenfalls als Bekenntnis – in »Vor der Nacht« entwickelt hat (vgl. S. 232). In *Les plaisirs et les jours* hat Proust dieses in der *Revue blanche* erschienene Prosastück nicht mehr aufgenommen, und die Homosexualität, von der dort die Rede ist, erscheint jetzt als heterosexuelle Liebe. Painter und Bardèche interpretieren dieses Faktum biographisch-psychologisch und sehen darin den Versuch Prousts, seine eigenen homosexuellen Tendenzen vor seinen Eltern zu verbergen. Wie dem auch sei, der eminent literarische Charakter dieses »Bekenntnisses« sollte nicht verkannt werden. Der Titel (»Confession«) und weitere Reminiszenzen im Innern des Textes belegen, daß Proust es hier mit einer Adaptation von Augustins *Confessiones* versucht, um das Motiv des Selbstmordes aus sexueller Verfehlung zu artikulieren. Tatsächlich lesen sich gewisse Stellen wie ein Augustin-Pastiche. Daneben finden sich aber auch Baudelaire-Reminiszenzen und Anklänge an die russische Literatur.

1 Zitat aus I, 20, nicht aus I, 18.

2 Das Epigraph ist ein Zitat aus *Sites* (1887).

3 Mit den im folgenden erprobten Motiven (Bindung an die Mutter, Drama des Zubettgehens, Gutenachtkuß) wird Proust in der *Recherche* die erste Sequenz von Erinnerungen an Combray aufbauen.

4 Vgl. eine ähnliche Passage in der Widmung (S. 11).

5 In den *Confessiones* betont Augustinus, daß auch das Kind bereits sündig sei: »Ist doch niemand vor Dir von Sünde rein, auch kein Kindlein, das nicht älter ist als einen Tag« (*Bekenntnisse,* dtv, 1982, S. 38).

6 Vgl. Anmerkung 2 zu »Violante« S. 295.

7 Das Epigraph ist ein Zitat aus »Femmes damnées«, einem der durch Gerichtsurteil aus den *Fleurs du mal* entfernten Gedichte.

8 Reminiszenz an die ersten Seiten des 2. Buches der *Confessiones,* wo Augustinus vom Erwachen der Sexualität spricht: »Wo war ich damals, wie weit verbannt von den Freuden deines Hauses in jenem sechzehnten Jahr meines

Erdenlebens, als der Wahnsinn wilder Wollust, den dein Gesetz zügelt, aber menschlicher Frevelmut zügellos schweifen läßt, anfing über mir das Szepter zu schwingen und ich mich ihm zügellos überließ« (*Bekenntnisse,* dtv, 1982, S. 58). Daneben übernimmt Proust auch noch andere Motive der *Confessiones,* so die verderbliche Komplizenschaft der Altersgenossen auf dem abschüssigen Pfad der Sinnenlust, das Motiv weltlichen Lobs bei gleichzeitiger innerer Verworfenheit, die Ehe als Rettung vor sexueller Ausschweifung.

9 Das Epigraph ist ein Zitat aus dem Gedicht »Le cygne«.

10 Wenn auch diese Aussage bei Augustinus nicht zu finden ist, so spürt man doch in dieser ganzen Passage auch auf stilistischer Ebene eine starke Präsenz der *Confessiones,* in denen der Fluß des autobiographischen Berichts immer wieder von Anrufungen Gottes, Danksagungen und Lobpreisungen (auch dies ein Wortsinn von »confessiones«) unterbrochen wird.

11 Thematik und Vokabular dieser Passage werden bei Proust immer wieder – und besonders in der Madeleine-Episode aus *Du côté de chez Swann* – auftauchen.

12 Zurecht qualifiziert Anne Henry solche und ähnlich schwülstige Stellen dieser Erzählung mit dem Adjektiv »pompier« (*Proust,* Paris, Baland, 1986, S. 117). Wäre Prousts Schreibgestus nicht durchweg zitationell und parodistisch bestimmt, würde man sagen müssen, der Autor begebe sich hier auf das Niveau seiner Illustratorin.

Seite 133:
ZUM DINER GELADENE GÄSTE
»Un dîner en ville«.

Wie in »Bouvard und Pécuchet« schließt Proust hier an einen großen Text der satirischen Tradition an, wobei die intertextuellen Entsprechungen allgemeinerer Natur sind und den Rahmen einer einfachen literarischen Reminiszenz nicht überschreiten. Proust adaptiert die Situation des Gastmahls und läßt die Mitglieder der mondänen Gesellschaft Revue passieren, um ihre Sitten zu geißeln. An gewissen Stellen kann man sich an die Schilderungen des Salons von Madame Verdurin in der *Recherche* erinnert fühlen. Neben eigentlicher Gesellschaftssatire steht aber auch die Satire zeitgenössischer literarischer Strömungen und Schulen.

1 Das Epigraph ist ein Zitat aus dem 2. Buch der *Satiren,* VIII, Vers 18–19.

2 Desjardins war einer der Lehrer Prousts an der Ecole des sciences politiques; Vertreter einer antimaterialistischen Philosophie; gründete die Union pour l'action morale, deren Bulletin im November 1892 zu erscheinen begann.

3 Vogüés Werk, *Le roman russe* (1886) trug wesentlich zum Bekanntwerden der russischen Literatur in Frankreich bei.

4 Barrès stellte dem auf einer spiritualistischen Haltung fußenden kosmopolitischen Humanismus Desjardins' und de Vogüés seinen auf rationaler Latinität gegründeten französischen Nationalismus gegenüber. Proust hat hier eine Auseinandersetzung in den Text eingearbeitet, die er mit Robert Dreyfus über dessen in *Le Banquet* (No. 5, Juli 1892) erschienenen Artikel »La situation en littérature« geführt hat, worin dieser eine Lanze für Maurice Barrès gebrochen hatte, der sich heftigen Angriffen, unter anderem von Paul Desjardins, ausgesetzt sah (vgl. [8] Bd. I, S. 49).

5 Heute Benin. 1892 zwang ein französisches Expeditionskorps unter Führung von Colonel Alfred-Amédéé Dodds dieses westafrikanische Land unter französische Kolonialherrschaft.

6 Heredia steht hier als Vertreter des L'art pour l'art.

7 Vgl. die Gedichtsammlung *Emaux et Camées* von Théophile Gautier. Die Antwort der Gastgeberin bezeugt die Eingeschworenheit eines großen Teils der Gesellschaft auf L'art pour l'art. Die Ansicht, Heredia könnte in erster Linie etwa nicht nur ein hervorragender Formkünstler sein, sondern auch auf den Inhalt des Kunstwerks Wert legen, muß – angesichts der geschlossenen Front der L'art pour l'art-Anhänger – einmütigen Protest hervorrufen.

DIE KLAGEN, TRÄUMEREIEN IN ZEITFARBENER TÖNUNG

»Les regrets, rêveries couleur du temps«.

In Anlehnung an »Fragments de comédie italienne« bezeichnete der ursprünglich geplante Titel dieses Werkteiles, »Fragments sur la musique, la tristesse et la mer«, die Themen von Prousts Prosagedichten mit pedantischer Genauigkeit. Der neue tut es mit poetischer Eleganz und kündigt damit gleichzeitig deren Stil an – einen Stil intensiv gestalteter Lautungen und Farbtönungen. Die als Themen vorerst auf Chateaubriand weisenden »regrets« und »rêveries« haben als Bezeichnung von Gedichten, Musikstücken und Bildern eine Tradition, die hinter die Romantik zurückweist – man denke an Du Bellays *Regrets* oder an Rousseaus *Rêveries*. »Couleur du temps« ist im Umkreis von Montesquiou eine beliebte Farbbezeichnung. Er selbst verwendet sie bald für Blau (z. B. in einem Gedicht über Perraults »Peau d'âne«, wo er an die drei Kleider aus dem Märchen erinnert: »L'un couleur de Soleil, l'autre, couleur de Lune / Le tiers, couleur du Temps«, in *Le chef des odeurs suaves*), bald für schillerndes Graublau (z. B. in einem Proust gewidmeten Gedicht, in dem er sich für ein Geschenk bedankt: »Un oiseau bleu, couleur du temps / Vous me l'avez donné, qu'il vive!«, handschriftlich in Prousts Widmungsexemplar von *Les chauves-souris*). Bei Proust meint »couleur du temps« eher die wechselnden Stimmungen – der Natur, der Seele, des Textes –, den bald heiteren, bald düsteren Himmel, den Wechsel von sonnigen Gärten zu schattigen Wäldern, die Sonnenuntergänge, die Dämmerung, das Aufgehen des Mondes.

1 Das Epigraph ist ein Zitat aus dem 1894 in französischer Übersetzung erschienenen Werk *Le poète* (S. 136).

I. TUILERIEN

I. »Tuileries«.

Im Manuskript steht dieses Stück nach »Tout à l'heure en traversant les Tuileries...« (S. 262) als zweite Nummer der Reihe; auf einem Plan der Druckfahnen steht es an zweiter

Stelle nach »Versailles«; schließlich rückt Proust es an den Anfang.

Die Örtlichkeiten – vom Louvre über die Terrasse du Bord de l'Eau bis zu Coysevox' Reiterstatue der Ruhmesgöttin – sind mit jedem Führer leicht auszumachen.

Der königlich-aristokratische Rahmen und der reiche Blumenschmuck lassen das Diptychon von Schloßgärten am Eingang zu Prousts Prosagedichten als Huldigung an Robert de Montesquiou und an Madeleine Lemaire erscheinen. Unter der blumigen Oberfläche erprobt Proust jedoch verschiedene dichterische Ausdrucksformen und Möglichkeiten, diese untereinander zu verbinden. In »Tuilerien« z. B. motiviert ein atmosphärisches Ereignis den Übergang von einer Naturdichtung, die sich an Chateaubriands poetischer Prosa oder an Montesquiou orientiert, zu einer auf Mallarmé weisenden Dichtung des Absurden. Zu »Tuilerien« vgl. die Studie von Jacques Geninasca [38].

1 Der Duft des Heliotrop wird bei Proust zum eigentlichen Chateaubriand-Signal. In *Le temps retrouvé* zitiert er einen Satz aus den *Mémoires d'Outre-Tombe,* der von »odeur fine et suave d'héliotrope« zu »les mélancolies des regrets« führt ([5] Bd. III, S. 919/[12] *Die wiedergefundene Zeit* S. 330); in *Jean Santeuil* erklärt Monsieur Beulier die (auch in »Tuilerien« erscheinende) Mischung von Flieder- und Heliotropdüften als wider die Natur und führt sie auf den schlechten Einfluß von Chateaubriands Nachahmern zurück ([3] S. 263/[13] S. 247).

2 Die dreifache Prädikation, wie sie in diesem Satz erscheint, ist ein beliebtes und in Prousts Prosagedichten häufig verwendetes Stilmittel des Dekadentismus. Vgl. Jean Milly, *La phrase de Proust,* Paris 1975.

3 Im folgenden sind »keine Azur«, »absurde« und »lächerliche Hymne« deutliche Mallarmé-Signale.

Seite 144:
II. VERSAILLES
II. »Versailles«.

Herbststimmung in den Tuilerien – dieses Thema hat Proust

schon im schließlich verworfenen »Tout à l'heure en traversant les Tuileries...« (S. 262) erprobt. Hier stellt er es einer Herbststimmung im Schloßpark von Versailles gegenüber. Im Gegensatz zum atmosphärischen Ereignis in »Tuilerien« vermag jedoch die antiphrastische Anrufung von Barrès, Régnier und Montesquiou und »so vieler anderer« den Übergang vom ersten zum zweiten Teil des Textes nur mit Mühe zu motivieren und zu artikulieren.

1 Als Epigraph steht ein Zitat aus einem Brief von G. de Balzac (*Les premières lettres de Guez de Balzac*, I, S. 134, Paris, Droz, 1933).

2 Vgl. den Text »Sur la décomposition« (datiert vom Oktober 1893 in *Du sang, de la volupté et de la mort,* 1895), den Proust offensichtlich imitiert.

3 Z. B. in »Résidence royale« (*Apaisement,* 1886) oder in den Gedichten I und XIX von *Sites,* 1887.

4 Z. B. in *Les perles rouges* (1899). Proust hatte diese Gedichte vor ihrem Erscheinen bei Lesungen im Salon Madeleine Lemaires kennengelernt.

Seite 146:

III. SPAZIERGANG

III. »Promenade«.

In den Entwürfen hat Proust als Titel für dieses Stück »Paons« (»Pfauen«) vorgesehen, als Epigraph hat er ein weiteres Balzac-Zitat gesetzt, in dem von Pfauen die Rede ist, und am Schluß des Textes hat er auch noch den weißen Pfau erscheinen lassen. Auch in der jetzigen, auf den einen Pfau beschränkten Fassung weist der Text deutlich auf die Pfauengedichte Montesquious, besonders auf »Pavones« (*Le chef des odeurs suaves,* 1893), wo fünf Strophen dem bunten, drei dem weißen Pfau gewidmet sind. Vgl. Prousts Brief an Montesquiou vom April 1896 ([8] Bd. II, S. 53) und den Briefroman (S. 271). Ein Brief an Pierre Lavallé ([8] Bd. I, S. 375) erlaubt eine Datierung des Textes auf April 1895.

1 Apoll bei Admet – ein für den Dekadentismus wesentlicher Mythos – erscheint auch im Epigraph zum ersten Kapitel von »Der Tod des Baldassare Silvande« (S. 14).

Seite 148:

IV. FAMILIE BEIM MUSIKHÖREN

IV. »Famille écoutant la musique«.

Die ersten Entwürfe stehen auf der Rückseite eines Briefes von Reynaldo Hahn. Über den biographischen Kontext hinaus weist Prousts Text auf die romantische Theorie des musikalischen Erlebnisses, wie Baudelaire sie in seinem Wagner-Aufsatz entwickelt und Proust sie im Zusammenhang mit seinem Philosophiestudium bei Schopenhauer wiederfindet. In seinem Aufsatz »Un dimanche au Conservatoire« (*Le Gaulois,* 14. Januar 1895 [4] S. 367) nimmt Proust das Problem wieder auf und entwickelt es – am Beispiel Beethovens – in einem Rahmen, der dem Thema eher angepaßt ist als das kleinbürgerliche Gärtlein unseres Textes.

1 Als Epigraph steht ein Zitat aus Victor Hugos *Hernani,* V, 3.

2 Mit dem Hervortreten des Aussagesubjekts aus der Anonymität offenbart sich auch definitiv die bisher latente Kitschigkeit des Textes. Daß der Kitsch als Pointe gesetzt ist, erlaubt allerdings, ihn auch als Parodie zu lesen.

Seite 151

V.

V.: *Le Banquet* 5, Juli 1892.

1 Ludovic Halévy und Henri Meilhac gehören zu den erfolgreichsten Theaterautoren der 3. Republik.

2 Ideologien beziehungsweise mondäne Attitüden des Fin de siècle. Anatole France gilt als Repräsentant des Skeptizismus, der junge Maurice Barrès als derjenige des Dilettantismus.

3 Im Hintergrund steht Watteaus »Embarquement pour Cythère« im Louvre.

Seite 152:

VI.

VI.: *Le Banquet* 5, Juli 1892.

Seite 154:
VII.

VII.: *La Revue blanche* 21–22, Juli–August 1893.

In der Erstfassung steht als Widmung »A Gladys H.«. Unter dem Titel »Gladys Harvey« zeichnet Paul Bourget in *Pastels et eaux-fortes* (1888) ein Porträt der mit Prousts Onkel befreundeten Edel-Kokotte Laure Hayman, die bei seinen ersten Schritten in der Welt und der Halb-Welt auch von Proust selbst umworben wird.

Der Koffer des Hauptmanns ist ein schönes Bild »en abyme« weniger vielleicht für *Freuden und Tage* als Ganzes als für die beiden Reihen »Fragmente« und »Träumereien«.

Seite 157:
VIII. RELIQUIEN

VIII. »Reliques«: *La Revue blanche* 21–22, Juli–August 1893.

Seite 159:
IX. MONDSCHEINSONATE

IX. »Sonate clair de lune«.

Dieses Nachtstück bildet eines der Zentren der Prosagedichte. Wie »Tuilerien« am Eingang der Sammlung weist es auf Chateaubriand als Bezugspunkt der poetischen Prosa und des Prosagedichts. Neben den Mondscheinszenen aus *Atala*, dem *Génie du christianisme* und den *Mémoires d'Outre-Tombe* hat Proust die ganze Nachtdichtung des 19. Jahrhunderts in seinen Text eingeschrieben – von den romantischen Nachtgesängen zu Verlaines »Clair de lune«, von Beethovens »Mondscheinsonate« bis zu Faurés oder Debussys Vertonungen des Verlaineschen Gedichts, endlich von den romantischen Chateaubriand-Illustrationen bis zu den verhüllten Frauengestalten der Präraphaeliten und Symbolisten. In der Bildgestaltung, der Ton- und Farbgebung steht das Stück – wie auch die entsprechenden Passagen aus »Vor der Nacht« (S. 232) in der Nähe der Nabis. Mit den Wort- und Lautspielen um den Namen Maria (dem Namen Assunta und dem Gestus der Schutzmantelmadonna) zieht sich außerdem ein marianischer Faden durch den Text, ein Faden, der an der Mondsichel unter den Füßen der

Immaculata anknüpft. Die Vereinigung mit der Natur und die Transparenz der Herzen – Ziel der Naturdichtung und Zentrum unseres Textes – bilden die euphorische Version eines Themas, das Proust später auf disphorische Weise abhandeln wird. Vgl. die Mondscheinszene mit Albertine in *La prisonnière* [5] Bd. III, S. 406–407/[12] *Die Gefangene*, S. 545–546.

1 Vgl. Baudelaires Gedicht »Tristesse de la lune«.

2 Der im ganzen Text spürbare Hang der Naturdichtung Chateaubriandscher Provenienz zur Lautmalerei tritt an dieser Stelle besonders deutlich hervor.

3 Der Schluß des Textes ist auch auf der intertextuellen Ebene als Pointe gestaltet, zitiert er doch eine Stelle aus Marivaux' *Jeu de l'amour et du hasard,* an der Silvia ausruft: »Ah! je vois clair dans mon cœur« (II, 12). Über die Waldnymphe Silvia verknüpft Proust seinen Text auch mit der antiken Mondgöttin: Diana.

Seite 163:
X. QUELLE DER TRÄNEN AUS VERGANGENER LIEBE
X. »Sources des larmes qui sont dans les amours passées«: *La Revue blanche* 21–22, Juli–August 1893.

Seite 164:
XI. FREUNDSCHAFT
XI. »Amitié«: *La Revue blanche* 21–22, Juli–August 1893.

Seite 165:
XII. KURZLEBIGE WIRKSAMKEIT DES KUMMERS
XII. »Ephémère efficacité du chagrin«: *La Revue blanche* 21–22, Juli–August 1893.

Zu diesem Stück vgl. die Studie von Mariolina Bertini, »Proust 1893, il dolore a teatro«, *Belfagor* XLII (1987), S. 198–203.

1 Proust besuchte die Premiere des Stücks am 19. Januar 1893.

Seite 166:
XIII. LOBREDE AUF DIE SCHLECHTE MUSIK
XIII. »Eloge de la mauvaise musique«.

1 »Bagues d'or« und »Ah! reste longtemps endormie« – da unsere Nachforschungen zu keinem positiven Resultat geführt haben, nehmen wir an, es handle sich um zwei fiktive Titel, d. h. um ein Pastiche. Im Manuskript hatte Proust als Beispiel den Namen des heute vergessenen Benjamin Godard gesetzt. In dessen »Berceuse« (auf ein Gedicht von Armand Silvestre) stehen denn auch Verse wie: »Oh! ne t'éveille pas encor / Pour qu'un bel ange de ton rêve / En déroulant son fil d'or / Enfant, permette qu'il s'achève!« Allerdings gehören goldene Perlen, Tropfen oder Ringe sowie Ausrufe wie Ah! und Oh! zum Repertoire der Romanzenliteratur.

Seite 168:
XIV. BEGEGNUNG AM SEE
XIV. »Rencontre au bord du lac«.

Seite 171:
XV.
XV.: *Le Banquet* 5, Juli 1892.

Im Zentrum von Prousts Prosagedichten verdichten sich die Signale, die auf Baudelaire weisen. Im folgenden Stück ist es der Titel (vgl. »L'étranger« in *Petits poèmes en prose*), hier der »blutrote Himmel« (vgl. »Les petites vieilles« in den *Fleurs du mal*) oder der flüchtige Blick (vgl. »A une passante«, *Les fleurs du mal*).

Seite 171:
XVI. DER FREMDE
XVI. »L'étranger«.

Dieses Stück steht im Schnittpunkt des moralistischen Aphorismus (vgl. die »Fragmente«), der moralistischen Erzählung (vgl. »Violante«) und des Prosagedichts. Über Baudelaire hinaus (vgl. das gleichnamige Prosagedicht am Anfang der *Petits poèmes en prose*) weist es auch auf die von Baudelaire übersetzten phantastischen Erzählungen Poes (vgl. »Le masque de la mort rouge«). Gleichzeitig schneidet es das Thema an, das den narrativen Leitfaden von *A la recherche du temps perdu* bilden wird: den Gegensatz von Entfremdung in der Welt und Selbstfindung in der Einsamkeit. Zu den Mozart-Reminiszenzen in diesem Text vgl. die Studie von Hans Werner Eirich [36].

Seite 174:
XVII. TRAUM
XVII. »Rêve«: *La Revue blanche* 26, Dezember 1893.

Indem er ein psychologisches Problem inszeniert und erzählt, hat dieser Text exemplarische und im Hinblick auf Prousts späteres Werk wegweisende Bedeutung. Die Traumtheorien eines Hervey de Saint-Denis (vgl. *Les rêves et les moyens de les diriger,* 1867) erscheinen hier in präraphaelitischem Dekor und im narrativen Gestus der Autobiographie. Für den Interpreten ist die Rose im Knopfloch die Versuchung, der er widerstehen muß, nämlich den Text als Bericht aus Prousts Leben zu lesen.

1 Das Epigraph ist ein Zitat aus *Noces corinthiennes* (1876).

Seite 178:
XVIII. GENREBILDER DER ERINNERUNG
XVIII. »Tableaux de genre du souvenir«.

Seite 179:
XIX. MEERWIND AUF DEM LAND
XIX. »Vent de mer à la campagne«.

1 Das Epigraph ist ein Zitat aus der 11. *Idylle* (Vers 57).

Seite 180:
XX. DIE PERLEN
XX. »Les perles«.

Seite 181:
XXI. DIE GESTADE DES VERGESSENS
XXI. »Les rivages de l'oubli«.

1 Da auch namhafte Michelet-Kenner dieses Zitat nicht iden-
tifizieren konnten, muß man sich fragen, ob hier Proust ein
erstes Michelet-Pastiche vorlegt.

Seite 183:

XXII. LEIBHAFTIGE GEGENWART

XXII. »Présence réelle«: *La Revue blanche* 26, Dezember
1893.

In seinen Briefen hat Proust häufig seine Gedanken an den
Adressaten mit der christlichen Lehre von der Realpräsenz in
Verbindung gebracht (z. B. [8] Bd. I, S. 361, oder Bd. IX,
S. 196); »présence réelle« steht auch im Artikel »Journées de
lecture« [4] S. 529, und in *Du côté de chez Swann* [5] Bd. I,
S. 13/[12] *In Swanns Welt*, S. 22.

Wie »Mondscheinsonate« kreist dieses Prosastück um die
zentralen Themen und Probleme der Naturdichtung: Einfüh-
lung, Transparenz der Herzen, Harmonie, Synästhesie,
Sprachklang und Klangsprache. Vor den Bergen, Seen und den
wohlklingenden Namen des Engadins entsteht ein Textge-
bilde, das Themen der dekadentistischen Mystik mit Farbtö-
nen ästhetizistischer Malerei verbindet.

Zusammen mit Louis de la Salle, Robert de Montesquiou
und Meredith Howland hat Proust im August 1893 drei
Wochen in St. Moritz verbracht. Die Landschaft des Engadins
hat auch im Briefroman ihre Spuren hinterlassen (vgl.
S. 269ff.).

1 Der in diesem Bild latente Hinweis auf Whistler explizient
sich in *A l'ombre des jeunes filles en fleurs* [5] Bd. I, S. 805/[12]
Im Schatten junger Mädchenblüte, S. 499.

Seite 187:

XXIII. SONNENUNTERGANG IM INNEREN DER SEELE

XXIII. »Coucher de soleil intérieur«.

In exemplarischer Form zeigt dieses Prosastück die an Baudelaire anknüpfende Verbindung von Naturbildern, Innen-
schau und Dandytum.

Seite 188:

XXIV. WIE IM MONDLICHT

XXIV. »Comme à la lumière de la lune«.

1 Der Schluß des Textes führt zum Titel des vorangehenden zurück.

Seite 189:

XXV. KRITIK DER HOFFNUNG IM LICHT DER LIEBE

XXV. »Critique de l'espérance à la lumière de l'amour«.

Seite 192:

XXVI. UNTERHOLZ

XXVI. »Sous-bois«.

1 Die Datierung nimmt Bezug auf einen Aufenthalt Prousts und Hahns im August 1895 bei Madeleine Lemaire in Dieppe und auf einen Ausflug nach Abbeville-le-Petit.

Seite 194:

XXVII. DIE KASTANIENBÄUME

XXVII. »Les marronniers«.

Seite 194:

XXVIII. DAS MEER

XXVIII. »La mer«: *Le Banquet* 6, November 1892.

In seinen Anklängen an Baudelaires »L'homme et la mer« und die *Petits poèmes en prose* und in seinen Spiegelungen des Himmels im Meer kann dieses frühe Stück als Programm für die »rêveries couleur du temps« betrachtet werden. Darüber hinaus weist es – wie die beiden folgenden, diesen Werkteil beschließenden Seestücke – auf die Serie von »marines« in *A l'ombre des jeunes filles en fleurs* [5] Bd. I, S. 802–806/[12] *Im Schatten junger Mädchenblüte,* S. 495–500.

Seite 196:

XXIX. MARINE

XXIX. »Marine«.

Seite 197:
XXX. SEGEL IM HAFEN
XXX. »Voiles au port«.

Seite 199:
DAS ENDE DER EIFERSUCHT
»La fin de la jalousie«.

Für diese Erzählung – wie auch für die Sterbeszene in »Der Tod des Baldassare Silvande« – diente Proust der 1886 erschienene Sammelband *La mort,* der die großen Sterbeszenen Tolstojs vereint, als Vorlage. Während man jedoch in »Der Tod des Baldassare Silvande« von einem dialogischen Verhältnis einer an Tolstoj orientierten Schreibweise zum Stil des Dekadentismus sprechen kann, stimmt Proust sich hier weitgehend auf das russische Vorbild ein (vgl. A. Henry [16] und [28]). Dem entspricht auch ein Wechsel auf thematischer Ebene: ging es in »Der Tod des Baldassare Silvande« um die Überwindung dekadentistischer Welt- und Lebensferne, steht jetzt das spiritualistische Thema der Verwandlung personaler Liebe in brüderliche Allliebe im Zentrum, d. h. am Schluß der Erzählung.

1 Das Epigraph ist ein Zitat aus dem *Zweiten Alkibiades* (134 a).

2 Vgl. *Matthäus,* XII, 49. Vgl. den Schluß der Erzählung.

3 Tongking gehörte zu Französisch-Indochina.

4 Das gleiche Zitat erscheint zu Beginn von Emersons *Essais de philosophie américaine,* woher es Proust wohl auch bezieht.

5 Das Zitat stammt aus *Sagesse,* I, 18.

6 Zitat aus *Essais de philosophie américaine* (1851), S. 102.

7 Vgl. den Hinweis auf einen Asthma-Anfall in »Der Gleichgültige« (S. 245).

8 Nach den italienischen Namen in »Figuren der mondänen Komödie« am Schluß von »Fragmente einer italienischen Komödie« stehen hier, am Ende des Werkes, in beispielhafter und zusammenfassender Reihung, die französischen, zeitgenössischen Namen derer, die ihre Tage in den »plaisirs« verbringen.

Seite 231:
PORTRÄT VON MADAME ★★★

»Portrait de Mme ★★★«: *Le Banquet* 6, November 1892.

In der Mai-Nummer von *Le Banquet* hatte Proust eine Skizze vorgelegt (»Esquisse d'après Mme ★★★«), die er als zweites Stück von »Cires perdues« in *Les plaisirs et les jours* aufgenommen hat (vgl. S. 59). Das Modell für beide Texte ist Madame de Chevigné.

1 Milchige, d. h. mild-süße Fülle. Mit diesem Ausdruck qualifiziert Quintilian (*Institutio oratoria,* X, 1, 32) den Stil des Livius. Proust führt die Metapher zu ihrem – menschlichen – Ausgangspunkt zurück.

Seite 232:
VOR DER NACHT

»Avant la nuit«: *La Revue blanche* 26, Dezember 1893.

In diesem Prosastück beschäftigt sich Proust zum ersten Mal ausführlich mit dem in den 80er und 90er Jahren des 19. Jahrhunderts vieldiskutierten Problem der Homosexualität. Offenbar liegt Proust daran, sich in der avantgardistischen *Revue blanche* mit einem aktuellen Thema zu profilieren. Prousts eigene Homosexualität fällt dabei weniger ins Gewicht als sein allgemeines Interesse an psychologischen und psychopathologischen Problemen. Wie in der kurz zuvor in der gleichen Zeitschrift erschienenen Erzählung »Mélancolique villégiature de Mme de Breyves« greift Proust auf die Studien Janets über den psychologischen Automatismus und jene Binets über den Fetischismus zurück (vgl. S. 305 und A. Henry [16] S. 25–27). Er tut es jedoch im Hinblick auf spezifisch literarische Ziele: in den beiden Protagonisten des Stücks, Françoise und Leslie, konfrontiert Proust nicht nur zwei Lebenshaltungen, sondern auch verschiedene literarische Ausdrucksformen. Mit ihrem Bekenntnis und ihrer Suche nach Wahrhaftigkeit weist Françoise auf Augustin und Tolstoj, mit seiner melancholischen Landschaftsbetrachtung, seiner eleganten Konversation, seiner mystizistischen Schwärmerei, seiner Anglomanie und seinem Dandytum weist Leslie auf den Dekadentismus und den Ästhetizismus, deren Themen und Stilmerkmale Proust hier zu einem eigentlichen Pastiche vereint. Zum Verhältnis dieses Prosastücks zu »Der Tod des Baldassare Silvande« und zu »Das Bekenntnis eines jungen Mädchens« vgl. S. 293 und S. 315.

1 Vgl. *La mer,* II,6: »Fille des mers«.

Seite 238:

ERINNERUNG

»Souvenir«: *La Revue blanche* 26, Dezember 1893.

Der Text erscheint als eine Art Exerzitium: er übt sich in der ästhetizistischen Überhöhung (à la Robert de Montesquiou) Baudelairescher Themen.

Seite 242:

DER GLEICHGÜLTIGE

»L'indifférent«: *La vie contemporaine* IX, März 1896.

Übersetzung: Elisabeth Borchers.

Die abenteuerliche Wiederentdeckung dieser Erzählung schildert Philip Kolb in seinem Vorwort [6]/[10]. Es ist anzunehmen, daß Proust den Text nach seiner ersten Begegnung mit Madame de Greffulhe (1. Juli 1893) und vor »Mélancolique villégiature« (August 1893), wo die Themen wiederaufgenommen und vertieft werden, geschrieben hat.

1 Mit den Cattleyablüten weist der Text auf »Un amour de Swann« voraus; mit dem »polynesischen Liebreiz« weist er auf Prousts ersten Eindruck von Madame de Greffulhe zurück, wie er ihn in einem Brief an Montesquiou festgehalten hat ([8] Bd. I, S. 217).

2 In dieser Form ist der Text ein Zusatz aus dem Jahr 1894. Proust hat damals erfahren, daß Hahn an der Vertonung von *L'île du rêve, idylle polynésienne* arbeite, deren Hauptfigur Mahénu heißt und deren Stoff auf Lotis Roman *Le mariage de Loti* zurückgeht.

3 Die Verwendung von Bildern und Abbildern als Fetisch wird Proust mit der Figur Swanns ausführlich darlegen. Vgl. auch »Melancholische Sommertage in Trouville« und die dort angegebene Literatur (S. 305).

4 Der räumliche Dekor ist derselbe wie in »Tuilerien« (S. 143).

5 Unter dem Zeichen Baudelaires skizziert hier Proust eine
Poetik des doppelten Horizontes, die sich etwas später in
»Melancholische Sommertage in Trouville« voll entfalten
wird.

Seite 258:
RANK UND SCHLANK DER KÖRPER...
»Corps sec et souple...«: Gallimard, 1971 [3] S. 173.

Seite 259:
KONVERSATION
»Conversation«: Gallimard 1971 [3] S. 174.

Seite 262:
ALS ICH VORHIN DURCH DIE TUILERIEN
GING...
»Tout à l'heure en traversant les Tuileries...«: Gallimard, 1971
[3] S. 177.

Seite 263:
ALLEGORIE
»Allegorie«: Gallimard, 1971 [3] S. 177.
   Die mystisierend naive Tonart dieses Stücks, wie sie bei
Proust und in der *Revue blanche* Anfang der 90er Jahre häufig
angeschlagen wurde, geriet schon um 1895 in Mißkredit. Wohl
deshalb hat Proust das Stück schließlich verworfen.

Seite 264:
FRAGMENTE EINES BRIEFROMANS
Unter dem Titel »Pauline retrouvée« in *Le Monde,* 26. Juli
1985.
   Das Projekt eines Briefromans beschäftigte Proust zusammen mit drei ehemaligen Mitschülern vom Lycée Condorcet in
den Monaten Juli und August 1893. Proust »war« Pauline,
Daniel Halévy deren Beichtvater, Louis de la Salle Général
Nulleroy, Fernand Gregh Chalgrain. Vier Fragmente gelang-
ten 1985 zur Versteigerung, drei davon – diejenigen Prousts –
wurden publiziert.

1 Vgl. »Der Gleichgültige« (S. 245) und »Melancholische Sommertage in Trouville« (S. 94).

2 Proust arbeitet hier zum ersten Mal an einem Themenkomplex, den er im 3. Teil von *Swann* entwickeln wird.

3 Proust verbrachte im August 1893 drei Wochen in St. Moritz zusammen mit Louis de la Salle und Robert de Montesquiou. Vgl. »Leibhaftige Gegenwart« (S. 183).

4 Vgl. die Anmerkung zu »Violante« (S. 295) und »Das Bekenntnis eines jungen Mädchens«.

5 Vgl. die Episode der Laterna magica zu Beginn von *Swann*. Auch hier geht es um zwei in der Psychologie des 19. Jahrhunderts häufig diskutierte Themen: Angst vor dem Neuen und Macht der Gewohnheit. Vgl. Ravaisson, *De l'habitude,* 1838.

6 Vgl. die Erstfassung von »Mélancolique villégiature« (S. 309). Proust hat *Die Walküre* im Frühsommer 1893 in Paris gesehen.

7 Dasselbe Zitat aus dem Prosagedicht »Le *confiteor* de l'artiste« erscheint in »Mélancolique villégiature« (S. 105).

8 Im Französischen ist die Unterscheidung zwischen Seelenführer (»directeur de conscience«) und Beichtvater (»confesseur«) durchaus geläufig.

9 Vgl. »Spaziergang« (S. 146). Montesquious *Chef des odeurs suaves* mit den beiden Pfauengedichten ist 1893 bei G. Richard in Paris erschienen.

10 Vgl. »Mondscheinsonate« (S. 159) und Baudelaires »Tristesse de la lune« in *Les fleurs du mal.*

11 Es muß sich um den Namen des Landhauses von Pauline Gouvres-Dives handeln.

12 Die Straße liegt zwischen Rue de Varenne und Rue de Babylone mitten im Faubourg Saint-Germain.

13 Das Motiv liegt nahe bei den um die gleiche Zeit und im gleichen geographischen Raum entstandenen »Bösen Müttern« Segantinis, doch scheint es keine direkte Verbindung zwischen Proust und Segantini zu geben.

14 Proust verwendet das Exempel auch in *La prisonnière* [5] Bd. III, 386/[12] *Die Gefangene,* S. 519. Woher es stammt, bleibt zu untersuchen.

BIBLIOGRAPHIE

I. Werke von Marcel Proust:

1 *Les plaisirs et les jours.* Illustrations de Madeleine Lemaire, préface d'Anatole France et quatre pièces pour piano de Reynaldo Hahn. Paris, Calmann-Levy, 1896.
2 *Les plaisirs et les jours,* Paris, Gallimard, 1924.
3 *Jean Santeuil* précédé de *Les plaisirs et les jours,* Paris, Gallimard, »Bibliothèque de la Pléiade«, 1971.
4 *Contre Sainte-Beuve* précédé de *Pastiches et mélanges* et suivi de *Essais et articles,* Paris, Gallimard, »Bibliothèque de la Pléiade«, 1971.
5 *À la recherche du temps perdu,* Paris, Gallimard, »Bibliothèque de la Pléiade«, 1954 (3 Bände).
6 *L'indifférent,* Paris, Gallimard, 1978.
7 »Pauline retrouvée« (Fragmente eines Briefromans), *Le Monde,* 26. 7. 1985.
8 *Correspondance,* Hg. Philip Kolb, Paris, Plon, 1970 ff.

II. Deutsche Übersetzungen:

9 *Tage der Freuden* (»Les plaisirs et les jours«). Aus dem Französischen übertragen von Ernst Weiss. Berlin, Propyläen-Verlag, 1926. Id., Frankfurt a.M., Suhrkamp Verlag, »Bibliothek Suhrkamp«, Bd. 164, 1965 (Lizenzausgabe).
10 *Der Gleichgültige* (»L'indifférent«), aus dem Französischen übertragen von Elisabeth Borchers, Frankfurt a.M., Suhrkamp Verlag, 1978.
11 »Maler- und Musikerporträts« (»Portraits de peintres et de musiciens«). Aus dem Französischen übertragen von Ludwig Harig, *Akzente,* Februar 1985, S. 3–8.

12 *Auf der Suche nach der verlorenen Zeit* (»À la recherche du temps perdu«). Aus dem Französischen übertragen von Eva Rechel-Mertens, Frankfurt a.M., Suhrkamp Verlag, »suhrkamp taschenbuch«, 1981–1984.

13 *Jean Santeuil,* Deutsch von Eva Rechel-Mertens, Frankfurt a.M., Suhrkamp Verlag, 1965 (2 Bände).

14 »Unser Herz närrisch aufblühen lassen« (zwei Briefe aus »Pauline retrouvée«). Aus dem Französischen übertragen von Dorothee Asendorf, *Tintenfaß* No. 14, Zürich, Diogenes Verlag, 1985.

III. Sekundärliteratur zu Proust
(mit Hinweisen auf *Les plaisirs et les jours*):

15 Bardèche, Maurice: *Marcel Proust romancier,* Paris, Sept couleurs, 1971 (2 Bände).

16 Henry, Anne: *Marcel Proust. Théories pour une esthétique.* Paris, Kliencksieck, 1981.

17 Keller, Luzius: »L'autocitation chez Proust«, *Modern Language Notes* 95 (1980), S. 1033–1048.

18 Köhler, Erich: *Marcel Proust,* Göttingen, Vandenhoeck und Ruprecht, 1958.

19 Maurois, André: *Auf den Spuren von Marcel Proust,* Hamburg, Claassen Verlag, 1956. Id. Frankfurt a.M., Suhrkamp Verlag, »Bibliothek Suhrkamp«, Bd. 286, 1971.

20 Painter, George D.: *Marcel Proust. Eine Biographie,* Frankfurt a.M., Suhrkamp Verlag, 1962/1968.

21 Placella, Paola: *Motivi proustiani da »Les plaisirs et les jours« alla »Recherche«,* Napoli, Giannini, 1976.

22 Poulet, Georges: *Marcel Proust. Zeit und Raum,* Frankfurt a.M., Suhrkamp Verlag, 1966.

23 Tadié, Jean-Yves: *Proust,* Frankfurt a.M., Suhrkamp Verlag, 1987.

IV. Sekundärliteratur zu *Les plaisirs et les jours*:

24 Brée, Germaine: »Une étude du style de Proust dans *Les plaisirs et les jours, The French Review* 15 (1941/42), S. 401–409.

25 Brüning, Detlef: »Die Funktion der Personennamen in Marcel Prousts »La mort de Baldassare Silvande«, *Archiv für das Studium der neueren Sprachen und Literaturen* 211 (1974), S. 350–361.

26 Gicquel, Bernard: »La composition des *Plaisirs et les jours*«, *Bulletin de la société des amis de Marcel Proust* 10 (1960), S. 249–261.

27 Gide, André: »En relisant *Les plaisirs et les jours*«, *Nouvelle revue française* 20 (1923), S. 123–126.

28 Henry, Anne: »*Les plaisirs et les jours:* chronologie et mé-tempsychose«, *Etudes proustiennes* I (1973), S. 69–93.

29 Jost, Werner: *Räume der Einsamkeit,* Bern und Frankfurt a.M., Peter Lang, 1982.

30 Keller, Luzius: *Kommentare zu Proust,* I: Texte aus den Jahren 1892–1896 (erscheint 1988).

31 Kingcaid, Renée Anita: *A hothouse of orchids: Proust's Les plaisirs et les jours,* Diss., University Microfilms International, Ann Arbor, Michigan, 1984.

32 Paganini, Maria: »Intertextuality and the Strategy of Desire«, *Yale French Studies* 57 (1979), S. 136–163.

33 Price, Larkin Burl: *Materials for a critical edition of Marcel Proust's Les plaisirs et les jours,* Diss., University Microfilms International, Ann Arbor, Michigan, 1965.

34 *Marcel Proust. Bezüge und Strukturen,* Fünfte Publikation der Marcel Proust Gesellschaft, Frankfurt a.M., Insel Verlag, 1987. Der Band enthält folgende Beiträge:

35 Bongiovanni Bertini, Mariolina: Der verklärte Tod. Zu einigen Spuren Baudelaires in *Les plaisirs et les jours.*

36 Eirich, Hans Werner: Don Giovannis steinerner Gast als Dominiques *alter ego.* Ein Mozart-Echo in Prousts *Les plaisirs et les jours?*

37 Francillon, Roger: Proust und La Bruyère.

38 Geninasca, Jacques: Vergängliche Leidenschaften. Unend-

NAMENREGISTER

INHALT

ERZÄHLUNGEN UND SKIZZEN AUS DEN JAHREN 1892-1896

ANHANG